徐珂編撰

清稗類鈔

第十三册

中華書局

第一三冊目録

舟車類

服飾類

飲食類

附録

清稗類鈔

舟車類

行水行陸之具

舟以行水，江河湖海皆用之；車以行陸，山嶺英屬香港之山，有鐵路汽車可上下。平原皆用之。行水之具，與舟同其作用者，有簰，有筏；行陸之具，與車同其作用者，有輿，有轎，有騎，皆所以便交通也。

萬牲園有舟有車

京師西直門外有萬牲園，農事試驗場也，實三貝子花園舊址。園中交通機關頗備，水行有舟，陸行有車。游人出貲價，即可乘之。車有後推者，則較前挽者爲安適。

舟車並濟

有以船濟人者，而羊角車或肩輿至，亦載之以渡，蓋以車輿置之舟而人即坐於其中也。江、浙二省所在有之，以浙之錢塘江渡船爲最大。

棕船棕輿

康熙庚午、辛未間，有彝陵嚴總戎者，歸吳門，聲伎服食，師心造奇，以棕覆船，施於山塘游舫之上，製似茅亭，方而長，乃於前後積土栽花，隨時易之，則又如小亭閒榭。華亭靖逆侯喜而傚之，遂盛傳於江左。丙戌、丁亥，贛州總戎楊某復仿其意，以飾乘軒。每歲榷使至，或巡鹺假道，多以贈之。由是嶺嶠游閒，頗以棕輿爲美矣。

汽船

汽船，俗稱火船，一稱火輪船，以蒸氣爲原動力，用推進螺旋機，以行於水面。

汽船、汽車所裝之發聲器，曰汽笛，爲開行、停止及暗夜濃霧大雪時發聲警人之用。其構造爲一小管或喇叭形之物，連接汽鍋上部，以機關放蒸汽使鳴。

漢宜汽船

漢口至宜昌，水程約華里一千五百餘里，江面較下游窄，而湍急過之，且多淺灘，航行視下游爲難，往來有汽船。

最初航行者，爲我國招商局之江通，次則彝陵，次則固陵。初闢時，僅半月或一月航行一次。蓋當時民智未開，往來商貨，仍由内港輪船上下，必俟客貨俱滿，始能啓行。其後則怡和、太古，以漸航駛。迨光緒甲午中日戰争之後，宜昌、沙市闢爲通商口岸，日本商船亦漸露頭角矣。

座船

官署所蓄之船，爲本官所乘者，曰座船，不載客，不運貨，例標本官結銜於黄布以爲旗，懸於桅，以表異之。其舟子食於官。

差船

差船，官署有之，以備本官之差遣所用者也，亦不載客，不運貨，船旗標明差船。

漢陽有雙飛燕渡船

漢陽渡船最小，俗名雙飛燕。一人盪兩槳，左右相交，力均勢等，捷而穩。且取值甚廉，一人不過制錢二文，值銀不及一釐。即獨買一舟，亦僅數文。故諺云：「行徧天下路，惟有武昌好過渡。」

江浙婦女之使船

南人使船，北人使馬，古語有之。北方婦女之善騎，爲南人所豔稱，而南方婦女之能弄船，則每多忽之。湘、鄂不必論，以舟女皆裹足，僅能爲助手也。至於江蘇及浙江之嘉興，其舟中婦女，以皆天足，故於撑篙、盪槳、曳縴、把舵之事，無不優爲之，蒙霜露，狎風濤，不畏也，不怨也。

江蘇婦女摇渡船

江蘇之上海、揚州，有以婦女摇渡船者，皆天足也。間有二八女郎在其中，雖爲風日所侵，膚色黧黑，而掻頭弄姿，無不修潔自好。上海之至浦東，揚州之至平山堂者，輒乘之。

滿江紅

滿江紅，船名，江淮之船也。船之門爲斜面，其大小有一號至五號之别，五號最大。行時不論風之順逆，必使帆，以艣佐之。相傳明太祖初得和陽，欲圖江南，與徐達乘小舟，於元旦渡江，舟子發口號曰：「聖天子六龍護駕，大將軍八面威風。」太祖聞此吉語，大喜，與達躡足相慶。登極後，訪得之，遂官其猶子，並封其舟而朱之，故稱滿江紅。自是以後，遂以小舸而擴爲巨舶。汽船、汽車未興之時，每駛行江、浙間，自清江浦以達杭州，載運往來南北之客。其後則生涯蕭索，與無錫快等船，皆鮮有過而問之者矣。

南灣子

南灣子，江北之船也，其舟子率爲高郵之邵伯人。駛行之航路，至鎮江而止。船艙之門直，極大者有七艙，極小者爲二艙。不使帆，所用者篙艣而已。

無錫快

無錫快者，無錫人所汎之船也，往來於蘇之蘇州、松江、常州、鎮江、太倉，浙之杭州、嘉興、湖州。買櫂者問船之大小，則於單夾衖、雙夾衖之外，輒以若干檔爲答。檔者，舟師之代名詞也。其言檔也，曰幾個檔，即幾個人也。船艙之門爲斜面，略如滿江紅。乘客餐時，必佐以所烹之青菜，味至佳，蓋舟主之眷屬所製者也。

小汽船拖帶船舶

滿江紅、無錫快諸舟之往來江、浙間也，固以汽船、汽車之大通而失其利市矣。其幸而僅存者，則富貴之家以眷屬衆多，來往浙西之杭、嘉、湖，與蘇五屬之蘇、松、常、鎮、太者，特賃一舟而乘之，取其安適。而又以其駛行之遲緩，則別以小汽船曳之使行，俗所謂拖帶者是也。行時，以鐵纜繫於汽船之尾，鼓輪直進，行駛自如。拖船之舟子，安坐無事，惟於轉折之時，偶一司舵而已。

網船

無錫有網船，視漁船爲大，而小於無錫快。凡城鄉來往之十里八里者，皆乘之。

舢舨船

舢舨船，作紅色，船首繪兩魚目，上海有之，其篷有租界或警察局、捐務處發給執照所載之號碼。一船僅載兩三人，泛於中流，隨浪顛播，望之甚危，然失事者甚鮮。

刬船

以竿進舟謂之刬，而俗以用槳者爲刬，伸足推之，進行甚速。紹興人精此技，皆男子也，謂之刬船，常往來於江、浙間。

艒艒船

江淮流民以船爲家，凡吴越間之有水可通者，無不泛棹以去，妻孥雞犬，悉萃於中，船尾有以一人立而左右施槳者，俗謂之艒艒船。艒，音帽，小船也。蓋本於揚子方言，小舸謂之艖，艖謂之艒艒也。

艒艒船中之人，其於鄉里有家者，輒冬出春歸，歸而率其天足之婦女，從事田畝。農事畢，則扃門而又出矣，歲以爲常。亦有自春徂冬，常年飄泊者。其船所至之地，男子之業爲皮匠，爲拉車，女子之業爲縫紉，俗謂之曰縫窮婆。若力作，若小負販，若拾荒，則男女老幼同任之。誠以其耐勞苦，忍飢寒，皆出於天性，而大多數之婦女皆天足，故雖極人世間至污濁至艱苦之事，皆無所憚，無所避也。

海門之舟

浙江之海門，屬台州，舟甚陋，約長三丈餘，廣六七尺，上支竹箬以爲篷，中無障，至夜，風甚大。艙中僅容二人，可坐不可立。

航船

浙江臨水州縣各鄉，皆有航船，男女老幼，雜處其中。以薄暮開駛者爲多，解纜時，鳴鑼爲號，以告大衆。郵政未通、信局未設之處，且爲人寄遞函件，罔或誤。

班船

江蘇之稱航船也，曰班船，喻其往來有定，更番爲代也。

廣州之船

廣州省河，船名不一，紫洞艇之外，有河頭船，專爲載客遠行者，如赴任、赴差官員，則船價極廉，以可夾帶貨物也。若能包庇過關，不惟不取船價，並可賂遺輿臺，大差更不言而喻矣。又有低艙艇、孖舲艇、沙艇等，則專爲渡送行人之用，而沙艇尤輕便也。

渡黄河之平底船

貴德城據中海之交，憑黄河之險，環居番族，夙號巖疆。凡黄河以南之蒙番出入，悉以貴德爲總匯。市肆無丹噶爾之繁盛，然百貨駢集，估客蟻屯，亦互市要區也。東十里至黄河岸，可乘舟渡黄河。河面寬二百餘步。舟平底，以巨木爲之，一舟可坐五六十人，約兩小時之久而登岸，邊方舟子之操舟誠拙也。如隆冬，兩岸方結冰，或秋冬水淺河涸，舟不能泊岸，又須背負以濟。貧民擁塞河干，争負過客。操是業者，單衣蔽體，敗絮裹足，日得數十錢，聊以餬口。

松花江之觚觥

吉林有以巨木刳作小舠，使之兩端鋭削，底円弦平者，大者可容五六人，小者二三人，稱曰觚觥，或有作威弧、威呼、威忽者，皆轉音也。剡木爲槳，一人持之，左右運掉，其疾如飛。松花江冰凍時，即用以代馬槽。入山獵捕者，水則乘以渡，陸則負以行，殊便利也。

寧古塔樺皮船

寧古塔有樺皮船，以樺皮爲之，止容一人，用兩頭槳。如出海捕魚，則負至海邊，置水中，得風，便自駛矣。

甘肅板船

甘肅所行駛之板船，頗似浙江之大划船，櫓舵略具，帆檣不施，無樓無篷，僅有艙以儲百貨。三月水生，循河套往來寧夏及山西包頭鎮，訖於七月，以運輸燕、晉各貨。俄、英、德、美諸商在甘省設公司市羊毛，亦用板船運載，輒循河套經山西，遵陸而達於天津以出口。

甘肅牛羊皮船

甘肅黃河中有牛皮船，其製船法，殺牛斷頭及蹄，刳腹，去其肉，以麻綫縫之，一如原式，曝乾待用。用時，取二牛皮或四牛皮，上束以長木數梃，更於木上横鋪以板，則一船成矣。製船愈大，則牛皮以數遞增。浮於河，運輸貨物，槳舵不具，但憑一篙順流下，隨意所適。蓋名雖曰船，實則木筏也。登陸，則鬻其木板，以車載牛皮而歸。皮甚堅韌，亦可乘以渡河。又有羊皮船，其製法與牛皮船同，惟差小耳，極少，須用四羊皮縛於木下，乃能任重，亦有六羊或八羊者。黄河河流過蘭州，出靖遠縣石峽入中衛縣境，乃不復見牛皮船而始見板船。

大金川。

乾隆朝，金川之役，阿文成公桂攻克美諾寨時，以皮船渡水，克小金川。僧克桑遁，澤旺降，遂進討

羌海皮胡盧

有作羌海之游者，自一顆樹東行四十餘里渡黄河，河面寬百步，渡無舟。土人以羊脬裝足空氣，一人繫於背，泅水以渡，名之曰皮胡盧。密縫牛皮作囊，留兩孔，鼓空氣吹之，膨膨然如五石匏，重載不沈，名之曰大胡盧。若僅一二囊，猶不可渡。蓋以中流旋轉，人力無所施，必隨流而下也。或六或九，多或十餘，聯而爲一，四周縛以巨木，後懸一木如舵，中立一木如桅，可張帆，可施槳也。

朱竹垞説西湖游船

杭州之西湖，風漪三十里，環以翠嵐，策勳於游事者，惟船爲多。秀水朱竹垞檢討彝尊嘗作《説舟》一篇，其命名，有以形者，有以色者，有形色皆具者，有以姓者。

方舟

查伊璜蓄方舟，分數節，舁之入杭州之西湖，以中節坐客，客多，更益數節，鑲之如一舟，加前二節爲首尾，布帆油帷，數童槳之，徧歷諸勝。又兩小舟，長四五尺，一載書及筆札，一置茶鐺酒果，並掛船傍左右，前郤如意。客去，則復散此舟，使人舁歸而藏之。

藕花社

龔芝麓宗伯鼎孳嘗偕其姬人顧横波游杭州，寓西湖，夏夜繫艇樓下，小飲達曙。月明如洗，天水一碧，樓臺燈火，周視悄然，惟四山蒼翠，時時滴入杯底，因作《醜奴兒令》詞云：「一湖風漾當樓月，涼滿人間。我與青山，冷澹相看不等閒。藕花社榜疎狂約，綠酒朱顏。放進嬋娟，今夜紗窗可忍關。」藕花社，舟名也。

自度航

陸筱飲解元嘗於杭州之西湖造小舟，曰自度航，筆牀茶竈，以水爲家，不復知有輭紅塵土。「得魚沽酒，賣畫買山」，則舟中楹帖也。筱飲畫《自度航圖》，且題以詩，其註云：「番禺中堂爲余書自度航額，後以貧，售之他人，作賣自度航詩。」

煙波宅

張芑堂徵君嘗於杭州西湖製舫，曰煙波宅，陳無軒爲之圖，鮑淥飲爲賦絶句云：「臣本煙波一釣徒，全家只合住菰蒲。旁人漫擬知章賀，不道西湖勝鑑湖。」「底須更覓買山錢，且把漁竿上釣船。生計莫嫌湖面薄，儘教乞與鮑家田。」「雲山面面總吾廬，一葦飄然信所如。卻笑裏湖林處士，懶因猿鶴別移居。」「詩思無時落眼前，破除聊復付高眠。坡仙好語從相借，挂起西窗浪接天。」

杭杭杭

厲樊榭徵君鶚嘗撰《湖船録》，「既成，杭堇浦檢討世駿戲謂之曰：『余生杭州，姓杭氏，他日擬製湖舟，取一葦杭之之意，題曰杭杭杭。前人有軒軒軒、堂堂堂、亭亭亭諸題榜，不自余作古矣。』

㑮飯船

杭州西湖所有之船，惟雲林寺㑮飯船有帆，每日色初晏，渡湖而歸，船中僧齊聲梵吹，游人以此爲返櫂之節。張仲雅嘗有詩詠之曰：「一片湖光起暮煙，夕陽西下水如天。蒲帆影裏千聲佛，知是雲林㑮飯船。」

再到行亭

阮文達公元撫浙時，既濬西湖，作一墩，在湖心亭旁。落成，又造一舟，命陳曼生題榜，曰再到行亭。

西湖游船之題額

道光時，杭州西湖多游船，船名皆甚雅。琴書詩畫船，爲屠琴隖題額。綠楊陰裏小行窩，爲孫子瀟題額，相傳爲王仲瞿孝廉所有。若蓬萊舫，「則爲趙次閑題額。若泊宅，「則爲汪鐵樵千戎題額。又有半湖春、四壁花、宜春舫、十丈蓮、煙水浮家、小天隨等，亦皆堪游憩也。

用作楫凱橈

蔣果敏公益澧開藩兩浙時，恢復會垣，嘗造兩舟以娛軍士，大者曰用作楫，小者曰凱橈。

小浮梅俞

杭州西湖有小浮梅俞，德清俞蔭甫太史樾之舟也，門下士仁和徐花農侍郎琪爲製之。其自跋曰：「花農爲吾造小舟，或擬襲用余吳下池中小浮梅之名，又擬名以俞舫，余因合而名之曰小浮梅俞。蓋俞之本義，《說文》云，舟也，猶曰小浮梅舟云爾。嗟乎！人生斯世，養空而浮，當知吾一俞也，勿曰俞必屬我也。」

雲舫

雲舫者，沈雲舫所造也。江小雲即以其字題之，並補書沈文忠公一聯云：「三十里光景無邊，閒口問西湖，可能都變作尊中綠酒？七百年風流未歇，從頭數南渡，幾曾見銷盡鍋裏黃金。」

薛舫

全椒薛慰農觀察時雨罷守杭州，主講崇文書院，嘗召集其門下士課文於湖舫，又爲湖舫詩社，與諸老輩酣嬉於西湖，極一時風雅之盛。去杭日，門下士闢鳳林寺隙地，搆屋一楹，顔曰薛廬，别造一舟，仍名薛舫。

花艇

光緒時，嶺南以花艇著稱於世。花艇者，妓所居之船也。後以火刼禁止，遂皆上陸，鶯鶯燕燕，不復泛宅浮家矣。船有樓，其下有廳事，可設席，謂之開廳。開廳必以夕，海風冷然，列炬如晝，珍錯紛沓，絲竹嗷嘈。上者在穀阜，次者在迎珠街。然雖號稱爲舟，而鐵纜繫之，屹然不動，幾忘其在水中央也。

姻緣艇

姻緣艇，廣州珠江有之。蓋穗垣高等妓女，雖於花艇列房而居，然房至隘，酒闌夜深，無以留髡，則相將就宿於别艇。艇容積不寬，而陳設甚雅，俗謂之姻緣艇，一曰鴛鴦艇，蓋專爲卜夜而設也。羊城譚壽伯曾於《珠江竹枝詞》中詠之云：「江干煙柳碧如絲，隔水人來唱《竹枝》。記得定情三五夜，姻緣艇上月明時。」

紫洞艇

游船以廣州爲最華縟，杭、蘇、江寧、無錫不及也。船式不一，其總名曰紫洞艇。咸豐時，長沙周壽昌有《詠紫洞艇》七絶，詩云：「拉雜春風奏管弦，排當夜月供珍鮮。流蘇百結珠燈照，知是誰家紫洞船。」「沙鍋沙快橫樓矗，快蟹船連畫舫排。以上五種皆船名，惟橫樓最大。郎意不如雙槳穩，早朝催去晚潮回。」「四面珠簾捲玉鉤，連檣沙尾泊中流。分明一曲清溪水，只少秦淮十里樓。」「二八亞姑拍浪浮，十三妹仔音崽。學梳頭。琵琶彈出酸心調，到處盲姑唱粵謳。」「海南果熟不知霜，五角羊桃觸鼻香。丹荔黄蕉都過了，熱橙熱蔗滿街嘗。」冬時香橙、甘蔗俱用蒸食，呼爲熱橙、熱蔗。「珠娘裝束學吴娃，窄袖青衫短玉釵。真有膚圓光緻緻，凌波不用鳳頭鞋。」珠娘有極美者，冬時亦白足見客。「珠水源分卅六江，東西雲湧髻丫雙。素馨莫問遺宫種，第一看花是海幢。」「一聲香喚賣花船，漁婢生涯海國天。水閣路連花埭遠，四圍都是蜑家田。」

燈船

燈船，江寧、蘇州、無錫、嘉興皆有之，用以游覽飲宴者。及夕，則船内外皆張燈，列炬如晝。夏時爲盛，容與中流，藉以避暑。舟子率其妻孥，爲蕩槳把舵之役，雖二八女郎，亦優爲之，蓋皆天足也。船中或有蓄妓以侑客者，春秋佳日，肆筵設席，且飲且行，絲竹清音，山水真趣，皆得之矣。

江寧秦淮河之燈船，有題曰濤園，曰宛中茶舫，曰得勝茶園，曰悦來畫舫，曰需賃資數十金也。

蘇州人之呼燈船也，曰熱水船，蓋以夏夜爲多故耳。

酒人船

咸豐時，熊某自金陵龍溪僱一舟，邀上元金亞匏同至王墅。既登舟，則舟人蔣姓，其舟固每歲泊城中運瀆河者。金與陳月舟、何澹成爲之小作妝點，常遊於青溪數里，一時士女皆呼爲酒人船。當粤寇犯江寧時，幸脱出，在湖熟，日以供行客來往，舟中之物則皆灰燼矣。

龍舟

端午競渡之舟，飾爲龍形，曰龍舟，南中有水之處皆有之，泛乎中流，乘潮上下。五陵少年輒坐於其中而作樂，鉦鼓喧闐，日暮始已。

紅船

紅船，長江有之，用以救生，故亦曰救生船。遇有客舟之阨於風潮者則拯之，還其人物於紅船中。

打珠船

混同、諾尼諸江汊産珠，布塔哈烏喇歲有打珠船。有珠之河，水冷而急，以大船夾獨木之艣舥，植篙透底，數人持之，泅者負袋緣篙而下，得蚌滿袋，貯艣舥中，官督剖之，未成珠者仍棄於水。私采之禁，等於剷參。

挖河船

濬河機器之狀如舟，大亦如之者曰挖河船，以鐵爲之，底有機器，上有機架，形如人臂，能挖起河底之泥，重載萬斤，置之於岸，旋轉最靈。光緒初，天津機器局造成試用，曰直隸挖河船，用以濬大清河。

撈泥船

南中農隙，鄉人輒掉小船於河，撈其泥，以舟載之歸，儲以壅田，曰撈泥船。蘇州、松江、嘉興等郡，雖婦女亦優爲之。撈時，須植立於船中，婦女皆天足，故雖歷時甚久，而不以爲勞也。

漁船

江蘇、浙西皆有漁船，一舸中流，妻孥並載。每至日將下舂時，漁人輒命其婦姑弱女，各擔其竟日所獲之魚蝦蜃蛤，入市販之。野花插鬢，掩映斜陽，大踏步而來，低聲喚買。朱劍芝以爲此卽絲不如竹、竹不如肉之自然入聽者也。

槍船

咸、同間，蘇州有費玉成者，名秀元，慷慨任俠，鄉里少年屠販飲博之徒多從之遊。當事始裁抑之，繼知其材可用也，保舉至都司，郡紳韓履卿都轉崇亦極稱之。時方奉札募槍船，巡防葑門。聞寇已入胥門，知時勢不可爲，急率死士至仁孝里，挾履卿出。履卿至周莊，憤鬱成疾，旋往上海，輾轉至海門，客死焉。玉成乃益募槍船，爲保衛鄉里，徐圖恢復計。槍船者，南鄉小艇，艣一槳一，火槍二三枝，行水面若飛，居民用以獵禽，有事，則資以禦盜者也。其始制甚小，每船僅容三四人，後漸擴充，增設擡槍、洋礮，於是制益精而用益廣，內河水師恃爲羽翼矣。費氏所屬殆有數百艘。

礮艦

礮艦爲海防艦之一種，功用略同。惟礮艦體輕，喫水淺，能航行於淺海江河。

魚雷艇

魚雷艇者，駛行輕疾之小艇，以薄鋼板製之，中裝魚雷發射管，專於暗夜雨雪中或戰鬭時礮煙之下，駛近敵艦，發射魚雷以轟沈之。大者從艦隊之後，遠出海洋，或離隊獨行，小者備港灣中之用。

魚雷母艇

魚雷艇體小，不能載重，又不能遠射大洋，於是有魚雷母艇以爲裝載兵器、煤糧，接濟魚雷艇，有時載運魚雷越海，以爲攻敵之用。

魚雷礮艇

魚雷礮艇，所以攻擊魚雷艇者，其功用與魚雷驅逐艦同。

魚雷驅逐艦

魚雷驅逐艦速力最强，裝置速射礮、機關礮等，能追魚雷艇而破壞之。艦中亦備魚雷，爲轟擊敵艦之用。以其駛行迅速，故又可用以偵探敵情。

周青士附赤馬船入泖

嘉興周青士，名篔。嘗至嘉善，獨行於岸，見有赤馬船縛布爲帆，問焉往，船人以入泖對。乃思就九峯訪故人，亦良得，乃請附載。比及泖，則已暝，船人促登陸。倀倀無所之，忽望見有僧廬，卽闖入。

小沙彌見之駭，強令出，乃步琉璃鐙下，覩壁間所揭詩箋，中有己作，因指示沙彌曰：「吾詩人耳，非賊也。」沙彌以語主僧，爲煮白飯，止其宿。詰朝，自洳達九峯，抵華亭，遂訪高士吳騏、王光承之居，兼旬乃返。

周櫟園詠漕篷船

漕篷船前狹後廣，閩之延平、建寧有之。周櫟園侍郎《閩茶曲》有句云：「鴨母船開朱殷紅。」即謂是也。

周櫟園潘次耕詠白板艖

閩之延平、建寧二郡，船行屹𡾰間，全藉篙力。板薄，不過數分，不假丹漆。周櫟園詩云「黯淡灘頭白板艖」是也。又潘次耕《溪行雜詠》云：「門小不容舒眺望，篷低裁足展衾幬。」

吳中林查嗣瑮詠清流船

錢唐吳中林太守廷華嘗守福建之興化，有詠清流船詩，詩云：「五篙何處賦招招，一片雲帆近大橋生。怕橫山溪水急，開船趁得午時潮。」橫山梅溪水東下，船必乘潮而西，乃得濟。「篷如半月壓船舷，只許侏儒自在眠。桅脚開窗方尺五，居然小有洞中天。」「荒村破曉一雞鳴，朝日山頭漸次明。不似惜花春起早，擁衾徐聽戛鍋聲。」天明，爨者戛鍋，舟人乃起。「不爲和羹佐傅巖，何曾忘味有蘇髯。上游玉粒成斤换，水口關頭争食鹽。」上游鹽價甚昂，舟人多私載覓利，水口設官巡查，許貯食鹽五十斤。「如戟如刀千萬鋒，羊腸鳥道水溶溶。鐵稍公自誇能事，不怕崚嶒石有鋒。」「花豬肥肉玉如肪，還買河魚一尺强。菡萏灘高明日過，晚來先獻九龍王。」舟人專祀九龍王，蓋九瀧灘神也。「鐵脚層冰未覺寒，百錢水袴費艱難。赤身不怕陽侯怪，笑踏波濤過淺灘。」水袴長不滿尺，入水著之。「村醪無過壓茅柴，秫米朝蒸甕晚開。一飯便浮三大白，餔糟不待漉巾來。」「樵蘇水畔一舟横，留得青山客不争。柯斧滿林誰是主，白雲深處聽丁丁。」「上水艱難千里多，柴枝米粒易消磨。今朝到岸都歡喜，小武當山一笑過。」山在浦邑之南。

海寧查侍讀嗣瑮嘗偕梅定九、朱字緑、張青雨過建灘作詩，其一云：「初登清流船，船小妨内入聲。首。一龕不盈丈，兀兀坐卯酉。及經火燒灘，灘淺尚難受。此地昔嶮峽，山根蟠地厚。傳聞用火攻，石爛洩水口。一線鑿凶門，乖龍渴逾吼。榕城百水驛，硉矹十八九。直宜捨舟楫，復事牛馬走。一笑謝長年，毁車吾已久。」其二云：「似磬衆灘石，力聚堆一門。寧知跬步間，灘轉石愈繁。大者各磊落，五嶽分位尊。小者尤縱横，八陣連雲屯。此方昔割據，局促開乾坤。霸氣鬱未消，石勢猶併吞。撫茲一長歎，恃暴安足存。」其三云：「積陰埋幽竄，灣環萬古黑。形氣所軋成，變幻謝繩墨。位置踰人工，并非造化力。欲以五字詩，竭意作鐫刻。有如草間虎，屢射鏃不没。安得鍊石手，叱汝變五色。」其四云：「石勢逞雄傑，欲遣水鬱盤。水從排空來，鐵鎖不可攔。有時千百丈，掣電飛雲端。有時五三折，陡起咫尺間。兩怒各未平，白晝蛟龍搏。舟子力難恃，應變須神完。倒纜挽逆篙，如作壁上觀。決機在針鋒，脱險過彈丸。」其五云：「水亦自相鬭，直立高於屋。我舟擲水底，低受浪不足。如逢吞舟魚，突過滿魚腹。驚雷雜風雨，眩轉失耳目。一躍出重圍，天晴山水緑。」其六云：「山形乍開豁，灘怒似少息。蕩槳聊咿啞，夷猶弛腕力。我亦攬幽賞，微吟意稍適。有石聲砉然，忽破船底入。水面石可防，水中石難測。君子慎履坦，索塗須擿埴。」其七云：「造舟爾何人，斲木如紙薄。常恐遭魚龍，未足當一攫。豈知逢擊觸，善受賴柔弱。百折付一招，繞指霹靂作。彎環象運鼻，屈曲蛇赴壑。招招真吾友，性命印汝託。」其八云：「下水例買米，上水例買鹽。買米利無幾，買鹽贏倍添。利多非汝福，官府禁最嚴。貪心溺不戢，終恐罹髡鉗。往來各有欲，輕取已不廉。擇利莫若輕，米賤汝勿嫌。」

鮑倚雲乘清流船

閩船之篙師，多清流縣人。船身甚長，即清流船也。客篷分五之二，其外容四人打槳之地，頭尾觜兩刓以分水勢，長各丈餘，絡以巨石，重百鈞。篙師坐船頭，高視灘孔，作虎踞勢，如與灘鬭，間不容髮，有「紙船鐵梢公」之諺。船製不一，視其木，率輭薄而碎，以鐵片鐵釘密鈐之，如不可恃。乾隆癸亥秋，歙縣鮑倚雲自永春下泉州，每下一灘，其危如墮，船底作磔裂聲，罅縫千條，水瀌瀌上湧如泉咽，篙師不懼也。

鮑西岡欲製坐吟輈

鮑銓，字西岡，京師之漢軍人，嘗爲長興令。其在長興時搆一舫，取唐張志和語，題以扁，曰往來苕霅間。暇日數與錢唐詩人金壽門褰裳臨汎，啜茗清談，命工寫爲《雙溪詩話圖》，邑人嘖嘖倚爲佳話。北歸以來，杜門屏迹，每於春秋勝日，思欲徧游西山，徒有許掾之情，苦抱深明之疾，是以因循而不可得。比聞鄉人造車，詢其值，僅十金，度一驢之資不過五六金而已，於是欣然動念，擬置一乘，爲消遥山野之具。顧橐中羞澀，未能猝辦，預製一詩一銘以識之，并字之曰坐吟輀，示不與尋常車等也，異日儻或遂其欲，不與吴興故事並傳耶？詩曰：「行宜陸，居當屋。像飛蓬，利長轂。輪已膏，驢已粟。尋吾詩，向巖谷。」

馬嶰谷之舟如仙槎

馬嶰谷嘗以己意命匠人造一舟，異常製，每乘之以游大江南北，清潔幽雅，見之者謂其如仙槎也。

和珅有獨木舟

乾隆時，和珅當國，威震中外。福建布政某承辦材木，得一香樟，大十餘圍，高矗霄漢，乃伐而獻於珅，自漳至京，運費至銀三千餘兩。珅命匠刳削雕刻爲一舟。舟成，長四丈餘，廣一丈六尺，不加髹漆，香氣馥郁，名曰獨木舟。上爲樓船形，艙舷寬敞，可容百人，中有鏡臺、書室，紅軒碧廚，上築臺榭，後植花木，吴省蘭嘗爲之作記焉。

舟成，珅未嘗一臨坐。及事敗，没入禁中。仁宗見而歎曰：「是奴所享受，朕亦不得望其項背也。國之精華，盡於是矣。」乃浮於後海，不一坐，目爲妖物，比之宋陸放翁之南園焉。

兩駁集貲造船

張樵野侍郎陰桓至美，某領事上書言，旅外商民，願集貲造船，無事則商家運貨，有事則備國家之用。張據以咨總署，總署謂恐輕易啓釁，力駁之。已而張入總署，薛叔耘京卿福成出使英、法，復申前説，張亦駁之，蓋己所不能成之事，亦不欲人成之也。

簰

簰，編木爲之，用以渡水。設肆售木者之轉運，每將木聯綴成簰，使其順流而下。司簰之人，即編茅爲篷以居其上，旅客有附之者。且郵政未興之時，信局未設之處，亦爲人寄遞書物也。

筏

筏爲竹所聯綴，藉以渡水之用。設肆售竹者以之轉運，略如木簰。其司筏者，亦爲人寄遞書物，旅客且可附之以行，惟不能剋期而至，與簰同。

汽車

汽車，俗稱火車，又稱火輪車。其製以汽機爲原動力，曳引客車、貨車行駛於鐵路之上。其裝設汽機之車，謂之機關車，俗稱車頭。

小汽車

英人杜蘭德於同治乙丑七月，以長可里許之小鐵路一條，敷於京師永寧門外之平地，以小汽車駛其上，迅疾如飛，京人詫爲妖物。旋經步軍統領飭令拆卸，羣疑始息。自是而後，遂有淞滬鐵路矣。

利用汽車

天津初創汽車，先試行於租界土路，又以載貨車一輛繫其後，令中外五十人坐車中，分三等，駐津英領事與我國官員居上等，從人坐其下，車外四周則雜賓也。試行一周，便捷而精美，華人咸鼓掌稱善，或錫其名曰利用焉。

慢車快車

鐵路開車之速率，有慢車及快車、特別快車三種。吾國通行之快車，每一小時約二十六哩，尤快者約三十哩。歐美各國，則自四十五哩至五十五哩，尤快者七十五哩至八十哩。特別快車者，謂沿途之小站不停，較他種車爲尤速也。

花車

花車爲汽車之一，以頭等車或頭等臥車爲之，其中陳設，無異常時，惟於門於窗，紮花爲綵，緣於門及窗以爲飾。花則五色具備，綴於松柏枝。政界於迎送長官時用之，藉表優待之意也。

手搖車

手搖車，鐵路執事人所乘，於汽車開後以要事來往於各站者也。車有輪，行於軌，僅容六七人，以手搖之，並樹紅旗以進駛，使汽車之司機者得瞭見之，不至相撞也。客有要事而不及附乘汽車者，亦可出資雇之。

皇帝五輅

國朝初制，玉輅、大輅、大馬輦、小馬輦、香步輦，並稱五輦。大朝日，設於太和門東。乾隆癸亥，改大輅爲金輅，大馬輦爲象輅，小馬輦爲革輅，香步輦爲木輅，玉輅仍舊，並爲五輅。戊辰，欽定五輅之制。

玉輅，木質髹朱，圓蓋方軫，飾以青，銜玉圓版四。冠金圓頂，鏤金垂雲承之，簷帖鏤金雲版三層。青緞垂幨亦三層，繡金雲龍及羽文相間。繫繡金青緞帶四，屬於軫。四柱繪以金龍。門垂朱簾，四面各三。環座以朱闌，飾間金彩。闌內周布花毯，中設金雲龍寶座。兩輪各有十八輻，鏤花飾金。貫以軸轅二，兩端飾金龍首尾。後建太常十有二斿，青緞爲之，縿繡日月五星，斿繡二十八宿，裏俱繡金龍，下垂五彩流蘇。杆攢竹髹朱，左加闟戟。右飾龍首，並綴朱旄五，垂青綏。外用納陛五級，左右闌皆髹朱，飾金彩。駕象一，靷以朱絨紃。陳設時，行馬二承轅，亦髹朱直竿，兩端鈷以銅。金輅，圓蓋方軫，飾以黃，銜金圓版四。黃緞垂幨三層，繫黃緞帶四，屬於軫。後建大旂十有二斿，各繡蛟龍。木輅，圓蓋方軫，飾以黑，銜花梨圓版四。黑緞垂幨三層，繫黑緞帶四，屬於軫。後建大麾十有二斿，各繡神武。服馬二，驂馬四，設游環和鈴。象輅，圓蓋方軫，飾以紅，銜象牙圓版四。紅緞垂幨三層，繫紅緞帶四，屬於軫。後建大赤十有二斿，各繡金鳳。服馬二，驂馬六，設游環和鈴。革輅，圓蓋方軫，飾以泥銀，銜圓黃革四。白緞垂幨三層，繫白緞帶四，屬於軫。後建大白十有二斿，各繡金虎。服馬一，驂馬三，設游環和鈴，餘俱如玉輅，大駕鹵簿、法駕鹵簿用之。遇大朝會，則設於午門外。

皇帝輦輿

國朝初制，皇帝祀天地，並乘涼步輦，陞殿之日，陳於太和門東。乾隆壬戌，定大祀，親詣行禮，均乘禮輿。出宮，至太和門，乘輦。又奉旨，凡遇祀畢還宮，均備禮輿，永爲定例。戊辰，始造玉輦，改涼步輦爲金輦。大祀南郊乘玉輦，北郊、太廟、社稷壇乘金輦，其餘朝日、夕月、耕耤以下等祀，均乘禮輿。遇朝會，則並設於太和門外。駕出入，御步輿。行幸，御輕步輿。是年，乃欽定輦輿之制。

玉輦，木質髹朱，圓蓋方座，飾以青衡玉版四。冠金圓頂，鏤金垂雲承之。曲梁四垂，端爲金雲葉。青緞重幨，周爲襞積，繡金龍，繫黃絨紃四，屬於座隅。柱繪雲龍。冬垂青氈門幃，夏易以朱簾，黑緞緣，四面各三。座綴版二層，上繪彩雲，下繪金雲，環以朱闌，飾間金彩。闌内周布花毯，中設金雲龍寶座，左列銅鼎，右植服劍。内列四轅，兩端銜金龍首尾，外用納陛五級，左右闌皆髹朱，亦飾金彩，舁以三十六人。大駕用之。金輦，圓蓋方軫，飾以泥金銜金圓版四。冠金圓頂，黃緞垂幨，冬垂黃氈門幃，夏以朱簾，黑緞緣，四面各三。座環以朱闌。内外四轅，舁以二十八人。法駕用之。禮輿，柟質，上爲穹蓋二層，上八角，飾金行龍，下四角，飾亦如之。冠金圓頂，鏤金雲承之，銜以雜寶。明黃緞垂幨，繡金雲龍。四柱飾蟠龍，門端及左右闌飾雲龍，皆鏤金。内爲金龍寶座，幃用明黃雲緞紗氈，各惟其時。左右啓櫺，夏用藍紗，冬用玻璃。直轅二，大横杆二，小横杆四，肩杆八，皆髹朱，繪以金雲龍。横鉆以銅，縱加金雲龍首尾。舁十六人。法駕用之。步輿，木質，塗金，不施幰。中爲盤龍座，冬施紫貂坐具，夏以明黃裝緞。四足爲螭首虎爪，承以圓珠，周繪雲龍踏几，籠以黃緞。直轅二，大横杆二，中爲雙龍首相對，小横杆四，舁以十六人。鑾駕用之。輕步輿，木質，髹朱，不施幰。象牙爲之座，踏几髹以金。直轅二，加銅龍首尾。大横杆二，小横杆四，肩杆八，皆鉆以銅，餘俱如步輿。騎駕用之。

皇太后輦輿

乾隆己巳，欽定皇太后儀駕。龍鳳輿，木質，髹以明黄。穹蓋二重，上爲八角，各飾金鳳。下正方，四隅飾亦如之。冠金圓頂，鏤雲文，銜以雜寶。明黄緞垂幨，上下皆銷金龍鳳，四柱皆繪金龍鳳。檽四啓，青紃網之，前爲雙扉，啓扉則舉檽懸之，内髹淺紅。中置朱座，坐具明黄緞，彩繡龍鳳。前加撫式，亦髹明黄，繪金龍鳳。直轅二，大横杆二，中爲鐵鋄金雙鳳相向。小横杆四，肩杆八，皆髹明黄，横鈷以銅，縱加銅鋄金龍鳳首尾，舁以十六人。龍鳳車，木質，髹以明黄。穹蓋二重，上繪八寶，各飾金鳳，下繪雲文，四隅飾亦如之。冠金圓頂，鏤雲文，銜以雜寶。明黄緞垂幨，蓋明黄絡，四隅繫明黄絨紃，屬於軫。四柱左右及後，皆繪金龍鳳，中各啓檽，青紃網之。門上鏤金龍鳳相向。明黄緞幃，黄裏。坐具明黄緞，彩繡龍鳳。兩輪各十有八輻，轅二，鈷以鐵鋄金，駕馬一。儀輿，木質，髹以明黄，上爲穹蓋。冠金圓頂，塗金，簷四隅繫黄絨紃，屬於直轅。明黄緞垂幨，明黄緞幃，黄裏，中置朱座。坐具明黄緞，繡龍鳳。直轅二，横杆四，中爲鐵鋄金雙鳳相向。肩杆四，俱髹明黄，兩端鈷以銅鋄金，舁以八人。儀車，木質，髹以明黄，穹蓋上圜下方。冠銀圓頂，塗金，簷四隅繫明黄絨紃，屬於軫，明黄緞垂幨。四柱不加繪飾，裏髹淺紅，明黄緞幃，黄裏。坐具明黄緞，彩繡龍鳳。輪各十有八輻，轅二，鈷以鐵鋄銀，駕馬一。辛未，皇太后六旬萬壽，高宗尊養祝釐，鴻儀備舉，預涓吉日，自暢春園躬奉慈駕入宫。皇太后御金輦，明黄緞幃，繡壽字篆文，奉輦以二十八人。辛巳、辛卯，皇太后七旬、八旬聖壽，並御萬壽輦，自暢春園回宮。

皇后車輿

乾隆己巳，欽定皇后儀駕。鳳輿，木質，髹以明黃。穹蓋二重，上爲八角，各飾金鳳，下方四隅，飾亦如之。冠金圓頂，鏤雲，銜以雜寶。明黃緞垂幨，上下皆銷金鳳。四柱皆繪金鳳。槅四啓，青紃網之。前爲雙扉，啓扉則舉槅懸之，内髹淺紅。中置朱座，倚髹明黃，繪金鳳。坐具明黃緞，繡彩鳳。前加撫式，亦髹明黃，繪金鳳。直轅二，大横杆二，中爲鐵，鋄金，雙鳳相向。小横杆四，肩杆八，皆髹明黃，横鉆以銅，縱加銅鋄金鳳首尾。舁以十六人，親蠶御之。鳳車，木質，髹以明黃。穹蓋二層，上繪八寶，八角各飾金鳳，下繪雲文，四隅飾亦如之。冠金圓頂，鏤雲，銜以雜寶。明黃緞垂幨，蓋明黃絡，四隅繫明黃絨紃，屬於軨。四柱左右及後，皆繪金鳳。中各啓槅，青紃網之。門上鏤金鳳相向，明黃緞幃，黃裏。坐具明黃緞，繡彩鳳。輪各十有八輻，轅二，兩端鉆以鐵，鋄金。駕馬一。儀輿，木質，髹以明黃。上爲穹蓋，冠銀圓頂，塗金簷。四隅繫黃絨紃，屬於直轅。明黃緞垂幨，明黃緞門幃，紅裏。中置朱座，椅髹明黃，繪金鳳。坐具明黃緞，繡彩鳳。直轅二，横杆二，中爲鐵鋄金雙鳳相向。肩杆四，兩端鉆以銅鋄金。舁以八人。儀車，木質，髹以明黃。穹蓋，上圓下方。冠銀圓頂，塗金。簷四隅繫明黃絨紃，屬於軨。明黃緞垂幨，四柱不加繪飾，裏髹淺紅，明黃緞幃，黃裏。坐具明黃緞，繡彩鳳。輪各十有八輻，轅二，鉆以鐵鋄銀。駕馬一。

貴妃妃嬪車輿

貴妃、妃嬪車輿之制，乃乾隆己巳高宗所欽定。貴妃翟輿，木質，髹以金黄。蓋幨坐具皆金黄緞，繪飾彩繡，皆金翟。橫杆，中爲鐵鋄銀雙翟相向，翟首鋄金。凡杆皆縱加金翟首尾。肩杆四，舁以八人。餘俱如皇貴妃翟輿之制。儀輿，木質，髹金黄。幨幃坐具皆金黄緞，繪飾彩繡，皆長翟。橫杆中爲鐵鋄銀雙翟相向，翟首鋄金。餘俱如皇貴妃儀輿之制。儀車，木質，髹金黄。幨幃坐具皆金黄緞，繡彩翟，餘俱如皇貴妃儀車之制。

妃，翟輿，木質，髹以金黄。冠銅圓頂，塗金。蓋幨坐具皆金黄緞，繪飾彩繡，皆金翟。直杆加銅髹金翟首尾。肩杆鏤翟首尾，髹以金。舁以八人，餘俱如貴妃翟輿之制。儀輿，木質，髹以金黄。冠銅圓頂，塗金。肩杆二，舁以四人，餘俱如貴妃儀輿之制。儀車，木質，髹以金黄。冠銅圓頂，塗金，餘俱如貴妃儀車之制。

嬪，翟輿、儀輿、儀車均同妃。

皇貴妃車輿

乾隆己巳，欽定皇貴妃車輿之制。翟輿，木質，髹明黄，緞繪飾彩繡，皆金翟。橫杆中爲鐵鋄銀雙翟相向，翟首鋄金。凡杆皆縱加銅鋄金翟首尾。肩杆四，舁以八人。餘俱如皇后鳳輿之制。翟車，木質，髹明黄。蓋飾金翟，左右及後繪金翟，門上鏤金翟相向。坐具繡彩翟。轅鉆以鐵鋄銀。餘俱如皇后鳳車之制。儀輿，木質，髹以明黄，椅繪金翟。坐具繡彩翟。横杆中爲鐵鋄銀雙翟相向，翟首鋄金。餘俱如皇后儀輿之制。儀車，坐具繡彩翟，餘俱如皇后儀車之制。

站口兒車

京師長街通衢，騾車林列，以待過客之賃坐者，曰站口兒車，蓋在胡同之口也。一曰海車，言其跑海也。海，喻其廣漠無邊，不能有定所也。

跑快車

都人游南頂者，有跑快車之風，大抵在前門外天橋一帶，其地空曠，車行至此，必長驅闘捷，然往往有敗轅脱輻之虞。

敞車

敞車者，無掩蔽，露行於城市郊野者也。其賃資，計當十錢五枚，可行五里，一車可容十餘人。

黑車

京師有某某數處，爲黑車停駐待客之所。黑車者，夜行無燈，密遮車窗，使乘客不知所經之途徑，故謂之黑。某處有茶肆，欲乘此車者，往飲茶，並預習其一定之隱語，與茶博士言之。茶博士卽以隱語爲之招一車至，不議車價，來客亦不必與車夫交一言，徑上車，車夫卽爲之送至一宅，推客下車。車夫又以隱語告宅中之人，匆匆竟去。卽有婢女持燈，引客入一所，如巨家之繡闥者，凡所身歷，無殊劉阮之入天台也。凌晨，車夫呼門，復匆匆送之原處，亦不索車值也。

楚北郎中章某，美丰儀，宦京師，嘗爲友招飲於酒樓。宵分劇醉，家中車不至，躑躅獨行，過一委巷，有車轔轔然來。章以爲家所遣也，招之，跨而上車行，縱横曲折，莫辨東西。久之，至朱門之側，石級十重，危牆數丈。章甫下，御者遽以物幕其首，曳以行。章大駭，然不能支持，覺前後左右凡有數人，或推或挽，踰門閾甚多。俄至一所，衆爲解其冪，視左右，則美婢二三人，明眸巧睞，吹氣如蘭。視其處，則畫堂明燭，珠簾半掩，地上五文鴛錦，著履皆柔。堂中獸爐一，香氣徐熏，彌滿一室。章倉皇無措，亟詢婢，婢笑曰：「既甘心來此，何問爲！」俄而屏後一麗人姍姍來，既至前，見章曰：「噫，此非某郎也？」顧長婢曰：「汝亦不審耶？」婢曰：「此皆某誤事，今乃如此！」章木立不敢動，見長婢向麗人耳語久之。麗人面微赧，入屏風後，數婢推章入他室。章此時漸已了解，顧心尚微怯，卽聽婢所爲。婢爲易衣膏沐，歷一時許，始蕆事。時麗人已低鬟微笑，立堂前。婢持酒肴來，令章就麗人同坐。章不能多食，婢執壺力勸，章勉飲數杯，麗人亦微有酒意。婢撤肴饌送歸寢，衾褥華潔。章中夜醒，酒渴思茶，視麗人睡已熟，牀前一短几，上有水果數枚，伸臂探取之。時燈已欲燼，手誤觸一物，堅且方，疑爲印章，卽納枕畔，更攫果。食方半，聞叩門聲，麗人驚醒，促章同起披衣，卽潛納印章於囊中，欲以爲徵。比出門，婢仍冪之如前。登車至家，天未明也。出印視之，象牙小方形，上刻某某啓事，章大駭汗。蓋某某者，滿某部侍郎，章卽其部之郎中也。越數年，某某没，始敢以告人。

姚儀覆徐乾學車

姚制府啓聖嘗佐康親王平閩，欲滅鄭成功以絶民望。然與納蘭太傅明珠不睦，明嗾徐元文劾之。徐故爲顧亭林甥，陰庇明裔，亦嗛其所爲，遂周内其罪，露章彈劾。幸聖祖察知，不究其事。公子儀心銜之，偵知其兄乾學自某省學政歸，苞苴無算，伺於蘆溝橋，俟其車數十乘至，儀固具兼人力，乃拽出車尾，盡掀於巨浪中，大言曰：「若輩所取貲財，皆不義，敢拉余鳴之官乎？」徐懼，强忍而已。日久，聖祖聞之，大笑曰：「姚儀此舉，殊快人意。然有此勇力，不可使閒置。」遂改授武職，立功海上，洊至雲南鶴麗鎭總兵官，以善終。

拉車當差

平定壽陽里民無車，拉客車當差。華州則里民斂錢交官，官拉客車以當差。道光朝，富陽孫子丹刺史衙嘗作詩詠之，詩曰：「拉車復拉車，與夫氣不舒。掀公於道貨棄地，將軍驅向縣中去。有役獰然手執牌，謂是蘭州餉使來。朝廷驛遞歲支幾百萬，一鞘兩夫馳以馬。將軍代夫事可行，如何劫奪行李赴郵程。山西壽陽平定州，陝西華州華陰縣。兩地相隔路五千，不圖奪車暴政不相遠。我昔曾權平定事，代庖兩月事暫止。我今轉餉臯蘭來，奪車載鞘心徘徊。一言願告有司良，廠夫工食費誰償？治盜不能乃爲盜，驛卒度支充宦囊。吁嗟乎！役卒度支充宦囊。」

某宗室御耍車

咸豐時，有某宗室者任誕自喜，或謂卽肅順，或謂乃其弟，或謂卽端華。一日，值步軍統領出巡，某御耍車，而以班中旦裝蹻脚置車外，下車帘，僞飾婦女。及步軍統領車行近，高呼其名曰：「我送你。」卽將蹻脚直送入車中，步軍統領亦無如之何。

劉梅軒御騾車

浮梁汪勉齋者，於光緒甲午應禮部試。一日，賃騾車至某處，車夫且策騾，且回顧，至中途，忽問勉齋曰：「老爺非姓汪乎？」曰：「然。」「非江西浮梁縣人乎？」曰：「然，汝何以知之？」車夫又曰：「老爺非乙酉拔貢，以丙戌入都應朝考者乎？」勉齋答曰：「然，然。異哉，汝何以知之若此其悉？」車夫又曰：「然則小人曾盡地主之誼，設筵宴老爺一次也。」勉齋益愕然曰：「汝爲誰？姓名職業可得聞乎？」車夫曰：「小人姓劉，字梅軒，琉璃廠清華齋瓷器店主人翁也。貴人善忘，不識我矣。雖然，我如此面目，卽遇舊時同事，恐識者亦罕。」

勉齋至是始憶及丙戌廷試後，曾飲於清華齋，其主人實爲劉梅軒也。然其店固無恙，疑車夫妄語，乃佯謝曰：「余實不能憶矣，請面我。」車夫反顧，勉齋審之信，驚曰：「果劉梅翁也。然則於何時改業，且奚爲而改業？瓷器店尚在，今屬誰？」劉乃歎曰：「是何必問，蕩子之末路耳。」勉齋曰：「固也，盍詳言之。」劉曰：「小人初設肆，生涯頗不惡，乃以飽煖思淫慾，日作冶游，置營業而不顧。曾幾何時，漸就衰落，乃以店售於陳姓，因舊牌號已馳譽遐邇，故未更也。」勉齋曰：「君之車出自租賃，抑自有？」曰：「此我所自備。」勉齋曰：「置此資本，亦非微末，君既窮困，安得辦？」劉曰：「我前者流連忘反時，固早知有今日，而先爲之備，雖揮霍逾萬，篋中猶儲百金，不肯用。至是，則發金購騾及車，而之市載客焉。當余發軔之始，苦不識道路，往往誤客事。後乃購街道圖一幅，日夕展覽，於驅車時亦攜之，若指南針然。又嘗驅空車往來各胡同以印證之，不數日，而九門內外，縱橫曲直，信所之，無稍誤，且知趨捷徑矣。」勉齋曰：「一歲所獲幾何？」則曰：「約二百金，差足自給，不致餓死填溝壑而已。」勉齋聞之悵然。

包趕程之車

同治以前，行陸路來往京師者，有急事，則千里長途，駕騾車，戴星而行，數日可達，謂之包趕程。

轎轎車

黑龍江向無各項車輛，有達呼爾隨意用柳條編造者，曰轆轆車，輪不甚圓，不求準直，軸徑如椽，而載重致遠，不資轂輮，且以山路崎嶇，時防損折，動以斧鑿隨之。曳車者爲牛。一人嘗御三五輛，載糧穀柴草類。然富人乘車，亦用氈毳爲蓋，以蔽風雪。間亦有用樺皮，或如棺木者，别號樺皮車，東西布特哈多有之。

車圍

嘉峪關外之西爲伊犂、哈密、和闐，再西曰南八城。欲至其再西，必經瀚海，行旅必聯合大車四輛，路宿則以之作圍。翌晨起視，則四車中央之隙地，沙厚數尺，四圍如壁，而中則積沙也。苟不如是，則入夜風烈，車必傾倒，人多埋於沙中，窒息而死。瀚海無路，車行需指南針。世傳行必中道，否則掉入沙中者，誤也。

台車

新疆有台車，諺語謂驛站曰台。創始於左文襄西征時，修築馬路，以運輜重，每台各備車數輛。其車如馬車式，曳以二馬，另備馬若干匹，以待更易。新疆底定，遂爲常法。行旅至，乘車以赴彼台，至彼台，又易車馬以達他台，馬不過勞，客不淹滯，其法自較驛傳爲善也。

柴車

柴車，出蒙古，取材於山，不加雕刻，略具輪轅，以牛駕之。行則鴉軋有聲，如小舟之欸乃然。

駕竿車

駕竿車，蒙古察哈爾之布爾哈蘇有之。車前横木長丈餘，以繩貫於轅，轅外二馬，木端置於鞍。二人跨馬疾馳，一小時可行六十里。長軸安於車尾，絶無傾覆顛簸之苦。

上海之車

上海之有車，始於同治初，初惟江北人所推之羊角車而已。繼乃有腕車，行旅便之。然士紳商賈之小有財者，每一出入，仍必肩輿。已而馬車漸興，肩輿漸廢，五陵少年，碩腹巨賈，每出必錦韉玉勒，馳騁康莊以爲快。又有駕車往來於法租界之十六鋪及三茅閣橋者，載人貨以行，其制較陋，稱野雞馬車。光緒戊申以還，公共租界及法租界皆行駛電車。旋又有黄包車出焉，其車之形式類腕車，惟稍低，且爲橡皮輪。其後又有摩托車，則藉汽力以駛行，而以一人爲之司機，捷於飛鳥，有公司專賃之，每租一小時，須銀幣四五圓。脚踏車，則必習其行駛之術，始可乘之。塌車以板爲之，惟以載貨。

電車爲大衆所附乘。摩托車有常年自蓄者，有臨時租賃者。馬車、腕車亦如之。羊角車，則除載物外，惟爲細民所僦乘，非鄉居，鮮自蓄者。電車以取值廉，乘之者不僅屠沽庸保，雖達官貴人、富商大賈，亦羣趨之，漏卮之外溢不計也。然若輩亦時乘摩托車與馬車，以自示其豪。

金奇中僑滬十餘年矣，時電車猶未通也，每出，惟乘人力車，嘗語海鹽朱赤萌明經元善曰：「腕車，貧民所恃以爲生者也。既無工廠之建設，不能容納若曹，自必有使其足以餬口者而後可，否則流爲盜賊，吾輩不足論，而達官貴人、富商大賈亦將首受其禍，不得自保。其好乘電車也，爲一己一時之撙節計則得矣，然亦何不爲貧民計，不自爲久遠計乎？且又何解於乘摩托車、馬車之糜費也？」赤萌乃曰：「以吾所見，世之達官貴人、富商大賈亦多矣，求其能稍知經濟學者，千百中殆無一二焉。其用財也，無不略於大而詳於小，有時擲之如泥沙，有時較之甚錙銖，俗所謂大拚小算者是也。若輩之乘摩托車、馬車而又乘電車者，亦卽大拚小算耳。其究也，雖以貪吝之所得，積至千萬，亦惟傾覆於其子孫之手而已，且更有及身見之者，不亦可爲長太息耶！」

上海公共租界街市之繁盛，以南京路之江西路轉角處爲最，自晨七時至晚七時，各車往來，不絕於道，約計其次數，則電車四百五十次，摩托車九百次，馬車一千次，腕車一萬八千次，羊角車一千次，有過之無不及也。

上海車夫之橫狡

上海之車夫，以電車、摩托車、馬車之御者爲最桀驁不馴，橫行於道。爲其所撞者，輒被蹂躪，間與抗論，則卽恃其爲巡捕所庇之人，而毆詈隨之矣。其可憐者，惟羊角車夫而已。然亦有可憎者。蓋常於外埠各小汽船抵滬之時，手持工部局所給之照會，招攬生意，而客每苦行李之多，必須多車始裝，惟因監視者少，及至逆旅，往往有缺少一二車者。其故在雇車時，車夫必將其照會盡交之於監視者之手，而監視者遂以爲照會在手，可不畏其逃逸，卽逃，亦已知其號數，可至捕房查緝也。以是監視疎忽而失事者，比比皆是。不知羊角車非腕車可比，腕車之照會，須詳開車主姓名、住址及殷實商鋪擔保，方可領照，而羊角車則不然，故雖照會在手，不啻得一廢物也。

電車

電車，以電力駛行之車也。特設發電所，用蒸氣力轉動發電機以生電流，由架空電線及車頂鐵桿傳達車底之電動機。電動機之軸，由齒輪與電車軸相銜接，故電動機旋轉，電車亦動。車之前後端有半圓筒狀之物，司機人轉其把手，調節電力，可使車隨宜以緩急進退。因供給電力之不同，分爲三種。一爲單線架空式，用電柱架電線一條，地上鋪鐵軌，電流入車，車分爲二，一燃電燈，一通發動機，復相合爲一，循鐵軌以還至發電所。二爲複線架空式，上架二線，不設鐵軌，電流由甲線而來，作用既終，由乙線還至發電所。亦有將電線埋於地下者，歐美大都會多用之。三爲蓄電池式，不用發電所，藉車中所備蓄電池之電流以行車，與通常之摩托車同，光、宣間，天津、上海均有之。

上海電車，乃西人所經營，華人雖亦投資，而實權皆爲彼所握。車位分兩等，曰頭等，曰三等。初開時，華人慮或觸電，類多望而卻步，頭等座中則更絶無僅有。於是西人假優待婦女之名，以爲招徠，於周行某處至某處之路，所號稱圓路者，許婦女出三等車資而坐頭等。殆亦揣摩華人心理，意謂車有婦女，則尋芳獵豔之男子自必相率偕來。自是不及一年，其營業果日益發達，而幽期密約之事，亦出之於車中矣。

徐新華嘗曰：「滬上通行電車，始於光緒戊申，此爲縮短里程寶貴光陰而設，繁盛之都會，誠不可少。且上海租界日闢，户口日增，歐人創之，宜哉！然吾國人之能知寶貴光陰者，百不一覯，乘客之衆，亦惟利其賃價低廉耳。同學某嗜讀，手不釋卷，然出行，輒乘腕車，若不知電車之可節日力者。余嘗請其故，某笑曰：『余不得已而僑居租界，日用所需，舶來品多矣，奚有於電車！然吾伏案終日，乘此腕車，徜徉片時，於光陰亦不爲耗。況租界電車，率爲外人資本，非衣食住各物之尚有國産也。且吾之乘坐腕車，亦尚有深意存於其間。吾固不知社會主義者，然當此時代，工藝不興，游民日多，無所託足，盡人而乘電車，則車夫失業，皆將流爲盜賊。吾乘腕車，亦均貧富之一端耳。乘電車者，亦未必皆有職業，皆好求學，於惜陰二字，又何言焉。』」新華，珂之女也。

國人之喜乘電車也，固以無愛國心而然。惟一觀於貧人之趨之若鶩，則又可知國人之怠惰性成，不可救藥矣。蓋以粗足自給之人，節衣縮食，視一錢如性命，而乃甘心捨此二三枚之銅幣，無所顧惜，或且以工作往還，晨夕乘坐，謂非好逸惡勞，夫誰信之！

有陶星卿者，富人也，喜乘電車，常語金奇丁曰：「吾之乘電車也，非節費也，實以腕車之以人代馬，心有不忍，不欲同人道於牛馬耳。且寶貴光陰，取其捷也。」奇丁曰：「然則君何不乘馬車乎？且電車隨在停頓，不得自主，較之馬車，行緩多矣，豈未之見耶？」星卿聞之，不能答。

摩托車

摩托車，俗稱汽車，又稱機器車，日本謂之自働車，京師、天津、上海多有之，用揮發油漲力或蒸汽力、電力等以動之。用揮發油者最多，其速度每一小時能行一百餘里。

周湘雲蓄第一號摩托車

鄞有周湘雲名鴻蓀者，席父蔭，納粟爲候選道，居上海公共租界牛莊路，闢園於長浜路中，曰學圃，占地二十八畝。其出入也，恆以摩托車。夕陽在地，鄰人聞汽笛聲嗚嗚，則必曰周觀察歸矣。

上海租界所有之摩托車，不論其爲自乘，爲出賃，其置備時，必納稅於工部局，請領填有記號之執照。是車之初運華也，爲光緒丙午，湘雲首購之，遂爲第一號。而西人好勝，恥第一號之爲華人所得也，宣統時，使人言於湘雲，願餽銀幣五千圓，取消第一號，湘雲不允。

湘雲之所以得第一號者，以其時摩托車初行，西人且尚未購也。而西人富虛榮心，不欲落華人之後，凡有記號者，必自得之，以哀然居首爲幸。如電話，俗稱德律風。如馬車，其第一號，皆西人也，此所以不惜重資而欲贖之於湘雲也。

上海馬車兜圈子

俗所謂之馬車，與北方之騾車偶駕以馬者大異，西人所創，而吾國仿爲之者也。有曰船式者，制如舟。有曰轎式者，制如輿。有曰皮篷者，上有篷，可張可弛。其輪或四或二，四輪則二大二小，二輪者輪甚大而車甚高，譯音曰亨斯姆。駕車之馬，普通爲一，兩馬者少。御者必二人，皆華服，或且詭異，且有戴無頂帶之禮冠者，涼帽、暖帽惟其時。

兜圈子者，滬人乘坐馬車，周行繁盛處所之謂也。初至滬者及青年之男女皆好之，招搖過市，藉以自炫，曰出風頭。其有女子同車者，非盡眷屬，妓院之名姬及其傭亦或與焉。兜圈子者，例於福州路登車，自山東路之麥家圈，進廣東路之寶善街，出北海路，沿跑馬場，過中泥城橋，至靜安寺路之味蒓園。歸途由南京路經山東路之望平街，轉福州路，沿跑馬場，進北海路，由廣東路之寶善街，至河南路之棋盤街，進福州路，轉東至黃浦灘路，進南京路，由湖北路之大興街，至福州路下車。如是而繞行一周，所謂圈子者是也。

腕車

腕車者，兩輪，兩車柄，一坐箱，有幕可舒張，以禦風雨，一人以手腕挽之，使車前行，故名。創於日本，而輸入我國，商埠盛行，滬尤多。一曰人力車，言其專用人力，不煩牛馬驢騾也。而流俗不察，呼之曰東洋車，則大謬。蓋吾國亦在太平洋，不能以東洋二字代表日本，此亦足見國人之無國家觀念也。

有自製腕車者，其形式類於轎式之馬車，居其中者，可蔽雨，可避風，自安適矣。而車之重量，亦必倍於尋常，挽之而疾馳者，猶一人也，此誠同人道於牛馬矣。金奇丁在滬，每乘腕車，輒憫之，必優給酬資，且不促其疾行，而又告之曰：「方食不可疾行，防腸痛也。」

腕車夫争載王子樵

王子樵客滬，一日，自梵王渡雇腕車至靜安寺，願出銅幣七枚，以作車資。兩車前迎争客，至互詈，乃問其乙曰：「車資減三銅元，去否？」摇首不答。乃乘甲車去，而仍與以足資。

周月生爲腕車夫所紿

旅客初至滬，恆爲車夫所紿。有自紹興至滬之周月生者，居公共租界福州路某旅館，其地距青蓮閣茶肆，數十武而近，以不諳路徑，乃覓腕車以代步。車夫欺其爲鄉愚也，索賃資銀幣二角，月生諾。車夫乃曳之至河南路，向東經廣東路，仍折回福州路而始至閣前，令下車，猶謂途長值廉也。月生登樓啜茗，遇其友林子安。少選，子安送之回逆旅，月生始恍然悟，而恨車夫之狡矣。

俞理安不蓄腕車

俞理安僑滬久，居城中，以服務於天津路之敦大錢肆，日夕往來，蓄人力車以代步。未幾而其子肄業於新聞之某校，亦思蓄一車，請於理安。理安不允，曰：「爾可宿於校。我若增一車，則必有人知而來借者矣。卻之，則爲人所怨；許之，則不勝其煩。而豢傭之費，修車之資，皆於我乎取，我果何所爲而爲耶？懷獻侯曰，有車者借人乘之，今亡矣夫！」

羊角車

羊角車，獨輪小車也，南北皆有之，一人挽之於前，一人推之於後，亦有無挽而僅有推者，行時，其聲軋軋然。兩旁爲乘客之座，齊魯間有鋪以墊者，乘之頗安適。唐時所謂羊頭車子者是也。上海繅絲婦女之往來皆乘之。

塌車

塌車面積甚大，以一寸強之厚木爲板，專以載物，任重可數千斤，前挽後推，人數之多寡，視重量以定之。輪在兩旁適中之地，以卸載時可使一端之物，傾嚮於下，隨斜面而落也。謂之塌車者，塌，低下也，隳也。或曰，塌宜作榻，故又有板車之名，則以其板長廣，可睡人而有類於榻也。

灑水車

灑水車，灑水於道時所用者也。車有方木櫃，可儲水數十擔，櫃後橫鐵管一，遍鑿細孔，其管上通水櫃，内設樞杻。用時以索掣開，水卽從管孔噴出，勢如驟雨，驅馬疾行，約可灑半里許。

脚踏車

脚踏車，卽自轉車也。兩輪前後直立，前輪有柄夾持，可左右以正方向，後輪之側附以鋼鍊，與曲拐相聯。乘者以脚踏曲拐，使鍊牽轉後輪，前輪亦隨之而轉，以向前進行。慮妨行人，則振鈴以告。男子所用與婦女所用者，異其式。又有用汽力者，年少子弟輒喜乘之，以其轉折靈捷而自由也。我國婦女乘之者絶少。

龍尾車

華亭諸生徐朝俊，承家學，嫻渾天理數。嘉慶己巳，製龍尾車，爲灌田之用。一車以一童運之，進水退水，無立踏、坐踏之勞。

摇車

寧古塔人之生子也，方彌月，卽置之摇車。車以柳絲作圈，每端有兩孔，以長皮條穿之，内外彩畫，且有響鈴。其中墊薄板，懸於梁，離地三四尺。帶縛嬰孩，使不得動，哭則乳之，乳之而猶哭，則摇之，口唸「巴不力」三字，如吴江之唸嗄啫啫也。

囚車

刑人於市曹也，以車載之往。車無蓋，曰囚車。有壯士挾刀夾之，懼其逸也。車之無蓋者，意若曰汝之首且將落矣。

冰車

冰車，俗名拖牀，一名凌牀，又名托牀，俗呼冰排子。其形方而長，如牀，可容三四人，高僅半尺餘。上鋪草簾，底嵌鐵條，取其滑而利行也。人坐其上，一人支篙撑之，捷於飛騎，京師、天津皆有之。撑者，例備皮襖一襲，無客則自衣以禦寒，有客則奉客鋪墊。隨地僱坐，價甚廉。

天津城南地勢窪下，夏潦秋霖，汪洋彌望，冬則冰膠如鏡，居民以凌牀往來。康熙時，宛平查嗇存邀同人作冰泛之游，嗇存得長歌一篇，中有句云：「晶瑩倒射天影白，七十二沽無水聲。」

扒犂

黑龍江有扒犂，如凌牀，不施鐵條，屈木如轅，駕二馬以行於雪上，疾於飛鳥。

送喪車送喪轎

喪家之出殯也，其親屬送之，所乘之車，必圍以白布，曰送喪車。用轎者亦然。

山東沿海之車騎

山東沿海濱多淤沙，不通舟楫，故遵陸者必騎，騎以驢或馬，或乘騾車，或乘騾轎，或乘小車。大抵即墨以南，道路平坦，騾車通行。即墨以北，嶝路崎嶇，海灘濘滓，跋涉稍艱，非騎驢乘轎不可。河無橋梁，淺者徒涉，深者乘筏以渡。各村皆有小逆旅，宿一宵，費錢十餘文，惟多塵垢且黑暗耳，越宿而仍車或騎矣。

京官乘輿乘車之沿革

王文簡公士禎有贈南海程駕部可則詩，有「行到前門門未啓，轎中安坐喫檳榔」句。時京師正陽門五更啓鑰，專許轎入，蓋京官向乘肩輿也。杜紫綸太史詔始乘驢車，後漸有之，然幃幔樸素，且少開旁門者。是易轎爲車，固在乾隆、嘉慶間矣。

道光初，京官復坐轎，即坐車，亦無不後檔。後檔者，蓋闢門於車旁，移輪軸於車後，取其顛簸稍輕，乘坐安適也。至同治甲子，則京堂三品以下無乘轎者，以轎須歲費千金，一品大員始有多金可雇轎役也。光、宣間，貴人皆乘馬車矣。然王公勛戚，尚有乘後檔旁門車者。

或曰，雍正時，京城已有驢車。乾隆時，劉文正公統勳之車則駕白馬，人見有白馬車，不問而知其爲劉中堂來也。自川運捐例開，騾車始出，故其時又名騾車爲川運車。然劉海峯云，雍正時已有騾車矣。

騾車之有旁門，則紀文達始創之。定制，三品以上方得乘用。然光緒庚子後，乘車者爲欲安適，咸争乘後檔車。蓋舊式車坐處，正值輪軸之上，顛播殊苦，車底苟非編籐爲之，行十餘里，卽困頓不堪言狀。惟圉人坐處，距軸最遠，所傳摇動力少殺，爲一車最安處。故風日清和，士夫命駕出游，或紈袴子弟爲競車之戲，皆好坐其處。特奔走權貴者，不能以峨冠博帶露於外耳。庚子後，西式馬車盛行，風氣又爲之一變矣。

顯轎

轎有二解：一，小車也；一，竹輿也。今於凡爲輿者，皆呼之曰轎，不必悉以竹爲之矣。

顯轎者，可露坐，其上下前後左右皆無障，顯而易見也，一曰明輿。官吏乘之者，爲各省鄉試入闈時之主考、監臨、監試、提調，郡邑迎春時之知府、同知、通判、知縣、教官、縣丞、典史。其時乘之者必朝衣朝冠，端拱而坐。迎神賽會時，則爲神所乘。

八轎

京官無坐八轎者。外官爲督撫、學政，可於大典時乘坐，將軍、提督亦偶有乘之者。俗謂之八轎者，以輿夫有八人，前後左右各二，曰開槓，蓋四人舁之爲直槓，八人舁之爲横槓，輿前無所阻礙，古所謂起居八座者是也。轎之四周，幃以綠呢。命婦之得其夫、其子之封典者亦乘之。

四轎

以輿夫四人所舁之轎，俗呼之曰四轎，前後各二。京官之得用輿者，及外官自藩、臬以下，及命婦之得有夫若子之封典者，皆得乘。四周飾以藍呢。

眠轎

長途跋涉之肩輿，較普通者深而廣，以常日危坐之易於疲乏也，可偃臥其中，且置應用各物耳，俗呼曰眠轎。

福文襄役轎夫三十六名

福文襄王康安出行，輒坐轎，須用轎夫三十六名，輪替值役，轎行若飛。其出師督陣，亦坐轎。轎夫每人須良馬四匹，凡更役時，輒騎馬以從。

轎中裝煙斟茶

某督四川，其轎甚大，須夫役十六人，始能舉之。轎中有小童二人侍立，爲之裝煙斟茶，並有冷熱點心數十百種，隨時可食之。

輿夫爲太守之父

齊雲輿夫有某者，操北音，其同伴亦不省所自來，訊之，旗人也，住齊雲者二十餘年。適旗人有任徽州守者，奉太夫人進香於齊雲，抵山腰，遇輿夫某，訊之，得實情，知爲父，遂迎歸以終養焉。某年二十許，膂力方剛，負氣自豪，與人鬬毆，瀕死，懼罪潛逃，竄身大江南北之各寺，後之齊雲，終焉。方逃時，妻有娠，不知也。逾八月，生男，即徽州守也。爲所毆者遇良醫，不死，得未減，亦不知也。後二十餘年，子以包衣進士知縣洊擢徽州守，時以不得父耗爲痛。太夫人長齋繡佛，一日，進香於齊雲，爲夫祈冥福也。憩山麓，易山輿，而太夫人輿適爲某所舁。於時春仲，氣候已暖，衆輿夫以登陟勞頓，汗流被體，皆赤膊。某以肩太夫人輿，未敢袒裼。太夫人在輿，察其貌，訝之，聆其同伴話言，若解若不解，徒以在道中，未便致詰。歸而語守曰：「爾父出亡久矣，存亡未卜，即有之，聲音笑貌亦不能記憶，然左脇下有黑毛一撮，實爲暗記。昨見齊雲輿夫，不知以何故而動心，兒可徐辨之。」於是守亟命役喚某至，太夫人垂簾坐於內，太守堂上立俟之。既至，命毋跪，亟命役去其衣。某立堂下，大懼，觳觫甚。及去衣，而脇下毛見，太夫人亟步出簾外，先審其旗籍祖父，次考其妻族父母，次問其因何至此，何罪而逃。某屏息，不敢聲，太守下堂慰之曰：「毋畏，有語可徐陳之。」某色稍定，迺以次應對。語未半，太夫人泫然出涕曰：「是矣。」太守趨跪其前，某亦跪。太夫人指守而言曰：「彼，是爾子也。」某戰慄，不知所答。太夫人攜之上堂，曰：「猶識吾否耶？」是時之某，已若木偶，或推之，或挽之，茫然莫適所從。太夫人挽之入內，使沐浴，易冠履而出，太守扶之登堂。須臾，絲竹競奏，水陸並陳，飄飄乎若羽化而登仙矣。

王廣蔭輿被阻

通州工部尚書王廣蔭官京師時，嘗乘肩輿入朝，行至正陽門，見前有某世爵之舊呢後檔車，疲騾駕之，從者亦寥寥，按轡徐行，阻王輿，不得進。前驅者以鞭揮之曰：「某馬疾，且欲入朝，君等權時落後，何如？」從者大怒曰：「爾倚官勢，敢打世家僕耶？」言未已，忽車中一戴珊瑚頂八團補服者搴簾，露半面，徐睨，手揮從者退，曰：「工部王大人，紅人也，爾等不可犯，避路讓之。」便攬轡路左不行。王知某世爵貧而狡，急降輿謝罪，某亦拉手相問訊，無怒容，乃分道去。過午歸，有青衣持帖送一僕至云：「適在路獲罪，送府領責。惟此奴體羸，爲尊紀所捶傷，咯血數矣，祈藥之，可無恙也。」王知其詐，顧無如何，贈白金二十笏，命從者致辭曰：「敬呈藥資，小价已痛懲矣。」事乃已。

王壯武臨陣乘輿

湘鄉王壯武公鑫爲湘軍儒將，帥師剿粵寇。其臨陣也，不策騎而乘輿，輒端坐輿中，指揮將士。

拉旺多爾濟乘四馬轎

額駙拉旺多爾濟多膂力，每扈蹕，乘四馬轎，駛行如飛。其法，用四馬扛之，四僕別乘四馬御之，齊手一鞭，馬已駛數里矣。

馬輿

乾隆壬辰春，金匱秦大樽太守朝釪游晉，暮春，自晉入都，乘馬輿以行。至正定，時桃李盛開，夾道緑楊如畫，數十里不絶，大樽於輿中口占一詩云：「輕雷小雨漲山泉，浄洗桃花徹骨妍。一枕軟輿蝴蝶夢，春魂飛繞緑楊煙。」

騾轎

騾轎，形如箱，長四尺弱，闊一尺強，高三尺弱，以二長槓架於前後二騾之背。槓上置轎，頗寬大，可坐臥其中，並略載行李。其行較轎車爲靜穩，而次於人所舁之轎，北數省旅行多用之。

響輿

長沙之轎，制亦普通，惟舁行時，輒有聲格格然，行愈疾，響愈甚，蓋於機捩中膏以油也，俗謂之曰響轎。紈袴少年之招摇過市者，輒喜乘之。

泰山之輿

游泰山者必乘肩輿，其輿與南方絶異，僅有南方轎之上半，而去其下半，故兩足下垂，以一木板託之。坐椅之兩旁，貫以兩木槓，木槓之兩端，繫以一皮條，而輿夫之肩此皮條，兩肩不時更替。其行也，非若南方轎夫之一前一後，後者之面，對前者之背也。乃兩人同時面向所行方向以行，故坐者爲側坐，而行者爲横行。蓋泰山高四五十里，獨身步行數十武，即已不支，況曳百斤之重以升數十里之高乎。於是而兩肩更替，使輿夫不至過勞也；於是而横行，使輿自下而上不至傾斜也。

衡山之輿

衡山輿夫矯健冠天下，走及奔馬，上峻阪，走獨木危橋，輿在肩側，其足逡巡，二分在外，而輿平如衡，曾無少攲仄也。

籐轎

籐轎，以籐爲之，有左右前後皆無所障者。宣統辛亥，始有人創之。且以其重量較竹製者爲輕，輿人易於舉步，遂能疾行，其賃價亦較廉。

粤中之輿夫

廣州肩輿大而華，捷而穩，或謂如置杯水於乘客之手中，行百里，不欹傾也。而輿夫亦甚倨，值至昂，如乘輿至西關，西關爲廣州最繁盛地，富商大賈多在焉。往返須銀幣二圓數角，或至三圓。輿夫飲饌亦精，白飯粲然，非肉不飽。且每日得值可一圓有奇，多者輒二圓，約足一二日之用，即徜徉歸家，非明日，不再服役，雖以重資雇之，不應也。

凡官吏之長傭輿夫者，本人之妻子乘之則可，如媳、女及妾乘之，則必須別給輿資之半，雖與之嚴重交涉，決不認可。其言曰：「此同行規則，雖欲不遵，而無如何也。」

長傭輿夫者，每人每月僅工銀十餘圓，較之短雇，則爲值廉矣。輿夫舉步極速，有飛轎之稱。間有欲圖廉價者，則別有湘籍之輿夫，可以雇用，每月工資人約七八圓，而出行之際，穩步徐進，不能速也。

肩輿有四名夫、三名夫之別。三名夫，加一横木於輿門之前，以繩繫之。四名夫，再加一横木於輿窗之後，距離至近，不開四，開四即現任官所乘之四人肩輿。亦不換肩。其中以第三人爲最難，必老於此道者，方可爲之。以其地位接近輿後，面向輿窗，不能俯首視地，以他人之遲速爲遲速也。

八卦轎

粤西鄉村婦女，率多天足，肩挑負販，與男無異。柳州、來賓一帶，時有舁肩輿爲生者。世以陰陽爻象譬之，如坐客爲男，二女肩輿則似坎卦，坐客爲女，前女後男肩輿則似震卦，以此類推，則八卦全矣。

三丁拐轎

滇中有三丁拐轎，轎以竹片編成，以前二人後一人舁之。滇人名三丁拐，蓋滇省萬山叢積，道路崎嶇，行旅至艱，俗有「路無三里平，家無三分銀」之諺。

南昌輿夫

南昌官紳所乘之輿，舁之者皆奉新人。

廬山輿夫

有游廬山者，謂在牯牛嶺有肩輿可乘，山南則無之。蓋山南屬南康府，族法至嚴，不許子弟充舁輿之賤役，偶或犯之，則削籍出族，不若牯嶺之屬九江，爲輿夫產生之地也。

花轎

花轎，娶婦家用之，新婦自母家乘以赴夫家者也。晚近以來，雖有以摩托車、馬車代之者，而頑固人家之閨媛，猶守其舊習，以不坐花轎自儕於妾爲恥。轎以四人舁之，四周皆繪人物花鳥，罩幃於上。轎有小燈，雖白晝，亦燃燭。新婦坐其中，而垂簾焉，所謂閉置者是也。轎之前後，各有導從，且有奏樂之童子引之。

爬山虎

光緒時，皇后、妃嬪侍孝欽后膳畢，孝欽乘爬山虎還宮。爬山虎，竹兜之類也。墊分黃紅藍三色，皆繡繁花，以兩太監荷之行。

馱運

馱，馬負貌，凡以背負物者，不論人畜，皆謂之馱。青海草地行程，馱運最艱苦。牛馬所載者輕，而脚價與駝價則一。每馱每日之價，有至銀二兩者。駱駝飼養最易，行路最便，草地一駝之費，歲僅需銀四兩耳。

清稗類鈔

服飾類

服飾

服飾，章身之具也。《漢書》云：「五威將乘乾文車，駕坤六馬，背負鷩鳥之毛，服飾甚偉。」男女服飾截然不同，大率男樸女華。而宣統末之上海，男女乃皆趨於華矣。

皇帝服飾

皇帝冬朝冠，薰貂爲之，十一月朔至上元，用黑狐，上綴朱緯，頂三層，貫東珠各一，皆承以金龍各四，飾東珠如其數，上銜大珍珠一。夏朝冠，織玉草或藤竹絲爲之，緣石青片金二層，裏用紅片金，或紅紗，上綴朱緯，前綴金佛，飾東珠十五，後綴舍林，飾東珠七，頂如冬朝冠。端罩，紫貂爲之，十一月朔至上元，用黑狐，明黃緞裏，左右垂帶各二，下廣而鋭，色與裏同。袞服，色用石青，繡五爪正面金龍四團，兩肩前後各一。其章，左日右月，前後萬壽篆文，間以五色雲。春秋袷，夏以紗，冬以裘，各惟其時。朝服，色用明黃，惟祀天用藍，朝日用紅，夕月用月白，披領及袖俱石青。冬用片金，加海龍緣，夏用片金，緣。繡文兩肩，前後正龍各一，腰帷行龍五，衽正龍一，襞積前後團龍各九，裳正龍二、行龍四，披領行龍二，袖端正龍各一。列十二章，日月、星辰、山龍、華蟲、黼黻在衣，宗彝、藻火、粉米在裳，間以五色雲，下幅八寶平水。十一月朔至上元，披領及裳，俱表以紫貂，袖端薰貂，繡文兩肩，前後正龍各一，襞積行龍六，列十二章，俱在衣，間以五色雲。朝珠，用東珠一百有八，佛頭、記念、背雲、大小墜珍寶雜飾，各惟其宜，大典禮御之。惟祀天以青金石爲飾，祀地珠用蜜珀，朝日用珊瑚，夕月用緑松石，雜色惟宜。絛皆用明黃色。朝帶之制二，皆明黃色。一用龍文金圓版四，飾紅寶石或藍寶石及緑松石，每具銜東珠五，圍珍珠二十。左右佩帉，淺藍及白各一，下廣而鋭，中約鏤金圓結，飾寶如版，圍珠各三十。佩囊文繡，燧觿、刀削、結佩惟宜，絛皆明黃色，大典禮御之。一用龍文金方版四，其飾，祀天用青金石，祀地用黃玉，朝日用珊瑚，夕月用白玉，每具銜東珠五，佩帉及絛，惟祀天用純青，餘如圜版朝帶之制。中約圓結如版飾，銜東珠各四。佩囊純石青，左觿、右削，並從版色。吉服冠，冬用海龍、薰貂、紫貂，惟其時，上綴朱緯，頂滿花金座，上銜大珍珠一。夏織玉草或藤竹絲爲之，紅紗綢裏，石青片金緣，上綴朱緯，頂如冬吉服冠。龍袍，色用明黃，領袖俱石青，片金緣，繡文金龍九，列十二章，間以五色雲。領前後正龍各一，左右及交襟處，行龍各一，袖端正龍各一。下幅八寶立水，裾左右開，棉、袷、紗、裘，各惟其時。吉服朝珠，珍寶隨所御。吉服帶，用明黃色，鏤金版四，方圓惟便，銜以珠玉雜寶，各從其宜。左右佩帉純白，下直而齊，中約金結如版飾，餘如朝帶。常服冠，紅絨結頂。常服褂，色用石青，花文隨所御，裾左右開。常服帶如吉服。乾隆辛未，欽定雨冠之制二。其一，頂崇而前簷深；其二，頂平而前簷敞，皆用明黃色。氈及羽緞、油綢，惟其時。雨衣之制六，皆明黃色。一如常服褂而長與袍稱，以油綢爲之，不加裏，自衽以下加博焉。上襲重衣，領下爲襞積，無袖，斜幅相比，上斂下遮豐，兩重均加掩襟，領及紐約皆青色。一以氈及羽緞爲之，月白緞裏，領下爲襞積，無袖，斜幅相比，上斂下遮豐，前加掩襟，領及紐約如衣色，或油綢爲之，不加裏，紐約青色。一如常服褂而加領，長與袍稱，以氈及羽緞爲之，月白緞裏，領及紐約如衣色。一如常服袍而袖端平，前施掩襠，油綢爲之，不加裏，領用青羽緞，紐約青色，外加袍袖如衣色。一如常服褂而加領，長與坐齊，以氈及羽緞爲之，領及紐約皆如衣色。一如常服袍而加領，長與坐齊，以油綢爲之，不加裏，袖端平，前加掩襠，領用青羽緞，紐約亦青色。雨裳之制二，皆用黃色。一左右幅相交，上斂下遮博，上前加淺帷爲襞積，兩旁綴以紐約，青色，腰爲橫幅，用石青布，兩末削爲帶以繫之。一前爲完幅，不加淺帷，均以油綢爲之。行冠，冬以黑狐，秋以黑羊皮或青絨，均如常服冠之制，夏織藤竹絲爲之，紅紗裏，緣如其色，上綴雨纓，頂及梁皆黃色，前綴珍珠一行。褂色用石青，長與坐齊，袖長及肘。行袍如常服，長減十之一，右裾短一尺，色及花文隨所御，棉袷紗裘，各惟其時。行帶，色用明黃，左右佩繫以紅香牛皮爲之，飾金花文鋄銀鐶各三。佩帉以高麗布爲之，視常服帶帉微闊而短，中約以香牛皮束，綴銀花文佩囊，明黃圜絛，飾珊瑚。結、削、燧、雜佩各惟其宜。行裳，色隨所用，左右各一，前平後中豐，上下斂，並屬橫幅，石青布爲之，氈袷各惟其時，冬用鹿皮或黑狐爲表。

皇子服飾

皇子朝冠，冬用薰貂、青狐，惟其時，上綴朱緯，頂金龍二層，飾東珠十，上銜紅寶石。夏織玉草或藤竹絲爲之。緣石青片金二層，裏用紅片金或紅紗，上綴朱緯，前綴舍林，飾東珠五，後綴金花，飾東珠四，頂如冬朝冠。端罩，紫貂爲之，金黄緞裏。左右垂帶各二，下廣而鋭，色與裏同。龍褂，色用石青，繡五爪正面金龍四團，兩肩前後各一，間以五色雲。朝服之制二，皆金黄色。一披領及裳皆表以紫貂，袖端薰貂，繡文兩肩前後正龍各一，襞行龍六，間以五色雲。一披領及袖皆石青，冬用片金，加海龍緣，夏用片金，緣繡文，兩肩前後正龍各一，腰帷行龍四，裳行龍八，披領行龍二，袖端正龍各一，下幅八寶平水。朝珠，不得用東珠，餘隨所用，絛皆金黄色。朝帶，色用金黄，金銜玉方版四，每具飾東珠四，中飾貓睛石一，左右佩絛如帶色。吉服冠，紅絨結頂。蟒袍，色用金黄，版飾惟宜，佩絛如帶色。雨冠、雨衣、雨裳，均用紅色，氈及羽紗、油綢惟其時。雨冠頂平而前簷敞，用藍布帶。雨衣，一如常服袍而袖端平，一如常服褂而加領，長與坐齊，均前施掩襠。雨裳，前爲完幅，腰爲横幅，用石青布。自皇子以至宗室公，雨冠、雨裳之製並同，今不贅言。

親王以下服飾

凡宗室有爵者之冠服，親王朝冠，與皇子同，端罩，青狐爲之，月白緞裏，若賜金黄色者，亦得用之。

補服，色用石青，繡五爪金龍四團，前後正龍，兩肩行龍。朝服蟒袍，藍及石青諸色隨所用，若賜金黃色者，亦得用之。吉服冠頂用紅寶石，若賜紅絨結頂者，亦得用之。餘皆如皇子。

親王世子朝冠，頂金龍二層，飾東珠九，上銜紅寶石。朝帶，色用金黃，金銜玉方版四，每具飾東珠三，左右佩絲如帶色，餘皆如親王。

郡王朝冠，頂金龍二層，飾東珠八，上銜紅寶石。夏朝冠，前綴舍林，飾東珠四，後綴金花，飾東珠三。補服，色用石青，繡五爪行龍四團，兩肩前後各一。朝帶，色用金黃，金銜玉方版四，每具飾東珠二，貓睛石一，左右佩絲如帶色，餘皆如親王。

世子貝勒朝冠，頂金龍二層，飾東珠七，上銜紅寶石。夏朝冠，前綴舍林，飾東珠三，後綴金花，飾東珠二。補服，色用石青，前後繡四爪正蟒各一團。朝服、蟒袍不得用金黃色，餘隨所用。朝服通繡蟒文，皆四爪，蟒袍亦如之。朝珠，絲用石青色。朝帶，色用金黃，金銜玉方版四，每具飾東珠二，佩絲皆石青色，餘皆如郡王。

貝子朝冠，頂金龍二層，飾東珠六，上銜紅寶石。夏朝冠，前綴舍林，飾東珠二，後綴金花，飾東珠一。吉服冠，頂用紅寶石，皆戴三眼孔雀翎。補服，色用石青，前後繡四爪行蟒各一團。朝帶，色用金黃，金銜玉方版四，每具飾東珠一，餘皆如貝勒。

鎮國公朝冠，頂金龍二層，飾東珠五，上銜紅寶石。夏朝冠，前綴舍林，飾東珠一，後綴金花，飾綠松石一。吉服冠，入八分公用紅寶石，不入八分公用珊瑚，皆戴雙眼孔雀翎。端罩，紫貂爲之，月白緞裏。補服，色用石青，前後繡四爪正蟒方補。朝帶，金銜玉方版四，每具飾貓睛石一，餘皆如貝子。

輔國公朝冠，頂金龍二層，飾東珠四，上銜紅寶石，餘皆如鎮國公。

鎮國將軍朝冠，頂鏤花金座，中飾東珠一，上銜紅寶石。補服，前後繡麒麟。吉服冠頂用珊瑚，餘皆視一品。

輔國將軍朝冠，頂鏤花金座，中飾小紅寶石一，上銜鏤花珊瑚。補服，前後繡獅。吉服冠頂用鏤花珊瑚，餘皆視二品。

奉國將軍朝冠，頂鏤花金座，中飾小紅寶石一，上銜藍寶石。補服，前後繡豹。吉服冠頂用藍寶石，餘皆視三品。

奉恩將軍朝冠，頂鏤花金座，中飾小藍寶石一，上銜青金石。補服，前後繡虎，惟衣裾四啓。帶用金黃色，凡宗室皆如之，覺羅帶用紅色。

自親王以下，冬行冠如冬吉服冠之制，氈、貂各惟其時，翎頂隨其所得用。夏行冠，織玉草或藤絲爲之，上綴雨纓。行褂，色用石青，長與坐齊，袖長及肘。行袍如常服袍，減十之一，右裾短一尺，色隨所用，棉、袷、紗、裘，各惟其時。行帶，佩帉素布，視常服帶帉微闊而短，版飾惟宜，縧皆圜結，帶色金黃、石青各隨其所得用。行裳，藍及諸色隨所用，左右各一，前平後中豐，上下斂，並屬橫幅，氈、袷惟時，冬以皮爲表。其制下達庶官，凡扈行者冠服並如之。

乾隆壬寅，奉旨，宗室王公子弟各給官頂，其餘閑散宗室，概予四品頂戴。

額駙服飾

額駙，皇室、皇族之壻也，有差等。固倫額駙冠服，視貝子。吉服冠，頂用珊瑚，戴三眼孔雀翎。朝帶，色用石青或藍，金銜玉圓版四，每具飾東珠一，左右佩絲皆石青色。吉服帶，色用石青或藍。和碩額駙冠服，視鎮國公。吉服冠，頂用珊瑚，戴雙眼孔雀翎。朝帶，金銜玉圓版四，每具飾貓睛石一，餘皆同。郡主額駙冠服，視武一品，朝帶用鏤金圓版四，每具飾緑松石一。縣主額駙冠服，視武二品。郡君額駙冠服，視武三品。縣君額駙冠服，視武四品。朝帶，鋑金方鐵版四。鄉君額駙冠服，視武五品，朝帶視縣君額駙，餘皆同。若固倫額駙爵在貝子以上，和碩額駙爵在鎮國公以下，冠服各從其品，郡主額駙以下皆如之。

乾隆乙未，奉旨，在京公主所生之子，至十三歲時，如係固倫公主所生，即給予伊父固倫額駙品級，和碩公主所生，即給予伊父和碩額駙品級。

民爵服飾

民爵者，異姓之公、侯、伯、子、男也。公朝冠冬用薰貂，十一月朔至上元，用青狐，文武一品以上皆同。頂鏤花金座，中飾東珠四，上銜紅寶石。端罩，貂皮爲之，藍緞裏。補服，色用石青，前後繡四爪正蟒。朝服，藍及石青諸色隨所用。披領及袖俱石青，片金緣，冬加海龍緣。文武四品以上皆同。兩肩前後正蟒各一，腰帷行蟒四，中有襞積。裳行蟒八。十一月朔至上元，披領及裳俱表以紫貂，袖端薰貂，文三品、武二品以上皆同。兩肩前後正蟒各一，襞積行蟒四，皆四爪。曾賜五爪蟒緞者，亦得用之。朝珠，珊瑚、青金、緑松、蜜珀隨所用，雜飾惟宜，絛用石青色。文五品、武四品以上，及京官翰詹科道、侍衛、國子監、太常寺、光禄寺、鴻臚寺有職掌官皆得用。朝帶，色用石青或藍，鏤金銜玉圓版四，每具飾貓睛石一，佩帉下廣而鋭。吉服冠頂用珊瑚。蟒袍，藍及石青諸色隨所用，通繡九蟒。吉服帶，佩帉下直而齊，版飾惟宜。雨冠、雨衣及裳，均用紅色。

侯朝冠，頂鏤花金座，中飾東珠三，上銜紅寶石。朝帶，鏤金銜玉圓版四，每具飾緑松石一，餘皆如公。

伯朝冠，頂鏤花金座，中飾東珠二，上銜紅寶石。朝帶，鏤金銜玉圓版四，每具飾紅寶石一，餘皆如侯。

子朝冠，頂鏤花金座，中飾東珠一，上銜紅寶石。補服，前後繡麒麟。吉服冠 頂用珊瑚，餘皆視一品。

男朝冠，頂鏤花金座，中飾小紅寶石一，上銜鏤花珊瑚。補服，前後繡獅。吉服冠，頂用鏤花珊瑚，餘皆視二品。

文武品官服飾

文武品官者，京外文武正、從一品至未入流之官也。文一品朝冠，頂鏤花金座，中飾東珠一，下銜紅寶石。補服，前後繡鶴，惟都御史繡獬豸。朝帶，鏤金銜玉方版四，每具飾紅寶石一，餘皆如公。武一品補服，前後繡麒麟，餘皆如文一品。

文二品朝冠，冬用薰貂，十一月朔至上元用貂尾，文三品以上皆同。頂鏤花金座，中飾小紅寶石一，上銜鏤花珊瑚。補服，前後繡錦雞。朝帶，鏤金圜版四，每具飾紅寶石一。吉服冠，頂用鏤花珊瑚，餘皆如文一品。武二品，補服，前後繡獅，餘皆如文二品。

文三品，朝冠，頂鏤花金座，中飾小紅寶石一，上銜藍寶石。補服，前後繡孔雀，惟副都御史及提法使繡獬豸。朝帶，鏤花金圜版四。吉服頂用藍寶石，餘皆如文二品。文三品以上有職掌大臣，許穿貂皮朝服，此外不得濫用。武三品朝冠，冬惟用薰貂。文四品以下皆同。補服，前後繡豹，餘皆如文三品，惟朝服無貂緣，且無端罩。一等侍衛孔雀翎，端罩猞猁孫爲之，間以貂皮，月白緞裏，餘皆如武三品。

文四品朝冠，頂鏤花金座，中飾藍石一，上銜青金石。補服，前後繡雁。朝帶，銀銜鏤花金圜版四。吉服冠，頂用青金石。蟒袍通繡八蟒，皆四爪。四品以下，惟京堂翰詹科道，得用端罩，猞猁孫爲之，間以貂皮，月白緞裏。武四品，補服，前後繡虎，餘皆如文四品。二等侍衛孔雀翎。端罩，紅豹皮爲之，素紅緞裏。朝服，蓢絨緣，色用石青，通身雲緞，前後方襴行蟒各一，腰帷行蟒四，中有襞積，領袖俱石青粧緞，冬夏皆用之，餘皆如武四品。

文五品朝冠，頂鏤花金座，中飾小藍寶石一，上銜水晶。補服，前後繡白鷴，惟監察御史繡獬豸。

朝服，片金緣，文武七品以上皆同。色用石青，前後方襴行蟒各一，中有襞積，領袖俱石青粧緞，冬夏皆用之。朝帶，銀銜金圓版四。吉服冠，頂水晶，餘皆如文四品。文五品以上，得掛朝珠，騎馬拴蹋胸，惟翰詹科道，不論品級，均得掛之。武五品，補服，前後繡熊，餘皆如文五品，惟無朝珠。三等侍衛戴孔雀翎，端罩，黄狐皮爲之，月白緞裏。朝服如文五品之制，惟用翦絨緣，餘皆如武五品，惟得用朝珠。

文六品朝冠，頂鏤花金座，中飾小藍寶石一，上銜硨磲。補服，前後繡鷺鷥。朝帶，銀銜玳瑁圓版四。吉服冠，頂用硨磲，餘皆如文五品，惟無朝珠。武六品，補服，前後繡彪，餘皆如文六品。藍翎侍衛戴藍翎，端罩、朝服、朝珠均如三等侍衛，餘皆如武六品。

文七品朝冠，頂鏤花金座，中飾小水晶一，上銜素金。補服，前後繡鸂鶒。朝帶，素圓版四。吉服冠，頂用素金。蟒袍通繡五蟒，皆四爪，餘皆如文六品。武七品，補服如武六品，餘皆如文七品。

文八品朝冠，頂鏤花金座，上銜花金。補服，前後繡鵪鶉。朝服，用石青雲緞，無蟒，領袖皆青倭緞，中有襞積，冬夏皆用之。朝服，銀銜明羊角圓版四。吉服冠，鏤花金頂，餘皆如文七品。武八品，補服，前後繡犀牛，餘皆如文八品。

文九品朝冠，頂鏤花金座，上銜花銀。補服，前後繡練雀。朝帶，銀銜烏角圓版四。吉服冠，鏤花銀頂，餘皆如文八品。武九品，補服，前後繡海馬，餘皆如文九品。

未入流冠服制如九品。

凡雨冠，民公、侯、伯、子、男，一、二、三品文武官，御前侍衛，乾清門侍衛，尚書房翰林，南書房翰林，奏事處，批本處行走人員，皆用紅色。四五六品文武官雨冠，中用紅色，緣用青色。七、八、九品文武官，凡有頂人員雨冠，中用青色，緣用紅色。凡緣，皆前二寸五分，後五寸。軍民雨冠用青色。凡雨衣、雨裳，民公、侯、伯、子、男、文武一品以上官，御前侍衛，各省巡撫，皆用紅色。二品以下文武官，下至軍民，皆用青色。其明黄色行褂，則領侍衛内大臣、御前大臣、侍衛班長、護軍統領、健鋭營翼領及凡諸臣之蒙賜者，皆得服之。

文五品以下，惟都察院衙門、提法司衙門各官，不論品級，朝服披領，均得用糚緞蟒緞貂皮。如上賜或王貝勒賞給者，亦准其服用。

士庶服飾

舉、貢、生、監謂之士，其他雜項謂之庶。會試中式貢士朝冠，頂鏤花金座，上銜金三枝九葉。吉服冠，頂用素金。舉人吉服冠，頂鏤花銀座，上銜金雀。袍，青綢爲之，藍緣，披領如袍飾，帶如文八品。吉服冠，頂銀座，上銜素金。貢生吉服冠，鏤花金頂，餘皆如舉人。監生吉服冠，素銀頂，餘皆如貢生。生員吉服冠，頂鏤花銀座，上銜銀雀。袍，藍綢爲之，青緣，披領如袍飾，帶如文九品，吉服冠頂如監生。外郎、耆老冠頂以錫。從耕農官，袍，青絨爲之，頂同八品。補服，色用石青，前後繡彩雲捧日。袍，青絹爲之，上加披領，腰爲襞積，不加緣，月白絹裏。祭祀文舞生，冬冠，騷鼠爲之，頂鏤花銅座，中飾方銅，鏤葵花，上銜銅三角，如火珠形。袍，綢爲之，其色，南郊用石青，北郊用黑，祈穀壇、太廟、社稷壇、朝日壇、帝王廟、文廟、先農壇、太歲壇，俱用紅，夕月壇用月白。前後方襴，銷金葵花。帶，緑綢爲之。武舞生，頂上銜銅三稜，如古戟形。袍，綢爲之，通銷金葵花，餘具如文舞生袍之制，帶如文舞生。祭祀執事人，袍，綢爲之，其色，南郊用石青，北郊用黑，不加緣，太廟、先農壇、太歲壇，俱用青色，藍緣，祈穀壇、社稷壇、朝日壇、帝王廟，俱用青色，石青緣，夕月壇用青色，月白緣，帶如文舞生。樂部樂生，冠頂鏤花銅座，上植明黃翎。袍，紅緞爲之。一前後方襴繡黃鸝，中和韶樂部樂生執戲竹人服之。一通織小團葵花，丹陛大樂諸部樂生服之。帶，緑雲緞爲之。鹵簿輿士，冬冠，以豹皮及黑氈爲之，頂鏤花銅座，上植明黃翎。袍如丹陛大樂諸部樂生，帶如祭祀文舞生。鹵簿護軍，袍，石青緞爲之，通織金壽字，片金緣。領及袖端，俱織金葵花。鹵簿校尉冬冠，平簷，頂素銅，上植明黃翎，袍及帶如鹵簿輿士。

皇太后皇后服飾

皇太后、皇后冬朝冠，薰貂爲之，上綴朱緯，頂三層，貫東珠各一，皆承以金鳳，飾東珠各三，珍珠各十七，上銜大東珠一，朱緯。上週綴金鳳七，飾東珠各九，貓睛石一，珍珠各二十一。後金翟一，飾貓睛石一，珍珠十六。翟尾垂珠，凡珍珠三百有二，五行二就，每行大珍珠一，中間金銜青金石結一，飾東珠珍珠各六，末綴珊瑚。冠後護領垂明黃絛二，末綴寶石，青緞爲帶。夏朝冠，青絨爲之，餘皆如冬朝冠。金約，鏤金雲十三，飾東珠各一，間以青金石，紅片金裏，後繫金銜緑松石結，貫珠下垂，凡珍珠三百二十四，五行三就，每行大珍珠一，中間金銜青金石結二，每具飾東珠、珍珠各八，末綴珊瑚。耳飾，左右各三，每具金龍銜一等東珠各二。吉服冠頂用東珠。

朝褂之制三，皆石青色，片金緣。一繡文前後立龍各二，下通襞積，四層相間，上爲正龍各四，下爲萬福萬壽。一繡文前後正龍各一，腰帷行龍四，中有襞積，下幅行龍八。一繡文前後立龍各二，中無襞積，下幅八寶平水。領後皆垂明黄縧，其飾珠寶惟宜。

朝袍之制三，皆明黄色。一披領及袖皆石青片金，加貂緣，肩上下襲朝褂處亦加緣。繡文金龍九，間以五色雲，中有襞積。下幅八寶平水。披領行龍二，袖端正龍各一，袖相接處，行龍各二。一披領及袖皆石青，冬用片金，加海龍緣，夏用片金緣，肩上下襲朝褂處，亦加緣。繡文前後正龍各一，兩肩行龍各一，腰帷行龍四，中有襞積，下幅行龍八。一領袖片金加海龍緣，夏片金緣，中無襞積，裾後開，餘俱如貂緣朝袍之制。領後垂明黄縧，飾珠寶惟宜。領約，鏤金爲之，飾東珠十一，間以珊瑚，兩端垂明黄縧二，中各貫珊瑚，末綴緑松石各二。

朝珠三盤，東珠一，珊瑚二，佛頭、記念、背雲、大小墜珠寶雜飾惟宜。縧皆明黄色，綵帨緑色，繡文爲五穀豐登。佩箴管、縏袠之屬。縧皆明黄色。

冬朝裙，片金加海龍緣，上用紅織金壽字緞，下石青行龍粧緞，皆正幅，有襞積。夏朝裙，片金緣，緞、紗各惟其時。

龍褂二，皆石青色。一繡文五爪金龍八團，兩肩前後正龍各一，襟行龍四，下幅八寶立水，袖端行龍各二。一下幅及袖端不施章采。龍袍三，色用明黄，領袖皆石青。一繡文金龍九，間以五色雲，福壽文采惟宜，下幅八寶立水，領前後正龍各一，左右及交襟處行龍各一，袖如朝袍，裾左右開。一繡文五爪金龍八團，兩肩前後正龍各一，襟行龍四，下幅八寶立水。一下幅不施章采。

吉服，朝珠一盤，珍寶隨所御，縧皆明黄色。

皇貴妃貴妃妃嬪服飾

皇貴妃朝冠，頂三層，貫東珠各一，皆承以金鳳，飾東珠各三，珍珠各十七，上銜大珍珠一。朱緯上週綴金鳳七，飾東珠各九，珍珠各二十一。後金翟一，飾貓睛石一，珍珠十六，翟尾垂珠，凡珍珠一百九十二，三行二就，中間金銜青金石結一，飾東珠、珍珠各四，末綴珊瑚。冠後護領垂明黄縧二，末綴寶石。青緞爲帶，金約，鏤金雲十二，飾東珠各一，間以珊瑚。紅片金裏，後繫金銜緑松石結，貫珠下垂，凡珍珠二百有四，三行三就，中間金銜青金石結二，每具飾東珠、珍珠各六，末綴珊瑚。耳飾左右各三，每具金龍銜二等東珠各二。領約，鏤金爲之，飾東珠七，間以珊瑚，兩端垂明黄縧二，中各貫珊瑚，末垂珊瑚各二。朝珠三盤，蜜珀一，珊瑚二。龍褂，色用石青，繡文五爪金龍八團，兩肩前後正龍各一，襟行龍四，下幅八寶立水，袖端行龍各二。龍袍，色用明黄，領袖皆石青，繡文金龍九，間以五色雲，福壽文采惟宜，下幅八寶立水。領前後正龍各一，左右及交襟處，行龍各一，袖如朝袍，裾左右開。吉服朝珠一盤，珍寶隨所御，縧明黄色，餘皆如皇后。

貴妃冠服垂縧，皆金黄色，袍色亦用金黄，餘皆如皇貴妃。

妃朝冠，頂二層，貫東珠各一，皆承以金鳳，飾東珠共九，珍珠各十七，上銜貓睛石。朱緯上週綴金鳳五，飾東珠各七，珍珠各二十一，後金翟一，飾貓睛石一，珍珠十六，翟尾垂珠，凡珍珠一百八十八，三行二就，中間金銜青金石結一，飾東珠、珍珠各四，末綴珊瑚。冠後護領垂金黃絛二，末綴寶石。青緞爲帶，金約，鏤金雲十一，飾東珠各一，間以青金石，紅片金裏。後繫金銜綠松石結，貫珠下垂，凡珍珠一百九十七，三行三就，中間金銜青金石結二，每具飾東珠、珍珠各六，末綴珊瑚。耳飾，左右各三，每具金龍銜三等東珠二，綵帨繡文爲雲芝瑞草。吉服冠，頂用碧琊玒，餘皆如貴妃。

嬪朝冠，頂二層，貫東珠各一，皆承以金翟，飾東珠共九，珍珠各十七，上銜礲子。朱緯，上週綴金翟五，飾東珠各五，珍珠各十九，後金翟一，飾珍珠十六，翟尾垂珠，凡珍珠一百七十二，三行二就，中間金銜青石結一，飾東珠珍珠各三，末綴珊瑚。冠後護領垂金黃絛二，末綴寶石。青緞爲帶。金約，鏤金雲八，飾東珠各一，間以青金石。紅片金裏，後繫金銜綠松石結，貫珠下垂，凡珍珠一百七十七，三行二就，中間金銜青金石結二，每具飾東珠珍珠各四，末綴珊瑚。耳飾，左右各三，每具金龍銜四等東珠各二。朝珠三盤，珊瑚一，蜜珀二。綵帨不繡花文。龍褂繡文，兩肩前後正龍各一，襟夔龍四。袍皆用香色，餘皆如妃。

皇子福晉服飾

福晉者，皇子、親郡王世子之妃也。皇子福晉朝冠，頂鏤金三層，飾東珠十，上銜紅寶石，朱緯，上週綴金孔雀五，飾東珠各七，小珍珠三十九，後金孔雀一，垂珠三行二就，中間金銜青金石結一，飾東珠各三，末綴珊瑚。冠後護領垂金黄絛二，末亦綴珊瑚。青緞爲帶，金約，鏤金雲九，飾東珠各一，間以青金石，紅片金裏。後繫金銜青金石結，貫珠下垂，三行三就，中間金銜青金石結二，每具飾東珠、珍珠各四，末綴珊瑚。耳飾，左右各三，每具金雲銜珠各二。

朝褂，色用石青，片金緣，繡文前行龍四，後行龍三，領後垂金黄絛，雜飾惟宜。朝袍用香色，披領及袖皆石青，冬用片金，加海龍緣，夏用片金緣，肩上下襲朝褂處，亦加緣。繡文前後正龍各一，兩肩行龍各一，襟行龍四，披領行龍二，袖端正龍各一，袖相接處行龍各二。裾後開。領後垂金黄絛，雜飾惟宜。領約，鏤金爲之，飾東珠七，間以珊瑚，兩端垂金黄絛二，中各貫珊瑚，末綴珊瑚各二。朝珠三盤，珊瑚一，蜜珀二，絛皆金黄色。綵帨月白色，不繡花文，結佩惟宜，絛皆金黄色。冬朝裙，片金加海龍緣，上用紅緞，下石青行龍粧緞，皆正幅，有襞積。夏朝裙，片金緣，緞、紗各惟其時。吉服冠，頂用紅寶石。吉服褂，色用石青，繡五爪正龍四團，前後兩肩各一。蟒袍用香色，通繡九龍。吉服朝珠一盤，珍寶隨所御，絛金黄色。

福晉以下服飾

親王福晉吉服褂，繡五爪金龍四團，前後正龍，兩肩行龍，餘皆如皇子福晉。

親王世子福晉朝冠，頂鏤金二層，飾東珠九，上銜紅寶石，朱緯，上週綴金孔雀五，飾東珠各六，後金孔雀一，垂珠三行二就，中間金銜青金石結一，東珠各三，末綴珊瑚。冠後護領垂金黃縧二，末亦綴珊瑚。金約，鏤金雲八，飾東珠各一，間以青金石，後繫金銜青金石結，貫珠下垂，三行三就，中間金銜青金石結二，每具飾東珠、珍珠各四，末綴珊瑚。餘皆如親王福晉。

郡王福晉朝冠，頂鏤金二層，飾東珠八，上銜紅寶石，朱緯，上週綴金孔雀五，飾東珠各五，後金孔雀一，垂珠三行二就，中間金銜青金石結一，末綴珊瑚。冠後護領垂金黃縧二，末亦綴珊瑚。金約，鏤金雲八，飾東珠各一，間以青金石，後繫金銜青金石結，貫珠下垂，三行二就，中間金銜青金石結二，末綴珊瑚。吉服褂，繡五爪行龍四團，前後兩肩各一。餘皆如世子福晉。

貝勒夫人朝冠，頂鏤金二層，飾東珠七，上銜紅寶石，朱緯，上週綴金孔雀五，飾東珠各三，後金孔雀一，垂珠三行二就，中間金銜青金石結一，末綴珊瑚。冠後護領，垂石青縧二，末綴珊瑚。金約，鏤金雲七，飾東珠各一，間以青金石，後繫金銜青金石結，貫珠下垂，三行三就，中間金銜青金石結二，末綴珊瑚。朝褂，繡四爪蟒，領後垂石青縧。朝袍，藍及石青諸色隨所用。領袖，冬用片金，加海龍緣，夏用片金緣，繡四爪蟒。領後垂石青縧。領約、朝珠、綵帨縧皆石青色。吉服褂，前後繡四爪蟒各一團。蟒袍，藍及石青諸色隨所用，通繡九蟒。餘皆如郡王福晉。

貝子夫人朝冠，頂鏤金二層，飾東珠六。金約，鏤金雲六。吉服褂，前後繡四爪行蟒各一團。餘皆如貝勒夫人。

鎮國公夫人朝冠，頂鏤金二層，飾東珠五。金約，鏤金雲五。吉服褂，繡花八團。餘皆如貝子夫人。

輔國公夫人朝冠，頂鏤金二層，飾東珠四。金約，鏤金雲四。餘皆如鎮國公夫人。

鎮國將軍夫人冠服，均視一品命婦。

輔國將軍夫人冠服，均視二品命婦。

奉國將軍淑人冠服，均視三品命婦。

奉恩將軍恭人冠服，均視四品命婦。

公主以下服飾

公主以下至鄉君，皇室、皇族之女也。固倫公主冠服，制如親王福晉。和碩公主朝冠、金約，制如親王世子福晉，餘皆如固倫公主。郡主朝冠、金約，制如郡王福晉，餘皆如和碩公主。縣主朝冠、金約，制如貝勒夫人。吉服褂，制如郡王福晉，餘皆如郡主。郡君朝冠、金約，制如貝子夫人。朝褂、朝袍、領約、朝珠、綵帨、吉服褂、蟒袍，均如貝勒夫人，餘如縣主。縣君朝冠、金約，制如鎮國公夫人。吉服褂，制如貝子夫人，餘皆如郡君。鎮國公女鄉君朝冠、金約，制如輔國公夫人。吉服褂，制如鎮國公夫人，餘皆如縣君。輔國公女鄉君，朝冠頂鏤金二層，飾東珠三，金約，鏤金雲三，餘皆如鎮國公女。

民爵夫人服飾

民爵夫人者，異姓公侯伯子男之妻也。公夫人冬朝冠，薰貂爲之，頂鏤花金座，中飾東珠四，上銜紅寶石，前綴金簪三，飾以珠寶，護領絛用石青色。金約，青緞爲之，中綴鏤金火焰，飾珍珠一，左右金龍鳳各一，後垂青緞帶二，紅片金裏。耳飾，左右各三，每具金雲銜珠各二。朝褂，色用石青，片金緣，繡文，前行蟒二，後行蟒一，領後垂石青，雜飾惟宜。朝袍，藍及石青絛諸色隨所用。披領及袖，皆石青。冬用片金，加海龍緣，夏用片金緣。繡文，前後正蟒各一，兩肩行蟒各一，襟行蟒四，中無襞積。披領行蟒二，袖端正蟒各一，袖相接處，行蟒各二。後垂石青絛，雜飾惟宜。領約，鏤金爲之，飾紅藍小寶石五，兩端垂石青絛二，中各貫珊瑚，末綴珊瑚各二。朝珠三盤，珊瑚、青金、緑松石、蜜珀隨所用，雜飾惟宜。絛用石青色。綵帨月白色，不繡花文。冬朝裙，片金加海龍緣，上用紅緞，下石青行蟒粧緞，皆正幅，有襞積。夏朝裙，片金緣，緞、紗各惟其時。吉服冠，薰貂爲之，頂用珊瑚。吉服褂，色用石青，繡花文，團蟒。袍，藍及石青諸色隨所用，通九蟒，皆四爪。

侯夫人朝冠，頂鏤花金座，中飾東珠三，上銜紅寶石，餘皆如公夫人。

伯夫人朝冠，頂鏤花金座，中飾東珠二，上銜紅寶石，餘皆如侯夫人。

子夫人朝冠，頂鏤花金座，中飾東珠一，上銜紅寶石，餘皆如伯夫人。

男夫人朝冠，頂鏤花金座，中飾紅寶石一，上銜鏤花紅珊瑚。吉服冠，頂鏤花珊瑚。餘皆如子夫人。

命婦服飾

命婦，文武品官之妻也。一品命婦朝冠，頂鏤花金座，中飾東珠一，上銜紅寶石，餘皆如公夫人。二品命婦朝冠，頂鏤花金座，中飾紅寶石一，上銜鏤花珊瑚。吉服冠，頂鏤花珊瑚。餘皆如一品命婦。三品命婦朝冠，頂鏤花金座，中飾紅寶石一，上銜藍寶石。吉服冠，頂用藍寶石。餘皆如二品命婦。四品命婦朝冠，頂鏤花金座，中飾小藍寶石一，上銜青金石。朝袍，片金緣，繡文，前後行蟒各二，中無襞積，後垂石青絛，雜飾惟宜。朝裙，片金緣，上用緑緞，下石青行蟒粧緞，皆正幅，有襞積。吉服冠，頂用青金石。蟒袍通八蟒，皆四爪。餘皆如三品命婦。五品命婦朝冠，頂鏤花金座，中飾小藍寶石一，上銜水晶。吉服冠，頂用水晶。餘皆如四品命婦。六品命婦朝冠，頂鏤花金座，中飾小藍寶石一，上銜硨磲。吉服冠，頂用硨磲。餘皆如五品命婦。七品命婦朝冠，頂鏤花金座，中飾小水晶一，上銜素金。吉服冠，頂用素金，蟒袍通五蟒，皆四爪。餘皆如六品命婦。

詔定官民服飾

國朝冠服，純用遼、金、元遺制，論者皆能言之。而太祖卽位盛京，已有旨更定章服。世祖初定鼎時，尚沿明制。順治丁亥，諭範文程、剛林、祁充格曰：「文職衙門不可無領袖，今爾衙門較前改大，爾三人可用珠頂玉帶。」

國初，牧令之坐堂及下鄉也，亦襲明代衣冠之舊。蓋不如是，則人民不能知其爲官，抗不服從耳，後始以漸改革。

是年十一月，復詔定官民服飾之制，削髮垂辮。於是江蘇男子，無不箭衣小袖，深鞋緊襪，非若明崇禎末之寬衣大袖，衣寬四尺，袖寬二尺，襪皆大統，鞋必淺面矣。即幼童，亦加冠於首，不必逾二十歲而始冠也。

國初，人民相傳，有生降死不降，老降少不降，男降女不降，妓降優不降之說。故生必從時服，死雖古服無禁；成童以上皆時服，而幼孩古服亦無禁；男子從時服，女子猶襲明服。蓋自順治以至宣統，皆然也。猶不解妓降優不降之說，及國初秀才、舉人之猶服明服耳。

高宗仁宗垂意服飾

高宗在宮，嘗屢衣漢服，欲竟易之。一日，冕旒袍服，召所親近曰：「朕似漢人否？」一老臣獨對曰：「皇上於漢誠似矣，而於滿則非也。」乃止。

或曰，巴克什達海庫爾纏嘗勸高宗用明代服飾，高宗曰：「我輩若寬衣大袖，則左佩弓，右挾矢，忽遇碩翁科羅巴圖魯勞薩，挺身突入，能禦之乎？我國士卒初有幾何，因嫻於騎射，所以野戰則克，攻城則取，天下盛稱我兵，曰立則不動搖，進則不回顧也。」

列朝鑒於北魏之崇效漢俗，因以自弱，故力欲保存其固有尚武之俗。康熙以後，八旗子弟漸有不習騎射即於文弱者。聖祖迭加申飭，垂爲厲戒，後且及於婦女。乾隆己卯，高宗諭曰：「此次閱選秀女，竟有倣漢人妝飾者，實非滿洲風俗。在朕前尚爾如此，其在家，恣意服飾，更不待言。嗣後但當以純樸爲貴，斷不可任意妝飾。」此一事也。乙未又諭曰：「旗婦一耳帶三鉗，原係滿洲舊風，斷不可改飾。朕選看包衣佐領之秀女，皆帶一墜子，並相沿至於一耳一鉗，則竟非滿洲矣，立行禁止。」此又一事也。嘉慶甲子，仁宗諭曰：「今鑲黄旗漢軍應選秀女，内纏足者竟至十九人，殊爲非是。此次傳諭後，仍有不遵循者，定將秀女父兄照違制例治罪。」此又一事也。

服飾沿革

國初，袍褂有用紅緑組繡者。其後吉服用紺，素服用青，無他色矣。康熙朝花様，有富貴不斷、江山萬代、歷元五福諸名目，又有暗紋蟒服，如宫制蟒袍而卻組繡者。袍褂皆用密線縫紉，行列如繪，謂之實行。袖間皆用熨摺如線，滿語名曰赫特赫。後惟蟒袍尚用之，他服則無之矣。

燕居無著行衣者。自傅文忠公征金川歸，喜其便捷，名得勝褂，其後無論男女，燕服皆著之。色料初尚天藍，乾隆中，尚玫瑰紫，末年，福文襄王好著深絳色，人争效之，謂之福色。嘉慶時，尚泥金色，又尚淺灰色。夏日紗服皆尚棕色，貴賤皆服之。襯服初尚白色，嘉慶時，尚玉色，又有油緑色，國初皆衣之，殆沿前代緑袍之義。高宗惡其黯然近青色，禁之。嘉慶時，優伶皆用青色倭緞、漳絨等緣衣邊，以爲美飾，如古深衣。奴隸輩皆以紅白鹿革爲背子。

士大夫燕居，皆戴便帽，其製如暖帽而窄其簷，上用紅片錦或石青色，緣以卧雲，如葵花式，頂用紅絨結，頂後垂紅縵尺餘，老少貴賤皆冠之。惟老人夏日畏早涼，用青緞縫紉襯涼帽下，如帽頭狀，初不以爲燕服也。至氈帽之尚沿明式，皆農夫、市販之服，人皆賤之。嘉慶時，盛行帽頭，蟠金線組繡其上，且有以明珠、寶石嵌之者，如古弁製，惟頂用紅絨結頂，稍異耳。士大夫皆冠之。春秋間徜徉市衢，欲求一紅纓綴冠者，未易見。氈帽，則以細毯爲之，簷用紫黑色，或有綴金線蟠龍爲飾者，非復往日樸素，爲士大夫冬日之燕服。往日便帽之製，不復覩矣。

大内之服飾

后、妃、主位以及宫眷之常衣，皆窄袖長袍，髻作横長式，可尺許，俗所謂把兒頭者是也。

江浙人之服飾

江、浙之服飾，不僅大異於北，即在南方，亦爲特殊。蘇州風俗澆薄，康熙時之服飾，奇邪已甚，時有作吴下謡者，可想見之。謡云：「蘇州三件好新聞，男兒著條紅圍領，女兒倒要包網巾，貧兒打扮富兒形。一雙三鑲襪，兩隻高底鞋，到要准兩雪花銀。爹娘在家凍與餓，見之豈不寒心？誰個出來移風易俗，唤醒迷津，庶幾可以闢邪歸正，反樸還醇。」

同、光間，男子衣尚寬博，眼鏡咸用墨晶，袴襬鑲黑緞數重，白布襪，短鞾，刺花，鞵幫極窄，底厚寸許，辮髪鬆垂腦後，夏日咸握牙柄黑摺扇。

光緒中葉以降至宣統，男子衣皆尚窄，袍衫之長可覆足，馬褂背心之短不及臍，凡有袖，取足容臂而已。帽尚尖，必撮其六摺，使頂尖如錐，戴之向前，輒半覆其額。其結小如豆，且率用藍色。腰巾至長，既結束，猶著地也，色以湖或白爲多。

順、康時，婦女妝飾，以蘇州爲最時，猶歐洲各國之巴黎也。朱竹垞嘗於席上爲詞，贈妓張伴月，有句云：「吴歌《白紵》，吴衫白紵，只愛吴中梳裹。」

上海繁華甲於全國，一衣一服，莫不矜奇鬬巧，日出新裁。其間由樸素而趨於奢侈，固足證世風之日下，然亦有由繁瑣而趨於簡便者，亦足見文化之日進也。衣由寬腰博帶，變而爲輕裾短袖，履由高底仄頭，變而爲薄底闊面，皆於作事行路，良多利益。光緒末，暑則鵰毛扇，寒則風帽、一口鐘。鵰毛扇價甚昂，一柄須十餘金，後則易之以五寸之紙摺扇，廉而且便，風帽、一口鐘亦易以大衣。此由繁瑣而趨於簡便之一端也。

光緒時，滬妓喜施極濃之胭脂，因而大家閨秀紛紛效尤，然實始於名妓林黛玉，蓋用以掩惡瘡之斑者也。自女學堂大興，而女學生無不淡妝雅服，洗盡鉛華，無復當年塗粉抹脂之惡態，北里亦效之。故女子服飾，初由北里而傳至良家，後則由良家而傳至北里，此其變遷之跡，極端相反者也。

汴人之服飾

汴中男女衣服，喜用青、藍兩色土布，洋布極少，綢緞更稀。孩童則紅衣爲多，甚至上下通紅，名曰十二紅。婦女則衣長袖大，褲必紮腿，然不著裙，髻圓足小，面抹濃粉。行路時，老幼均用拐杖拄之，或且策蹇以代步，宣統時猶然。

歸化人之服飾

山西歸化城男女衣帽無別，惟女子以珊瑚、瑪瑙相累作墜。耳環長寸餘而下鋭。卷黑布如筒，貫髮其中，垂於兩肩。亦有耳垂兩環者。項帶銀圈，或數珠。紅錦作帕，有以八字分貼項後者。習尚最重帽，以露頂爲羞。

陝西人之服飾

國初，漢中風俗尚白，男女皆以白布裹頭，或用黄絹，而加白帕其上，或謂爲諸葛武侯帶孝，後遂相沿成俗。漢中太守滕某嚴禁之，始漸少。西鳳諸府亦然，而華州、渭南等處尤至。凡元旦吉禮，必用素冠白衣相賀也。

甘肅人之服飾

甘肅地左僻，服飾樸素，尤甚於陝。光緒時，民皆衣褐，《孟子》所謂「褐寬博」是也。褐以羊毛織成，有粗細二種，粗者可禦寒，細者中有微孔，可袪暑。同、光間，回匪猖獗，左文襄公度隴，始申命將吏，闢道路，徠商旅，勸種棉，習織布，且自攜南方百蔬之種移植金城，於是甘人始得衣絮布矣。

太平人之服飾

四川太平氣候和煦，與巴塘、裏塘相類。然以風多而寒，五月披裘，不以爲異。衣非布帛，其取材也，粗者爲羊毛所織之毪子，精者爲羊領下白毛所織之氆氌。色尚紫，長短不一。女所服必長，以無袴也。衣亦有以呢或羽毛爲之者，然絶少。至皮帽、革靴，非家富而充里正者，不能具也。男女均喜以布帕包頭，以價廉耐久，且煖於帽也。婦女常衣，多青藍二色，如遇年節及慶賀事，則尚紅緑。衣寬博，不著裙，面不施脂粉，髮髻不籠以絲網。小兒未成童者，於項上荷銀圈，婦女亦多效之以爲美觀。

女不梳沐，首如飛蓬。間亦有結辮之處女，然皆盤於首而不下垂。耳環較之内地大數倍，與戒指皆嵌珊瑚。手釧多以銀爲之。胸懸蜜蠟串。亦衣皮，若暖，卽卸之，圍於腰。

川西人之服飾

川西之布拉克底部落、巴旺部落，男女服飾，與金川略同。惟未嫁女子無裙褲，上衣尤短窄，用麻枲、羊毛雜組若貫錢索數百條，長近尺許，束腰際，垂掩前陰，如簾箔然。取獸革裹其尻，股髀以下赤露無纖縷。風吹日曬，色若炙脯，貧富皆然。土人云，處女恥言裙袴，蓋必嫁後而始具也。

索倫達呼爾人之服飾

索倫達呼爾人以麅頭爲帽，雙耳挺然。披麅服，黄毳蒙茸。至夏，則婦女多跣足。

烏蘭察布盟人之服裝

蒙古男婦之服相同，均甚寬大。男子衣色多藍紫，女子衣色多紅緑。靴帽之製，亦無分别。衣前後開衩。男婦就地遺矢，衣覆於地。冬之褲無襯，夜亦無被，卧時以足踢衣領，倒覆於身。然婦女亦能自製衣服。

烏蘭察布盟未嫁之女均梳辮，如壯男。既成婚，乃梳雙髻，盤兩耳旁，垂兩頰，以方二寸許之銀片夾之，上嵌珊瑚等物。額有護髮銀片一枚，後腦銀片大小各三，均鑲嵌珍寶。耳環下墜，練長尺許，下綴三小總，如鞭鞘然。王公格格之護髮飾品，則以金製，耳環之外，又有抹額，以珠鑽、珊瑚綴結而成，光耀奪目。貧者護髮以銀片，無鑲嵌，亦有以白銅嵌色石、玻璃而成者，亦奇麗可觀。婦女妝飾均運自歸化。

男女胸前皆置一佛，曰懷中佛，男以銅製，女以布製。苟有獲罪於其佛者，則視爲不共天日之仇。佛之外又有牟尼珠一二串不等，晨起必手牟尼，閉目叩齒，誦佛號數百遍。

喇嘛衣尚黄紫，位尊者首無緯暖帽，頂覆黄緞，式如牛角，角尖披散黄絨，馬褂外套皆黄緞，履官靴。次者帽平頂，頂亦黄緞，間有紅緞者。位低之喇嘛，通常服紫呢袍，黄帶束腰，誦經時外罩紫袈裟。

郭爾羅斯人之服飾

內蒙古之郭爾羅斯人，大率有冠帶，冠上頂珠，青、黄、赤、白之色皆有之，台吉之多可以想見。其壯丁則曰奴才，無冠帶，派入札薩克府當差。札薩克任意賜各種頂戴，於是章服亦與齊民有別。台吉家之男丁，一墮地卽爲台吉，故台吉之增益無量。其奴才則台吉役之，札薩克役之，因無人權，則遁爲喇嘛。喇嘛勢力貲產，無一不優勝於平民。青海蒙古則不然，盟長與旗主皆役使部衆，不論旗主封爵等級，部衆皆呼之曰王爺，稱各旗之福晉、命婦概曰王娘。然不得任意賞給頂帶。其於部衆，概謂之百姓。百姓有功，旗主稟由青海長官賞以頂翎，百姓可與長官直接也。惟章京之家，冒名頂替者多。家有章京，其兄弟子姪已成丁者，皆可代爲章京。然有要事，仍須本身出以辦公，家屬不得代之。

新疆蒙人之服飾

新疆蒙古人之禮服，同於滿人，喜著青色裲襠，冬襲素質羊裘，謂之勒楷得擺，周緣絨邊，副以青釧。男女冬夏單袴，出門，或貫以羊皮之褌。女子布袍無緣，綢繆緄佩，髮辮繁趺，耳環、腕釧、約指，多以金銀、珊瑚、珠寶爲之，矜尚珇麗。婦人冠金純氈帽，頂結紅絨或紅絲，長穗小幘，長袍瘦袂，接下長帔，婦人長袍如兩截衫，窄袖對衿，下截如圍裙曳地。郭注《方言》：「裙，俗人呼接下。」卽此義也。外罩長袖裲襠，直衿鈎邊，周以編緒。此婦人禮服，有事必服之。童子冠式不一，製與滿、漢同。其貂皮冠謂之窩爾圖。式如官帽，頂綴紅絨毬，後簷開縫，綴綢帶四。

哈薩克人之服飾

哈薩克之男女，所服之衣，貴賤不分，曰袷袢，圓褳窄褉，不結紐，長及於膝。男敞前衿，以左衽掩腋，束以皮帶，帶刻金銀，嵌珊瑚、珍寶諸石，左懸皮囊，右佩小刀。婦衣較長，當胸純以金絲編綃，綴以環鈕，衣之前後繫繫小囊，盛零物，便於取用。繽繽如也。

男女衣皆以黑色爲上，白爲次。雖盛夏，裨襦襂複，以蔽日光。春冬則外襲皮裘，厥名曰恫。富者以貂、獺、猞猁諸皮，貧者羊裘澤身，襯白布及五彩。襌襦有袖而無衿。女之襡衣，下圍之如繞領，其長曳地。男子著皮帔高帽，內襯幧頭。女之皮帽，方頂闊簷。嫁後，則以花巾斜紮於頭，逾一二載，其姑爲易戴白布面衣，曰雀洛汁。其製以白布一方，斜紉如袋，幪首至於頦，而露其目，上覆白布圈，後帔襜襜然，下垂肩背，長二尺餘。望而知爲婦裝也。

皮靴謂之玉底克，皮襪謂之黑斯，皮鞋謂之克必斯，皆以牛革爲之。婦女較窄小。踵底之木，高二三寸，連鞔鐵釘，踏地錚然作響。其入室也，脫之，置門外。室中人數，視履而知。婦女出門必乘騎，以花巾爲幪，此古禮之廑存者。富女髮辮，金寶繽紛，面不施脂粉，喜著臂釧。左右各具一式，不必成雙。女耳貫珠環。婦人有面衣，去之不復著，惟以寶石、珍珠嵌於約指。有一指四五枚者。其頭人，以銀製約指，鐫回文名字其上，書立約券，多以此撫之爲證。

兒童小帽，謂之克擺什，以五色絨絲組織之，上綴訓狐毛，曰玉庫爾，避邪祟也。年十三四，則以金絲緞及雜色綢布製爲小幘，四時均加皮帔高帽，謂之突馬克。其上或用猞猁、貂狐之毛，或用羊皮，視家之貧富爲之。其式六方，頂高三四寸，後帔長尺許，皆皮裏也。戴時，露口眼於外，冬日以禦霜雪。夏亦帽，無露頂者。

大小頭人進謁官長，皆呢邊紅纓大冠，有置翎頂於上者。

喀爾喀人之服飾

青海之喀爾喀部人，男戴平笠，衣長領衣，兩耳穿寶石，手持經珠誦佛號。台吉惟讌會戴冠頂，常時服飾與齊民無二。婦女辮髮爲兩，左右披於肩，裹以綵帛，下垂至趾。足曳韃鞾，長衣大袖，以紅帕束之。項圍佛珠。口中終日喃喃，不事女紅。台吉之妻妾亦然，惟辮髮爲蒙古裝，餘絶類藏民。至冬，男婦盡易毡褐、氅裘、羊皮帽。出入胸繫小銅佛。

綽羅斯人之服飾

青海之綽羅斯多富人，其性貪而悍，好仇殺，歧視異族，無論貴賤，出入必佩刀械。男頂盤髻，毡帽聳其頂，足履革鞮，冬戴狐皮、猞猁猻諸皮之帽，披羊裘。婦女髮垂雙辮，以布約之，綴銀花、寶石爲飾。頂上兩辮根，置珊瑚珠二，大如龍眼。

輝特人之服飾

青海之輝特多富人，男女悉通漢語。男子青布紅緑帽，衣長袖，入内地，則效漢裝。婦女尚奢麗，四時衣飾富有。辮髮兩綹，以錦囊護之，綴以各種寶石、銀環、銅片。戴綵頂皮帽，衣五色布長領衣，垂長繡帶爲尾。旗主之福晉及貴家妻女，織金爲裳，繡以雲彩。福晉衣色杏黄，貴家多棗紅及紫色，聯珊瑚爲絡，纍纍繞兩肩。本旗有慶弔大會，與商民集市之期，裙屐如雲，爛然炫目，如游霓裳羽衣之場，他旗無此奢華也。

西寧喇嘛之服飾

西寧法台、僧綱、香錯、法司衆僧官等，著紅色袍、黄色袿或黄褂子，腰圍紅帶，或褂、袍、褂子皆紅，以綢爲之。首戴平頂竹笠，糊以布，塗以漆，爲金黄色，此爲大禮帽也。其常帽則純用黄色，或黄底黑緣，如往日俗用一種小帽之式。相傳宗喀巴衣紫衣，其受戒時，以諸色染帽，不成，惟黄色立成，遂名爲黄教，故黄教派帽尚黄。諸喇嘛不戴平頂笠帽，衣帶均與僧官同，而用布者多，此其平時之俗裝也。其袍以絳色布或紅氆氌爲之，長幅闊袖，亦披袒右肩。袈裟紅色，袒右肩，惟禮佛升座説法用之。或不服袈裟，則以紅布長丈餘披於左肩，兩端交摺於右腋之下，露兩肘，無論法台、僧綱、香錯衆僧官及衆喇嘛皆然。寺僧皆吐蕃族，與西藏唐古忒同種，蓋本西藏分支也。

青海蒙番之服飾

青海蒙番之頭人，有蒙長、番目二項。蒙長有事，戴禮帽，服袍褂，且作軍官裝。番目戴禮帽，仍寬袖長衣，或間用僧服。蒙長卧處，有被褥，或用絨單，或用羊毛氈。番目僅有一身衣服，日以爲衣，夜以爲被，無衾褥也。

蒙番皆有隨身之四寶。四寶者，藏佛，一也；駿馬，二也；番刀，三也；煙瓶，四也。佛像不一形，世所謂如來、觀音、羅漢、韋馱者咸備。人佩一像，或金銀所鑄，或寶石所琢，莫不形神宛然，各臻其巧。又有佩宗哈巴像者，則首戴蓮花帽，纓絡雙垂，兩掌大僅如米，手中念珠細如沙，竭目力始可辨，非良工不能造也。以金、銀、紫銅爲匣，像在其中，而實以紅花，僅露其首。匣面有晶片，表裏瑩澈，可窺見也。匣有兩耳，貫以哈達，懸於項，垂及胸，行坐不離，爲其最寶貴之物也。

青海喇嘛之服飾

青海之紅教喇嘛皆有眷屬，或且同居於寺，服飾亦無甚區别。其常服與黄教同，而亦有屈服於黄教者。袿亦用黄，尊其教也。惟帽色各表其教派，紅、黄不相混也。

回人之服飾

回人有以紅花織作毛邊衣帽，名海連搭爾者。戴之，三五成羣，沿門求乞，無弗與者，相傳謨罕默德遺教布施此等人也。然亦不貧，所得或轉施之貧乏者。

至其婦女，平居則戴小帽，頂有紅花數穗，錦裹經符，並有青鶴飄翎三四根。出門，則以花彩帕或白布蒙首，名曰巴里舌。又横布二幅，穿中，貫其首，號曰通裙。美髮，髻垂於後。竹筒三寸，斜穿其耳，富者飾以珠璫。人皆樓居，梯而上，名曰干欄。其酋姓朱，唐時稱劍荔王。居東謝者，男女皆椎髻，緇以絳，垂於後。

纏回服飾似歐人

新疆纏回之男子，圓帽皮履，乍見之，疑爲歐洲人。蓋歐人服飾初固同於回鶻而漸變者也。其異於歐人者，目睛黑耳。婦衣紅袍，首蒙巾帨，長及於背。處女編髮爲三四辮，亦與歐之處女同。

新疆纏回之服飾

新疆纏回謂衣曰袷袢，圓衱而窄袪。男右衽擐帶，女有領無衽，褰首而下，生子則當膺閞襟，便乳哺也。內襯長襦，下及膝。男子華冠，鏤金刻繡，冬以貂、獺皮爲沿，夏以絨綐女子冬夏皆用皮，前後插孔雀、文翬毛尾爲飾。其障紗謂之春木班，絡髮謂之恰齊把什。富者結紅絲成穗，上綴細珠、寶石、珊瑚諸物。鞾之高柢者謂之玉代克，平柢者謂之排巴克，履謂之克西，皆牛馬革爲之。入寺禮拜，必解履門外。

布魯特人之服飾

布魯特人服飾多與纏回同，身披禪襦，冬冠他瑪克，夏冠斗破。女則疊白布以絡頭，垂背可尺許。阿渾之帽，上銳而簷高，以白布統之，厚二三寸。脱帽爲敬，入門必解屨。婦女出，必障面，或以白布，或以花巾，邊垂絲穗。皆古制也。

西藏官民之服飾

藏人衣冠，因等級而異。如達賴、班禪之冬帽，均以氆氌或羊絨製成，上尖下大，色黄，夏帽如竹笠，以金色皮爲之，皆表示專重黄教之意。衣有内衣、外衣之別。内衣以氆氌製造，形如内地之坎肩。外衣爲紫羊絨之單衫，以帛縛其上。足著錦靴或皮履，腰束帛，春冬惟露半臂。其餘喇嘛亦大致相同，惟有精粗之别。

若沙噶布倫、三品官，藏人稱爲蓮足，喻言最有勢力，自富裕貴族中選用者。戴琫、六品官，掌馬廠事。第巴七品以下官，司各事者。等官，不束髮，垂背後，綴以短縷。戴平頂帽，頂綴獺皮。手持念珠，腰束皮帶。遇佳節或有公事時，噶布倫將髮兩分於頂之左右，別綰一髻，衣蟒衣，上加大領無緣之小袖衣。第巴亦綰髮，結一髻，戴無翅白紗帽，帶佩刀，以示區别。兩耳有環，以緑松石或珊瑚製之，其大如桃，形如鳥啄。身披緑錦短衣，腰著百襇黑裙，足躡皮靴，腰繫紅綾，自上至下，絶類内地婦女之裝束。至普通人民，皆著大領無緣之衣,帽亦然,亦有戴白帽者,腰以皮或毛褐結附之,繫小刀、順刀、皮袋、火鐮等件。懷中各藏一木椀,與蒙古人同。惟上自噶布倫,下至人民,手皆帶有骨玦,大抵於佛教中别有所取義也。

西藏喇嘛之服飾

西藏喇嘛之服,一爲袍,一爲袈裟,戴僧帽。初固以其色之黄、紅分别教派,後亦有黄教而衣爲紅者。維西喇嘛皆闊袖長衣,雖嚴冬,常露兩肘。至其冠,則冬爲平頂之方氈帽,夏爲平頂之竹笠。

西康番人之服飾

西康番人不事桑麻,衣之原料爲牛羊毛,織如布,寬六七寸、八九寸不等,名曰氆。牛毛織者色黑,羊毛織者色白,即以氆縫衣。喇嘛之衣尚赤色,則以茜草染白氆爲之,餘皆黑、白。貧者及野番無氆,但服牛羊皮。而富者購藏中所織之氆氌,或印度之呢絨,並内地之綢緞布。其式與内地僧人同,袖長大,束以帶,凡一切應用之物,皆環納於懷背之間。

大褲,小褲,男子無之,婦女則間有用裙者。冠形無一定,土司所用,仍如漢人常戴之冠,惟以牛尾之白毛染紅色紮如團扇式,厚寸許。其頂平,四周之毛皆截齊,别作一圈載於下,便戴於首。

喇嘛之衣,無袖,惟以紗數丈纏於身股之間。其冠爲黄色,以呢絨爲之。堪布、戴琫則冠如桃形,餘則如鷄冠形。然此皆見官時所服用,平時則或氆或呢或狐皮、羊皮作便帽加於首而已。光緒丙午,邊務大臣趙爾豐示令番人服袴，改流之地皆服之，然袴皆無緄襠。惟其衣冠則間有效漢人者。衣以皮爲之，嘗以牛奶、酥油搓皮，使不堅硬，不似内地之用硝水也。褥以虎、豹、豺、狼、熊、狐、鹿、獺之皮爲之，墊或皮或綢緞爲之，内實獐毛，厚二三寸、四五寸不等，或用呢絨、氆氌及牛羊皮爲之。

青海番人之服飾

青海之番人穿耳垂璫，或綴小寶石。衣則闊袖長幅，春秋冬三時披毳裘，惟夏日著粗布服。頭戴布笠，下著革韡。帶必紅色，終日不解帶，長幅所以代衾。披衣時遍體先塗酥油，以首承衣領，束帶而後露首。下幅僅齊膝，上幅長而臃腫於背，時袒右臂，夜則縮其首於衣領焉。衣不滌垢，不補綴，一著體則無解時，四時惟毳裘、布服二襲而已。千百户有事亦服緞帛。佩銅匣藏小佛於胸。

番婦辮髮垂後，以多爲貴，最多者三四十縷。或曰，未嫁者歲添一縷，嫁則倍之，不再加矣。五色布爲囊，自脊以下，辮藏於内，緣邊繡五彩。下穿瓔絡，上綴銅飾，如獸環漚釘形，銅片纍纍然，行路琅璫。富者用銀。又珊瑚、寶石爲長串，挽而雙之，雙而四之，圈於項，盤於髮，而綴於囊，斑斕奪目。已字人者用夫家聘物，數十日一理髮，梳而不篦，膏以酥油，而不生蟣蝨。璫環長過肩，不穿於耳，彩縷繫其兩端，以頂承之，雙懸於頤。一身之飾，繁重如是。餘如帽、靴、衣帶，均與男子同。而不著褻衣，其説有二。一説謂釋迦牟尼佛母行至通天河，脱褻衣而後渡，後人慕而效之。是以番女至夫家，必跣足渡水而往也。一説謂達賴、班禪轉世，投胎不擇貴賤，了無障礙，以便受胎，是以人人覬綵爲佛而擁於懷也。蒙古婦人則不如是。

處州畲客之服飾

畲客之衣，尚紅、黑二色，襟廣，袖大，達一尺餘，似僧服，然非平素常御之服。其所好者爲麻衣，夏冬皆然。男女自膝以下，多用脚絆。婦人皆着黑衣，襟廣，袖約五六寸，用幅三寸餘之赤線織帶，無鈕，如南洋沙倫譯音。式。不著褌，多跣足。出行時，如南洋之司利巴譯音。式。亦有加以刺繡者。居家着木履，則又似日本。婦人之首所戴，有曰狗頭者，可置於頭，若柱然。其製爲長二寸餘之竹筒，外包花布，邊鑲以銀，懸珠玉，後垂赤布，結髮。亦有僅着一巾，如日本鄉婦者。

黎人之服飾

熟黎上衣粗麻短衫。生黎用布一幅，穴其中，以首貫之，無袖，長不掩臍。岐黎下著犢鼻褌。餘黎無下衣，僅以上寬下窄之四五寸粗布二片蔽前後，名曰黎廠。或用布一片，通前後包之，名曰黎包。兒童耳垂大環，或銀或銅，以爲美觀，亦隨貧富爲之，既婚則無。富人頭前多插銀條爲飾，或一條，或二三條，作雞尾形，故名雞尾。

打箭爐諸番之服飾

打箭爐以外諸番，男女皆氈裘、毛褐、皮履，蓬頭垢面，間有以羊皮爲冠者。富者衣花氆氌。若明正巴裏之土官，則錦冠高頂，絨緯而袍褂，一如內地。其他營官，皆高冠，服色緞，或服花氆氌，束蛇皮鑾帶。女子幼以硨磲鐲手帶之至老。及笄，則以珊瑚、松石、蜜蠟、琉璃珠等物飾長辮，綴於首，死則取以送梵寺，不傳子孫也。

倮倮之服飾

倮倮上衣無袖，以灰或黑色毛布製之，而以紐集於頸之四周，長達於踵。裳之緣，飾以種種棉織物。有時騎馬，所用上衣之製法亦同，惟背後開衩，開處以下衣之裾掩之。裙下垂及馬之腰臀。此上衣之製法，謂可不受小蟲之害也。夏以棉布代毛布。帽以竹爲之，上覆毛布，爲圓錐形，大者可用以代傘。

在寧遠之倮倮，則以青、藍、白布裹頭，挽其端於額，形如筍。其被髻者，僅一衣一褲，外披羊毛擦耳瓦一襲。婦女同之，惟下身以布橫連作裙。

瑶人之服飾

廣東之瑶人，皆束髮，頭插白雉毛，身著對襟衣，下有布筩。女則穿耳，其耳環極大，垂於兩肩。

紅苗之服飾

乾州紅苗，惟寨長薙髮，餘皆裹頭去鬚，約髮以簪，左右貫大銀環。婦女有銀簪、耳環、項圈、手鐲等，衣較男子略長，飾以紅絨繡花，不著袴，以峒錦爲裙，纏腰兩三匝。

東苗之服飾

東苗在龍里、清平、貴筑，男以花布束首，著淺藍短衣。婦著花裳。衣無袖。

花苗之服飾

花苗在貴陽、廣順、大定、黎平，裳服先用蠟繪花於布，而後染。既染去蠟，則花見。飾袖以錦。婦女以馬鬉雜人髮爲髮。男年少者縛楮皮於額，既婚，乃去之。

披袍仡佬之服飾

披袍仡佬在平遠、施秉、清平，男子衣敝惡，女子以綫紮髮，蒙以青巾袋，上綴海
肥。衣長尺許，外披方袍，自頭籠下，前短後長，無袖。

冰家苗之服飾

冰家苗在荔波縣，男子四圍長衣，以裙爲袴。女子短衣，花邊穿袖，重裙無袴。

麽些族之服飾

雲南維西廳有麽些族，男皆剃頭辮髮，不冠，多以青布纏頭，衣盤領白綱，不襲不裏，棉布袴不掩膝。婦髻向前，頂束布勒若菱角，耳環組如藤，綴如龍眼果，以銀、銅爲之。衣白褐青緣，及臍，裙可蓋膝，不著袴，裹臁肕以花布帶束之。至於女紅，則皆不習也。

男婦老幼，率喜佩刀爲飾。不愛頮澤，衣至敝不澣，數日不沐，經年不浴。冬不重衣，雪亦跣足，嚴寒則覆背以羊皮，或白毡。間有著履者。頭目衣冠如內地，而婦妝不改，裙長及脛，亦舊製，以別於齊民。

粤寇服飾

粤寇衣飾奇詭，洪秀全及其部下之各酋，均戴八寶帽，以黄緞八片縫成，綴珠寶，侯以下戴八卦帽。丞相、軍師靴用紅色，餘俱黑色。

大同婦女之服飾

麒玉符都統有《出塞紀程》詩，其《大同道上書所見》二首曰：「絳色襜褕綠袡襠，皮冠覆額紫貂長。琵琶千載餘風在，學得明妃出塞妝。」又曰：「布裙椎髻亦風流，窄窄雙蓮曲似鈎。記得大明天子事，至今争戴玉搔頭。」蓋大同冬日苦寒，婦女多戴皮冠，更飾小簪，殆仿搔頭遺製也。

滬妓之服飾

同、光之交，上海青樓中人之衣飾，歲易新式，靚妝倩服，悉隨時尚。而妓家花樣翻新，或有半效粵妝者。出局時，懷中皆有極小銀鏡，觀劇侑酒，隨置座隅，修容飾貌，雖至醉，亦不雲鬟斜軃寶髻半偏也。至光、宣間，則更奇詭萬狀，衣之長及腰而已。身若束薪，袖短露肘，蓋欲以標新領異，取悦於狎客耳。而風尚所趨，良家婦女無不尤而效之，未幾，且及於内地矣。又有戴西式之獵帽，披西式之大衣者，皆泰西男子所服者也。徒步而行，雜稠人中，幾不辨其爲女矣。

開化婦女之服飾

浙江開化婦女之衣飾，均甚樸素。宣統時，但得衣竹布衫，花布褲，便蹀躞道途，自以爲備極華美矣。綢肆無整疋之綾羅，蓋售爲鑲鞋飾領之用，決不以之製衣也。且不繫裙。有詢之土人者，土人云，既有褲，何必裙。

湘潭婦女之服飾

道光時，湘潭之立雲市至馬乇，貧婦椎髻鶉衣。後則少婦童女，盛施朱粉。入湘鄉，則衣飾異矣。咸豐時，東南盛爲拖後髻，曰蘇州罷，讀若派。蓋服妖也。王壬秋爲之詩曰：「橋上當壚女，雙金繡領圓。巧攏蘇罷髻，嬌索市門錢。舊日村牢落，窮嫠淚泫然。繁華非盛事，饑亂況頻年。」

閩女之服飾

閩中婦女，惟居城鎮者皆小脚婦。自縉紳以至小家，莫不以小脚相尚，妝飾與他處無甚異。此等婦女，率多不任步履，故街市中初不恆見。偶一見之，亦必拄杖而行，或倩人扶掖，與殘疾者無異。其居邨野者，呼爲鄉下妹，則完全天足，入城者恆爲人充擔負役。此等婦女，裝束特異，頭綰高髻，旁插銀簪一雙，長七八寸及尺餘者不一，中一銀鎗稱是。耳懸銀環，大幾逾盤，年幼好修飾者，其環愈大，簪愈長也。下則白足，不襪不履，冬日雖身衣皮服，而跣足如故。遇令節或慶弔事，則著前綴紅線如鬚之黑色花履也。

粤女之服飾

粤女有三别，一爲潮州，纖趾廣袖，髻髮如蜻，薄蟬簇鬢，行傴僂而步蹀躞，雖有佳人，大有西子不潔之概。一爲嘉應州，垂髮挽髻，蝶翅雙鬟，綽約如嬾裝佳人，而雙趺玉潔，尤饒殊姿。一爲廣州，修髻膏髮，膚脂凝雪，曲眉脂唇，惟躡屐禿頸，殊少驚鴻遊龍之姿。

潮州婦女多赤足而著拖鞋，皮色黑黝。耳環有長數寸者，畧似棍棒。每坐，必舉一足於椅之扶手，而以雙手撫摩之。

滇女之服飾

雲南省城婦女皆裹足，衣袍套。其出行也，無轎，必以錦帕覆首，至老不去。大理婦女，出必持傘。皆古者女子出門必擁蔽其面之遺也。

青海蒙女之服飾

青海蒙古男人入關，或有爲漢裝者，其游牧時，則番裝也。王公、台吉，忽焉寶石頂而團龍褂，忽焉毳衣而露臂，革履而跣足；忽而揖讓爲座上客，忽而執鞭如牧羊兒，見者固不知其爲封建主也。然衣服有裏有襲，非若番子之僅披一襲也。

婦女多顏色，衣飾之豐美，數倍於番婦。束髮爲二辮，雙垂於前，以布帛爲囊而護之。所綴鈴片，悉爲銀者，多嵌以真寶石。帽質爲五色綢，綴以紅絲纓，韡質爲絨布，繡以花彩，其式如漢人常用之冠履然。冬日御羔羊裘、草狐裘，富者用火狐、青狐、猞猁猻，一衣之值，內地動需兼金，彼視之爲常產也。餘皆與番婦同。

藏女之服飾

西藏婦女分髮爲二，各自結束，垂於腦後，其狀如繩。髮辮以堅細爲佳，與內地婦女髮辮以鬆大爲貴者稍異。蓋其辮有寶石、珍珠、珊瑚之類，故結束不得不堅也。處女於腦後垂一辮，既受聘，則戴夫家贈品。嫁後不再結辮，以示區別。若老婦，無論貴賤貧富，額均戴綠松石，光輝似鏡，謂之白玉。凡老婦戴白玉之日，親友必往慶賀。其中有二故，一謂藏婦厭生育之苦，額戴白玉，必屬月經已絕，可無生育之事也。一謂藏人事佛心虔，凡婦女額戴白玉，必已月經不來，人欲消滅，可虔心事佛，不至以慾念消滅佛念也。至於冠，則富貴婦女均綴珍珠，惟爲木質，形如笠，內漆米紅色，外以金鑲綠松石爲頂，四周皆珍珠。

婦女見喇嘛及賓客，必以紅糖或乳茶塗面，否則以爲冶容誨淫，有蠱人之意，須科以罪。雖經西藏查辦大臣張蔭棠示禁，而積重難返，不能止也。

婦女均天足，其靴以皮或布爲之，上爲綾緞、細布、毛褐之齊腰短衣，以小單方袈裟披之，下爲黑紅褐之萬字裙，又有頭戴紅緑尖頂之小帽者。手釧、指環，皆金、銀、寶石也。耳垂環，又綴珍珠、珊瑚，垂於兩肩。胸有銀鑲珠、石，長數寸。至其頭排念珠，胸藏護身佛，右手戴硨磲圈者，則自幼至死，固未嘗須臾離身也。

雲南苗女之服飾

雲南之苗婦皆尚短衣，衣齊腰而長裙，裙百折，或二百折，富者五重，貧者二三重，男子亦然。其衷衣及裩，冬夏皆紵。處女夜卧，不脱不沐，臨嫁方沐。既嫁，日一沐，沐畢，塗以蘇合油，貧者塗以羊膏，故膚如凝脂也。衷衣與裩相接，皆聯金扣以百數。裩口與襪相接，亦密綴以扣。扣皆圓而扁，貧者以鉛錫爲之，合巹之夕始解。既定情，復着之，生子然後去。惟仲家、犵羊、黄毛仡佬、白倮倮、黑倮倮五種苗，以跳月爲婚者，皆不裩。長官家女有縛足者，平民多不縛，便工作也。其縛甚易，山有草曰威靈仙者，取其根汁煎濯之，不數日而成纖趾矣。

貴州苗女之服飾

貴州苗女，錦服短衫，繫雙帶於胸背前，刺繡一方，飾以金錢。亦有以雙帶斜作十字形，交於雙乳間，背綴小錦一方，負物時横貫其中以爲紐者。

陽洞羅漢苗在黎平，婦人戴金銀連環耳墜，胸前刺繡一方，短衫長裙。數日必淅米沃髮，復於澗中洗之。

古宗之服飾

古宗婦女之髻，辮髮百股，以五寸横木，於頂挽而束之。耳環細小，與麼些異。臭古宗以土覆屋，喜樓居。近衢市者，男則剃頭，衣冠尚仍其舊。僻遠者，男披髮於肩，冠以長毛羊皮，染黄色爲檐，項綴紅線纓，夏亦不改。紅緑十字文氎爲衣。冬或羊裘，不表，皆盤領，闊袖束帶，佩尺五木鞘刀於左腰間。著西紅革靴，或以文氎爲之。出入乘馬，愛馳騁。鞴韉極麗，多飾以金、銀、寶石。婦辮髮下垂，雜綴珊瑚、緑松石以爲飾。衣蓋腹，百褶裙蓋臁肕，俱采氎爲之。裙或文氎，或采色布。氎韈單革軟底，不着袴履。項挂色石數珠，富則三四串，自肩斜繞腋下。一婦妝飾之物，有值數百金者，珊瑚、瑪瑙、硨磲、玳瑁以及銀錢、銀虎之屬，悉著於辮。而賤者無飾，且跣足。

土官頭目剃頭辮髮，入城，用漢人衣冠，歸則易之。惟帽檐之飾，以織金錦爲别。

打牙仡佬之服飾

打牙仡佬在平遠、黔西，婦人剪前髮，披後髮，蓋取齊眉之意也。以幅布圍腰，無襞積，曰桶裙。

滇綿谷爲女裝

蜀人滇謙六富而無子，屢得屢亡。有星家教以壓勝之法，云：「足下兩世命中所照臨者，多是雌宿，雖獲雄，無益也。惟獲雄而以雌畜之，庶可補救。」已而生子曰綿谷，謙六教以穿耳、梳頭、裹足，呼爲小七娘，娶不梳頭、不裹足、不穿耳之女以妻之。及長大，遂入泮。生二孫，偶以郎名，孫即死。於是每孫生，亦以女畜之。綿谷韶秀無鬚，頗以女自居，有《繡針詞》行世。楊刺史潮觀與之交好，爲序其顛末。

某中丞好女裝

某中丞少好女裝，人皆稱之爲三姑娘，光緒時人也。

妓傚男裝

光、宣間，滬上衖衖中人競傚男裝，且有翻穿干尖皮袍者。然《路史·後紀》云：「帝履癸伐蒙山，得妹嬉焉。一笑百媚，而色厲少融，反而男行，弁服帶劍。」此女子男裝之初祖也。

孫之獬改裝

世祖初入關，前朝降臣皆束髮，頂進賢冠，爲長袖大服。殿陛之間，分滿、漢兩班，久已相安無事矣。

淄川孫之獬，明時官列九卿。睿親王領兵入關時，之獬首先上表歸誠，且言其家婦女俱已效滿妝，並於朝見時薙髮改裝，歸入滿班。滿以其漢人也，不許；歸漢班，漢又以爲滿飾也，亦不容。之獬羞憤，乃疏言：「陛下平定中國，萬事鼎新，而衣冠束髮之制，獨存漢舊，此乃陛下從中國，非中國從陛下也。」奏上，世祖歎賞，乃下削髮之令。及順治丁亥，山東布衣謝遷奮起兵入淄川，之獬闔家慘死。

成親王之袍褂

成哲親王有潔癖，居恆明窗浄几，不染纖塵。且丰裁峻朗，所御袍褂極舊，然熨貼整削，皆以斜紋布製之，俗謂之褡褳布，爲京師特產。遠望之，恍如玉樹臨風。嘗奉命致祭某陵，圜而觀者如堵牆。爾時京華風尚，不著新衣，王實啓其漸也。嗣是有以素綢爲裏者，或且用之於朝會矣。

湯衣谷燕居衣品服

湯衣谷以知縣需次江寧，自度必不得於時，益恣爲沈冥，不復自振。貧且善病，僻居城東偏。或索銜參時手板觀焉，曰：「亡之久。」顧朝廷千秋節，必衣其品服於家三日，如在官然者。或召之宴，則以其服往。羣妓且目且笑，不爲動。獨一妓者翁之，則慨然曰：「若翁我，知我且老，不復堪天下事矣，已矣！」年四十有八卒。衣谷，名裕，錢塘人。

講官禮服

同、光時，經筵日講、起居注官，三滿人，二漢人。皇上衣爲何色，則五人不得參差，否則立干處分，而內監等又不先日宣言，故必多攜以進，便隨時更換也。

德菱之禮服

某歲，孝欽后以萬壽，賜宮眷德菱以禮服。服爲大紅緞繡金龍，護以雲彩，鑲金邊，內襯灰鼠皮，袖口及領用貂，此郡主服也。德菱，漢軍人，駐法欽使裕庚女。

舞燈衣

每歲上元或萬壽節，令樂工舞燈，衣五色畫衣，分行成字，凡數十變，有太平萬歲萬壽無疆諸字，以黃綾册書成字樣，陳諸御案，以備觀覽。

朝服之宜忌

臣工召對、引見，皆服天青褂、藍袍，雜色袍悉在禁止之列，羊皮亦不得服，惡其色白，近喪服也。故朝服但有海龍、猞猁猻、貂、灰鼠、銀鼠，而無羊皮。夏不得服亮紗，惡其見膚也，以實地紗代之，致敬也。

袍之開衩

衩，衣衩也，今謂衣旁開處曰衩口。官吏士庶皆兩開，宗室則四開。衩衣，即開禊袍，唐人已有之。《唐書》僖宗衩衣見崔彦昭。王建《宫詞》：「衩衣騎馬繞宫廊。」

缺襟袍

缺襟袍，袍之右襟短缺，以便於騎馬者也，行裝所用。然實起於隋文帝之征遼，詔武官服缺胯襖子。唐侍中馬周請於汗衫上加服小缺襟襖子，詔從之。

臣工扈從行圍，例服行裝，《會典》所云「行袍行裳，色隨所用，行裳冬以皮爲表」，蓋即缺襟袍也。行裳，俗呼戰裙。

京外大小文武各官，若因公出差，以禮服謁客，則行裝。行裝不用外褂，以對襟大袖之馬褂代之，色天青，其材爲織團龍之緞，或寧綢。袍必缺襟，馬褂較外褂爲短，便於乘騎也，惟靴、帽仍依平時。其實始爲軍服而及於扈從行圍，後遂沿用之。

朝裙

朝裙，禮服也，著於外褂之内，開衩袍之外，朝賀、祭祀用之。

士子初服襴衫。

國初，士子初入庠，服襴衫。蓋明初秀才襴衫，前後飛魚補。騎驢，有傘，絹用青色，止一圍，門斗隨之，是實沿用明服也。

蟒袍

蟒袍，一名花衣，明制也。明沈德符《野獲編》云：「蟒衣爲象龍之服，與至尊所御袍相肖，但減一爪耳。正統初，始以賞虜酋。其賜司禮大璫，始於太祖時之剛丙，後王振、汪直諸閹繼之。宏治癸亥二月，孝宗久違豫，大安時，內閣爲劉健、李東陽、謝遷，俱拜大紅蟒衣之賜，輔弼得蟒衣始此。」按此知今之蟒袍，卽爲明之蟒衣無疑也。

凡有慶典，百官皆蟒服，於此時日之內，謂之花衣期。如萬壽日，則前三日後四日爲花衣期。花衣期內，官署皆停止刑事。大臣遞遺疏及請卹等事，亦不得於期內遞進，違者嚴責。光緒時，鄧承修有聲諫垣，以總兵陳國瑞功多獲罪，譴戍，歿於戍所，奏請念勞復官，宣付史館。中旨報可，仍以花衣期內違犯體制，下吏議奪官，詔原之。

文官之蟒袍，一品至三品，九蟒五爪；四品至六品，八蟒五爪；七品至未入流，五蟒五爪，均不拘顏色。至蟒袍之金彩織繡，則各從其便，不論品級。

武官之蟒袍，一品至三品，九蟒五爪；四品、五品，八蟒五爪；六品、七品，五蟒五爪。

金黃蟒袍

皇子得服金黄蟒袍，諸王則非特賜者不能服。乾隆初，諸王蒙賜者過半。及末葉，惟定、怡二王特賜之，時以爲榮。及仁宗親政，榮恪郡王亦蒙賜焉。

麒麟蟒袍

嘉慶初，綿州李鼎元雨村曾充册封琉球國王副使，賜一品麒麟蟒袍。相傳此項品服，自陛辭之日始，至覆命之日止，皆得用之，所以示威重也。

團龍褂

團龍褂者，惟皇帝朝服襞積前後團龍各九，后服五爪金龍八團，皇太子用五爪三爪龍緞、滿翠八團龍等緞，皇子福晉用五爪正十四金龍四團，其他非奉上賜，不得用五爪龍團花。

禮親王曰：「惟皇上御服朝衣，於腰闌下前後繡龍團各四，諸王以下，皆用素緞數則以爲辨别。後南中所繡朝服衣料，無論品級，皆用龍團各四，初無以素者。」

四團龍補褂

舊制，親王服四正龍補服，郡王服二正行龍補服。乾隆時，傅文忠公恆以爲與御服無别，乃奏改親王二行龍二正龍補服，郡王服四行龍補服，以爲定制。諸王有特賜四正龍者許服用，若異姓，則初無賜四團龍者。雍正朝，特賜年羹堯以四正龍補服。然文忠以椒房優寵，兆文毅公惠以平定西域功，阿文成公桂以平定兩金川功，福文襄王康安以平定臺灣功，皆賜四團龍補服。孫文靖公士毅以入安南功，亦賜之。嗣以濆聞，遂繳還。惟文忠每入署辦事及其家居，仍用公爵補服，示謙也。

改團龍爲六合同春

光緒朝，孝欽后六旬萬壽，内務府人員定製禮服，改團龍爲六合同春，形亦圓，一鹿一鶴一松枝。蓋六之音，南人讀之同鹿，合之音同鶴，春之音近松也。鹿鶴皆享遐齡，松亦四時常青，於以頌揚萬壽耳。朝士從風而靡，團龍遂不入時矣。

八團

八旗婦人禮服，補褂之外，又有所謂八團者，則以繡或緙絲，爲綵團八，綴之於褂，然僅新婦用之耳。

外褂

褂，外衣也。禮服之加於袍外者，謂之外褂。男女皆同此名稱，惟製式不同耳。

翻毛外褂馬褂

皮外褂、馬褂之翻穿者，曰翻毛，蓋以炫其珍貴之皮也，達官貴人爲多。其皮大率爲海龍、玄狐、猞猁、紫貂、干尖、倭刀、草上霜、紫羔。而有喪者之所衣，則爲銀鼠、麥穗子。以草上霜爲羊皮之一種，質類乳羔，以其毛附皮處純係灰黑色，而其毫末獨白色，圓捲如珠，故名。以爲裘，極貴重，外褂、馬褂皆有，俗稱青珠兒，又曰青種羊。雖可翻穿以爲裘，然本非吉服也。乾隆某歲元旦，高宗偶御之，自是而遇喜慶宴會之事，皆服之矣。

御前大臣翻穿之皮外褂，有上下兩截以兩種皮聯綴而成者，遠望之，第見其顏色不同，不易審定其皮之品類也。

定例，紫貂馬褂，爲皇上打圍時所御之衣，雖親王、閣部大臣等，不能僭用。然道、咸以降，京官之翰詹科道，及三品外官與有三品銜或頂戴者，亦無不翻穿以自豪矣。

羊皮貴羔而賤老，而口外有一種曰麥穗子者，皮軟毛長，形如麥穗，價值最貴，俗又名之爲蘿蔔絲。大僚奉差口外，必以此爲裘。蓋口外風高，非此不足以禦寒也。

帶膆貂褂

帶膆貂褂，胸及兩肩均有白色毛，卽貂之膆皮也。咸、同間，得蒙恩賜者僅二人，一徐相國郙，南齋供奉，上解以賜之，酬其筆墨之勞也。一李文忠公鴻章，則以穆宗題主，文忠襄提於側，故叨異數。至光緒朝，則孝欽后常以之賞賜臣下矣。

馬褂

馬褂較外褂爲短，僅及臍。國初，惟營兵衣之。至康熙末，富家子爲此服者，衆以爲奇，甚有爲俚句嘲之者。雍正時，服者漸衆。後則無人不服，游行街市，應接賓客，不煩更衣矣。

黄馬褂

凡領侍衛内大臣、内大臣、前引十大臣、護軍統領、侍衛班領，皆服黄馬褂，巡幸扈從鑾輿，藉壯觀瞻。其御前、乾清門大臣、侍衛及文武諸臣，或以大射中候，或以宣勞中外，必特賜之，以示寵異。及粤、捻亂定，文武勛臣得之者甚多矣。

對襟馬褂

得勝褂，爲馬褂之一種，對襟方袖。初僅用之於行裝，俗稱對襟馬褂。傅文忠征金川歸，喜其便捷，平時常服之，名曰得勝褂，由是遂爲燕居之服。

大襟馬褂

馬褂之非對襟而右衽者，便服也。兩袖亦平，惟襟在右。俗以右手爲大手，因名右襟曰大襟。其四周有以異色爲緣者。

琵琶襟馬褂

馬褂之右襟短缺而略如缺襟袍者，曰琵琶襟馬褂，或亦謂之曰缺襟。袖與袍或衫皆平。

臥龍袋

臥龍袋，馬褂之窄袖而對襟者也。其身較對襟、大襟之馬褂略長，亦曰長袖馬褂，河工効力之人員常以之爲正式之行裝。相傳某相國嘗隨駕北征，其母夫人憂其文弱，不勝風寒，爲紉是衣，取其暖而便也。相國感母恩，常服之不去身。一日，急詔論事，未遑易衣。帝問所衣何名，因直陳其事。帝褒其孝，命得服以入朝。當時名之阿娘袋，後誤爲臥龍袋，久之，又稱爲鵝翎袋矣。

詔使之衣冠

大軍入燕，奄有天下，明督師史可法等，擁立弘光帝於金陵。時南北消息不通，江、浙之間，依然有巢燕安居之樂。相傳是年五月五日，江蘇之無錫方舉行競渡戲，萬人空巷，游覽河干。忽而人聲大譁，咸稱異事。向之詰訊，則云：「頃見有人服對襟長衣，袖作馬蹄式，頭戴一帽，形如覆碗，上矗白石磋成之巨珠，背荷黃布包袱，騎快馬飛馳入城，逕向縣署而去。」聞者互相猜異，莫測其由，或往縣署探詢，始知本朝定鼎，下敕書於南中各郡，令民人剃髮，其人蓋馳送詔書之差弁也。所形容衣冠情形，即本朝新定之服色耳。

寫真用明代衣冠

德清新市李翁之沒也，其子某慕風雅，倩人繪跨馬出郊行看子。繪者以其貌清癯，繪爲明代衣冠。傳神酷肖，喜付裝池。次日喧傳，有人訾其裝束違時者。某懼滋事，令人索還，則又有人以黃塗其縉，謂其僭越踰制，數人居爲奇貨，非徒手所能取矣。方議賄以錢，則新市巡檢突遣役數人至，謂已有人首之官，不可以私息矣。及浼人關說巡檢，許多金，方允免究。則縣役又至，謂此事業經縣中訪聞，尅日提訊，非巡檢所能了結矣。僅一小照，而公私需索費至數千金，始得無事。

高望公冠履

新會高儼，字望公，嘗以赭石染布爲野人服，冠履俱與時異，見者無不知其爲先輩高望公也。時又因其姓稱爲高士望公。

玄狐袍帽

袍帽初以紫貂爲貴，康熙以來，尤貴玄狐，非閣臣不得賜。尚書亦有蒙賜者，厥名玄狐而色實蒼白也。

傅青主布衣氈帽

康熙己未，傅青主被舉詞科，不與試，聖祖特賜以内閣中書。而青主仍自稱曰民，冬夏著一布衣，其色朱，帽以氈爲之。

黄九烟布衣素冠

上元黄九烟，名周星，布衣素冠，寒暑不易。

葉英多攝敝衣冠

葉英多，乾隆時之揚州諸生也，以説書爲生，而窮困日甚，絶不形於色，朝霞暮月，荒寮古觀，輒信足獨往，忘其寒餓，亦不問妻子之絶粒也。某鹽官與相契，英多偶以事往，值其方宴客，門外車馬輿從赫奕，主人急出延之，而英多攝敝衣冠，直入上座。語罷，夷然辭去。桃花庵僧石莊善吹簫，自矜其技，欲與英多互奏之，爲英多先奏一曲。未幾，石莊卒，英多酧於靈而酬焉。其子慶生之授業師，每遇於道中，必側立卻手，俟過而後行。

劉錫鴻敝衣趿鞋

劉錫鴻使法時，往往敝衣趿鞋，衣帶飄舞，徒步出外。常立於最高橋梁之上，周望四處。其隨員諫之，劉怒曰：「予欲使外邦人瞻仰天朝人物耳。」

某令挾冠服而出

有新到省之某令，褦襶觸熱，謁上官，且語，且揮扇。上官知其畏熱也，命去冠；冠去，去褂；褂去，去袍；袍去，去衫；衫去，而猶揮扇不已。上官惡其不知儀注也，復以可去短衣爲言，某亦去之。上官至是，以手舉茶碗，門外之僕高聲呼送客。上官起，某亟挾冠服，赤體而出。蓋其人初來自田間也。

度冬之常服

人之階級，析而計之，何啻萬千，言其大別，則有三。一曰上流社會，二曰中流社會，三曰下流社會。上流富，中流者介於貧富之間，下流貧。常人眼光，每以其度冬之常服判之。上流必有狐裘，中流必有羊裘，下流則惟木棉，且有非袍者矣。

農商之衣

《會典》開載，凡農家許著綢、紗、絹、布，商賈之家止許著絹、布。如農民之家有一人爲商賈者，亦不許著綢紗。此可見吾國之賤農商，而商尤輕於農也。

香色

古人東宫，皆服絳紗袍，蓋次明黄一等。國初，皇太子朝衣服飾，皆用香色，例禁庶人服用。後儲位久虚，遂忘其制。嘉慶時，庶民習用香色，至於車幃巾櫛，無不濫用，有司初無禁遏之者。

襯衫

襯衫，裏衣也。《東京夢華録》云：「兵士皆小帽，黄繡抹額，黄繡寛衫，青窄襯衫。」此二字之所由起也。襯衫之用有二。其一，以禮服之開褉袍前後有衩，襯以衫而掩之。一，凡便服之細毛皮袍，如貂、狐、猞猁者，毛細易損，襯以衫而護之也。襯衫之製如常衫，惟襯開褉袍所用，有不用兩袖者，有上布而下綢者。

蔣敬齋自製寢衣

蔣敬齋，名溶，長洲諸生。年二十許，喜講性理之學，言語坐立皆不苟。嘗自製寢衣，長六尺餘，

《論語》所謂「長一身有半」是也。錢梅溪笑謂之曰：「古之寢衣，似即今之衾被。君泥古太甚矣。」敬齋愕然曰：「吾過矣，吾過矣！」至於下拜。

道光時之衣

新城王文簡公士禛有家法，凡遇春秋祭祀及吉凶事，子弟各服其應得之服，然後行禮。如已入泮，始易襴衫，其妻亦銀笄、練裙，否則終身著布。乾、嘉間，江、浙猶尚樸素，子弟得鄉舉，始著綢緞衣服。至道光，則男子皆輕裘，女子皆錦繡矣。

載澂衣繡百蝶

恭王奕訢素惡其子載澂，澂病，日望其死。久之病革，左右以告，王乃至其臥室，見澂側身臥，上下衣皆黑色，遍身以白線繡百蝶，大怒曰：「卽此匪衣，亦當死久矣。」不顧而出。

旗女衣皆連裳

八旗婦女衣皆連裳，不分上下，蓋卽古人男子有裳、婦人無裳之遺制也。

十八鑲

咸、同間，京師婦女衣服之滚條，道數甚多，號曰十八鑲。

衣左衽

潼關附近各處，婦女之衣多左衽。

藴布冬御棉袍

藴大司空布居京師，窗户均用竹簾，雖隆冬，亦無用氈、布者。冬日退朝，僅御棉袍，雖嚴寒亦不御裘。卧時以被覆身，四圍俱不摺拂。其睡亦無定所，一夜嘗易數處。

裘之上下兩截異皮

裘之上下兩截異皮者，上截之皮必較遜於下截，而袖中之皮亦必與上截同，以下截爲人所易見，可自炫也。其名曰羅漢統，又曰飛過海。上截恆爲羊，下截則猞猁、貂、狐、灰鼠、銀鼠皆有之。

衣緣皮

廣州地近温帶，氣候常暖，所謂四時皆是夏，一雨便成秋也。極冷時，僅需衣棉。光、宣間則稍寒，亦有降雪之時。然官界爲彰身飾觀計，每至冬季，則按時以各種獸皮緣於衣之四圍，自珠羔至於貂狐，逐次易之，儼如他省之換季然。

貂裘

東三省諸山多松林，茂條蓊薆，結實甚大。貂深嗜此，多棲焉。邊界居民不憚跋涉，恆攜獵具冒險往取。貂目銳行捷，一瞥間，忽不知所往，常經旬不能得其一。得之，集以成裘，價至昂。以毛色潤澤，香氣馥郁，純黑發燦光者爲上品。

湯文正服小毛裘

聖祖御乾清門，侍讀學士寶應喬某以日講官侍班，會湯文正公入奏畢。故事，冬至後，羣臣皆服大裘。上顧文正而問曰：「衆皆服貂狐，汝得毋寒乎？」文正對曰：「臣尚有小毛裘可服。外間百姓且有無棉襖者。」上憮然久之。既退，有咎之者，曰：「是真老悖，豈對君之體乎！」或曰：「上方向公，將以輕暖賜，而公所對，非所問也。」喬出，語人曰：「我輩轉一世，不知能作此等語否？」

陳雪三未冬披裘

乾隆時，有陳雪三者，初生時，與兄同舉，蓋孿生也。襁褓不能兩具，裹兄而遺弟。越宿，僵矣。其母置諸懷，久乃甦。雪三既長，畏寒甚，未冬卽披裘。

舒鐵雲典裘

舒鐵雲有《典裘》詩四首。其一云：「點檢青箱記昨宵，易衣而出太蕭條。吾家舊物誰能遣，此地寒威尚未消。曾有鴛鴦雙翦落，何來楊柳一旗飄。輸他走馬蘭臺去，雪滿宮門夜賜貂。」其二云：「王恭鶴氅晏嬰裘，紫鳳天吳不記秋。羞澀忽成垂老別，輕肥虛憶少年游。蛾眉絕塞金誰贖，狐腋重關客未偷。比似春衣杜陵醉，兩般滋味一般愁。」其三云：「別去分明抵故人，年時冷暖記來真。青山策蹇圍天曉，紅燭鈔書耐漏頻。得句漸知衣帶緩，看花惟有帽簷新。爲誰中道恩情絕，抛卻長安十丈塵。」其四云：「紅袖青袍兩不知，淒涼質庫且題詩。直愁一入深如海，空計三年遠作期。鍼線跡銷無處覓，風塵緣盡有時離。些些紕縵酸寒甚，等到冰綃霧縠時。」

舒鐵雲謝人贈裘

舒鐵雲以其姊壻贈裘而作詩曰：「鶴氅貂褕不趁身，年年短褐走風塵。未勞錦叚遺爲詠，猶見綈袍戀此貧。夜永燈檠容我坐，歲寒霜雪與渠親。縱教吹徧鄒陽律，肯貰春旗作酒人。」其後有友亦贈以裘，又作詩云：「去年北風吹不休，主人贈我青羔裘。酒酣以往不忍著，卻向黃竹箱中收。今年東風射春箭，花凍紅燈上元宴。飛落鴛鴦雙翦刀，牽雲曳雪重相見。平生讀書愛五更，往往風雨聞雞鳴。曉寒不向夢中賦，媿此一尺銀燈檠。黑貂已敝長安道，十丈紅塵不能埽。綵筆空題白練裙，儂歌自唱黃綿襖。殷勤鶴氅來君家，主是烏衣客絳紗。一身仙骨冷於鐵，開出萬朵青蓮花。主人之裘有時敝，主人之情永弗替。以詩報君非感恩，君不見《緇衣》詠爲風，綈袍感其意。」

狐裘之類別

古所謂狐白裘者，卽集狐之白腋也，後名天馬皮。集狐之項下細毛深温黑白成文者，名烏雲豹。其股裏黄黑雜色者，集以成裘，名麻葉子，則爲全白狐，皮粗冗，不爲世所重。

龔定庵服白狐裘

龔定庵不喜治生，揮金如土，囊罄，輒告貸。一日，至揚州，訪魏默深。魏見所著白狐裘，下截皆泥污而上半則新，詢之，曰：「吾自金陵渡江，天寒大雪，湯雨生以此裘相贈。」蓋湯身修偉，定庵短小，故下半拖入泥塗也。

番役衣羊皮

皮裘之表，槪以綢緞或布爲之，未有有皮而無表者。冬季，京師番役夜巡，所著禦寒之衣，爲官中所給，則皆有皮無表，蓋卽一天然之羊皮耳。

半臂

半臂，漢時名繡裾，即今之坎肩也，又名背心。隋大業時，内官多服半臂。《説文》：「無袂衣謂之𧝓。」趙宧光《長箋》曰：「半臂，衣也。武士謂之蔽甲方，俗謂之披襖。小者曰背子，與古之裲襠相似，其一當胸，其一當背，亦作兩當。」尤西堂有詠婦女所衣之半臂一詩，詩云：「更衣斟酌十分難，親製輕紈衹半端。取便最宜春起草，護嬌偏稱晚妝殘。渾疑斷袖留遺愛，卻喜專房免忍寒。曾與三郎換湯餅，重提舊事淚闌干。」

巴圖魯坎肩

京師盛行巴圖魯坎肩兒，各部司員見堂官往往服之，上加纓帽，南方呼爲一字襟馬甲，例須用皮者，襯於袍套之中。覺暖，即自探手，解上排鈕扣，而令僕代解兩旁鈕扣，曳之而出，藉免更换之勞。後且單夾棉紗一律風行矣。其加兩袖者曰鷹膀，則宜於乘馬，步行者不能著也。

婦女著坎肩

江蘇蘇五屬及潼關附近各處之婦女，有於炎夏僅著坎肩，而裸其兩臂者，或更赤露上體，游行入市。

六月著棉半臂

綏化城氣候迥異内地，雖六月，亦著棉褲。婦女則著棉半臂，露兩臂乳房於外，招揺過市。半臂之製，亦與内地不同。

書畫鎧

江龍門晚年畏寒特甚，冬必重裘，而又苦其礙腕，不便作書畫，因創新製，短兩袂若鎧狀，加於裘上，名曰書畫鎧。

海青

海青，今稱僧尼之外衣也。然古時實以稱普通衣服之廣袖者。唐李白詩：「翩翩舞廣袖，似鳥海東來。」蓋言廣袖之舞，如海東青也。

道袍

道袍，古燕居之服。腰中間斷，以一線道横之，謂之程子衣。無線道者，則謂之道袍，又曰直掇。後則以道士所服之長衣曰道袍矣。

世祖不用衮冕

世祖入關，郊祀，禮臣請用衮冕，上諭人主當敬天勤民，不在衮冕。

紅絨結頂冠

皇上燕服之冠，爲紅絨結頂冠，皇子、皇孫皆以是爲禮服。近支王、貝勒，得上賜者，許常戴之。輔臣雖間有賜者，皆不敢戴，惟張文和公廷玉蒙特旨許於元旦日冠戴，時以爲非常之榮。

拉虎帽

拉虎帽者，每歲木蘭秋狩，皇上輒御之以莅圍場。王公亦多效之，特不用紅絨結頂耳。然曾賞紅絨結頂者，不在此例。

暖帽

暖帽者，冬春之禮冠也，立冬前數日戴之。頂爲緞，上綴紅色纓，絲所織也。簷以皮、絨、呢爲之。初寒用呢，次寒用絨，極寒用皮。京城則初寒用絨，次寒用呢，至於皮，則貴人用貂，普通爲騷鼠、海騾之屬。

有三年之喪者，帽簷及頂皆以布爲之，上綴黑纓，不用頂帶。

涼帽

涼帽者，夏秋之禮冠也，立夏前數日戴之。無簷，形如覆釜。有二大别。一曰緯帽，初熱時，用白色或湖色之羅胎者。極熱時，用黄色紗胎之内有竹絲者，曰卍絲胎，上綴紅纓，絲所織也。有三年之喪者，戴羽纓一作雨纓。帽，形亦如覆釜，惟無緣，篠織品也。以其一名涼篷而出於山東之德州也，故又稱德州篷，上綴黑色纓，不用頂帶。行裝所用之帽，亦篠織品，纓以紅色犛牛毛爲之，其最佳者曰鐵桿纓。

七星貂

七星貂者，以貂皮截之成七條，綴於暖帽，如纓然，蓋行裝所用也。爲武官四時所戴，即文職之從事軍旅者亦從之。又有紅冠不綴纓而飾貂尾者，名曰得勝盔。

俗概稱禮帽曰大帽子，蓋以别於燕居之西瓜皮帽之稱爲小帽也。

全紅帽罩

全紅帽罩，惟三品以上入内廷者準服，四五品官雖内直，不用也。高宗時，軍機章京帶領引見，值天雨，冠纓盡溼。上問其故，金壇于文襄公敏中以體制對。上曰：「遇雨暫用，何妨！」自是行走軍機處者，冠罩無不全紅矣。

小帽

小帽，便冠也。春冬所戴者，以緞爲之。夏秋所戴者，以實地紗爲之。色皆黑，六瓣合縫，綴以簷，如箭。創於明太祖，以取六合一統之意。國朝因之，雖無明文規定，亦不之禁，旗人且皆戴之。咸豐初元，其形忽尖。極尖者曰盔襯，與單梁挖雲之所謂戰履者，同時盛行。不二年而兵興。宣統時，簷有多至七八道者，不僅重簷也，爲惡少年所喜。上有絲織之結，紅色。俗名西瓜皮帽，又名秋帽。

明之士人類多方巾大袖者。至順治甲申，則戴平頭小帽，以自晦匿。而禁令苛暴，方巾爲世大禁，雖巨紳士子，出與平民無異。間有惜餼羊之遺意，私居偶戴方巾者，一夫窺瞷，慘禍立發。常熟有二生，於巡按行香日，戴方巾雜行衆中，爲所瞥見，即杖之數十，并題奏將二生磔之於市。

同治時，左文襄以陛見入都，召見時，因謝恩，免冠磕頭，則頭上尚戴一物，似小帽而無線結，上問何物，對曰：「西瓜皮。」上大笑。

有三年之喪者，以黑布製之，結色黑。

風帽

風帽，冬日禦寒之具也，亦曰風兜。中實棉，或襲以皮，以大紅之綢緞或呢爲之。僧及老嫗所用則黑色。范成大詩:「雨中風帽笑歸遲。」蓋宋時已有之矣。

趙笠

趙闇叔嘗取雁翎以爲笠,名之曰趙笠,恆於煙霞雪月中戴之。

鳳冠

鳳冠爲古時婦人至尊貴之首飾,漢代惟太皇太后、皇太后入廟之首服,飾以鳳凰。其後代有沿革,或九龍四鳳,或九翬四鳳,皆后妃之服。明時,皇妃常服,花釵鳳冠。其平民嫁女,亦有假用鳳冠者,相傳謂出於明初馬后之特典。然《續通典》所載,則曰庶人婚嫁,但得假用九品服。婦服花釵大袖,所謂鳳冠霞帔,於典制實無明文也。至國朝,漢族尚沿用之,無論品官士庶,其子弟結婚時,新婦必用鳳冠霞帔,以表示其爲妻而非妾也。

顧姑冠

蒙古人之正妻所戴之冠,名顧姑冠,以鐵絲結成,形如竹夫人,長三寸許,飾以紅青錦繡,或珠玉、草木子。

鶴慶女帽尖

「我周公，變夷風。易簪髻，去布幪。」鶴慶人爲雲南鶴慶府知府周贊而作之歌也。蓋鶴慶婦女恆戴布帽，其形尖，爲三角式。贊見之，謂不雅觀，因令易以簪髻，翕然從之，鶴慶人因作是歌。

蘇人稱女冠爲兜勒

兜，兜鍪也，戰時所戴之冠，以禦兵刃者也。今蘇人稱婦女之冠則曰兜。勒，馬絡頭也，有嚼口者曰勒。今蘇人稱婦女之冠亦曰勒。

滬之少女不冠

滬之少女，凡年在二十左右者，恆不戴冠，雖隆冬風雪中，出行於外，亦露頂，不畏寒也。

臨安婦女戴笠

雲南臨安之婦女，與聞貿易之事，肆之小者，輒坐於櫃側，戴於首者爲黑色之笠。宣統時漸少。

抹額

抹額，束額之巾也，亦曰抹頭。抹者，附著之義，猶胸巾之稱抹胸也。緑營之兵、防營之勇皆用之。《唐書》「乃戴紅抹額來應詔」是也。

領衣

衣之護頸者曰領。又有所謂領衣者，杭人謂之曰牛舌頭。蓋禮服例無領，別於袍之上加以硬領，春秋以淺湖色緞，夏以紗，冬以絨或皮。有喪者則以黑布。下結以布或綢緞，有鈕綰之，意謂領而衣也。領衣之外則外褂，行裝則著於袍之内，皆取其便也。

披肩

披肩爲文武大小品官衣大禮服時所用，加於項，覆於肩，形如菱，上繡蟒。八旗命婦亦有之。

霞帔

霞帔，婦人禮服也，明代九品以上之命婦皆用之。以庶人婚嫁，得假用九品服，於是爭相沿用，流俗不察，謂爲嫡妻之例服。沿至本朝，漢族婦女亦仍以此爲重，固非朝廷所特許也。然亦僅於新婚及殮時用之，其平時禮服，則於披風上加補服，從其夫或子之品級，有朝珠者並掛朝珠焉。

結婚日，新郎或已有爲品官者，固服本朝之禮服矣。而新婦於合巹時，必用鳳冠霞帔，至次日，始改朝珠補服。其說有二。一以鳳冠霞帔，表示其爲嫡妻也。一以本朝定鼎相傳有男降女不降之說也。

耳套

燕、趙苦寒，朔風凜冽，徒行者兩耳如割，非耳衣唐李廓送振武將軍詩：「金裝腰帶重，錦縫耳衣寒。」則自唐已有之矣。不可耐。肆中有製成者出售，謂之耳套，蓋以棉或緣以皮爲之也。

補服

補服，俗稱補子，文武官吏之徽識也，綴於章服之前後心。以所補之物，分其等級，文職以鳥，武職以獸，蓋始於明也。葉向高集有欽賜大紅紵絲斗牛背胸一襲，即此。

補服繡獅雞

乾隆時，副都統金簡署户部侍郎，自以武官應服武補服，而現兼文職，頗羨文補，乃於補服獅子尾端繡一小錦雞，竦立其上。高宗見而大笑，旋降旨嚴斥，謂其私造典禮。

女補服

品官之補服，文武命婦受封者亦得用之，各從其夫或子之品以分等級。惟武官之母妻亦用鳥，意謂巾幗不必尚武也。

補服惟親郡王所用者爲圓形，餘皆方。光緒中葉，漢族命婦補服皆改方爲圓矣。

飯單

飯單，宴會時所用，以方錦或布爲之，恐有飲食之污穢沾衣也。錢希白《南部新書》曰：「指坐上紫綵飯單曰：『願郎衫色如是。』」是也。

抹胸

抹胸，胸間小衣也，一名袜腹，又名袜肚。以方尺之布爲之，緊束前胸，以防風之内侵者。俗謂之兜肚，男女皆有之。《南史·周迪傳》：「性質樸，不事威儀，冬則短身布袍，夏則紫紗袜腹。」古亦謂之曰衵服。《左傳》「陳靈公與孔寧、儀行父通於夏姬，皆衷其衵服以戲於朝」是也。

宋于庭，名翔鳳，有《沁園春》詞詠美人抹胸，詞云：「絡索雙垂，輕容全護，收來暗香。憶纔鬆寶釦，領邊依約。偶除瑶釧，袖裏端相。塞上酥凝，峰頭玉小，恨淺抹横拖一道岡。深深掩，掩幾分衷曲，還待猜詳。幾經刀尺評量，與細膩肌膚要恰當。爲當胸闌束，期他婉轉。一心偎貼，不問温涼。若化蠶絲，縫成尺幅，那數陶家十願償。偏纖手，在風前扇底，更自周防。」

夏紗冬縐之抹胸

乾隆末葉，秦淮妓女之抹胸，夏紗冬縐，貯以麝屑，緣以錦緣，乍解羅襟，便聞香澤，雪膚絳袜，交映有情。

以紅袜縢手書

同治時，閩人某提學按試某州，其婦手書促歸，縢以紅袜。學使遽以試事屬州牧，移病還閩偕老，當時熱中者傳爲笑談。樊雲門方伯增祥詠袜胸《滿江紅》詞下半闋即引之，其詞曰：「花露灑，香球爇，芳汗透，冰肌貼。話三山舊事，佩纕親結。書字一緘蘇錦蕙，淚痕雙寄鄜州月。願展爲繡被覆鴛鴦，通身熱。」即指此。

闊袖

同、光間，男女衣服務尚寬博，袖廣至一尺有餘。及經光緒甲午、庚子之役，外患迭乘，朝政變更，衣飾起居，因而皆改革舊制，短袍窄袖，好爲武裝，新奇自喜，自是而日益加甚矣。

馬蹄袖

馬蹄袖者，開衩袍之袖也。以形如馬蹄，故名。男子及八旗之婦女皆有之。致敬禮時，必放下。

龍吞口

有於常式衣袖之外，或前後不開衩之袍而權作爲禮服，別綴馬蹄袖於常式袖之夾縫中，繫以鈕者，俗謂之曰龍吞口。禮畢則解之，袍仍爲常服矣。

套袖

套袖者，於作事時加之於袖，以護衣，不使污損也。一名假袖。

手套

手套，加於手，有露指而僅掩手背者，有并十指而悉覆之者。以綿織品、絲織品爲之，其精者則用皮。男女皆用之。

手籠

光、宣間，滬之婦女盛行手籠，蓋以袖短而手暴露於外，又嫌手套著指之不能伸展自由也。既有手籠，則置兩手於中，風不侵矣。大率以皮爲之，珍貴者爲貂爲狐。謂之曰籠者，狀其形也。或又謂之曰臂籠。

襴裙

襴裙，自後圍向前以束裙腰，古又名合歡袜裙。江、浙鄉村之男子多服之，松江太倉婦女亦有用之者。

上海之浦南，婦女都繫長裙於衣外，謂之曰腰裙，即襴裙也。腰肢緊束，飄然曳地，長身玉立者，行動嫋娜，頗類西女。

滇女之裙

滇多風，自秋之八月至春之三月，狂吼空中，晝夜靡間。婦女出游之裙，輒以布十二幅爲之，多其襞積，藉以禦風。蓋非此重量，或爲風所挾以高舉矣。

短裙

短裙苗在思州、葛彰等處，恆以花布一短幅横掩及骭。

套褲

凡物之重沓者曰套，物之外函亦曰套。套褲，脛衣也，即古之所謂袴也。其形上口尖，下口平，或棉或夾或單，而沍寒之地，或且以皮爲之。其質則爲緞爲綢爲紗爲呢，加於棉褲、夾褲、單褲之上，函於外而重沓也。大率爲男子所用，若在婦女，則惟旗人及江蘇鎮江以北者始著之。

滿襠褲飾爲套褲

褲之滿襠者，俗稱馬褲，古謂之褌。後假袴爲褌，又訛褌爲褲。山西男子有以滿襠褲而飾套褲於上者，上之色較樸，下之色較華，遠視之若二，於馬褲之外加一套褲，其實一也。

牛頭褲

牛頭褲者，農人耘田時所著之褲也，江蘇有之。褲甚短，形如牛頭，故名。蓋耘時跪於污泥中，跣足露脛，本可不褲。著此者，以有婦女同事田作，冀蔽其私處，不爲所見也。江蘇之蘇州、浙江之紹興農夫，有於夏日或不著褲而裸其下體者。

吴退旃衣夾褲棉褲皮褲

吴退旃尚書體弱畏寒，非皮衣五層，不能過冬，至達天聽，宣宗屢以之詢沈鼎甫。每歲嚴寒時，且於襯褲之外，加以夾褲、棉褲、皮褲也。都人士戲呼之曰三庫大臣。

燈籠褲

晉北人夜多卧炕，女子有自幼至老從不履地者。蓋一離炕，即足軟不能行也。其所著棉褲，重至十斤，土人號曰燈籠褲，狀其大也。

綁腿帶

綁腿帶爲棉織物，緊束於脛，以助行路之便捷也。兵士及力作人恆用之。

裹裹

南方婦女之褲，不緊束，至冬而慮其有風侵入也，則以裝棉之如筒而上下皆平口者，繫於脛，曰裹腿，外以褲罩之。

韈船

韈船施於足，僅有下緣。或云，船，領緣也，施之於韈，形更近似。

襪套

纏足婦女之加於行纏外者，曰襪套。蓋以行纏有環繞之形，不雅觀，故以襪套掩之也。

行纏

行纏，以帛或布裁爲條，婦女纏足所用，束迫之使尖也，亦謂之曰裹脚。

膝褲

膝褲，古時男子所用。宋秦檜死，高宗告楊沂中曰：「朕免膝褲中帶匕首矣。」是也。後則婦女用之，在脛足之間，覆於鞋面。

靴

履之有脛衣者曰靴，取便於事，原以施於戎服者也。文武各官以及士庶均著之。靴之材，春夏秋皆以緞爲之，冬則以建絨，有三年之喪者則以布。

朝靴

凡靴之頭皆尖，惟著以入朝者則方，或曰，沿明制也。而道士之靴亦方其頭。

軍機大臣著緑牙縫靴

軍機大臣著緑牙縫靴。自嘉慶丙子，特旨賞托津、盧蔭溥始，並諭嗣後軍機大臣俱準穿用。

髮靴

乾隆時，符幼魯郎中曾之被服鮮奇，嫌緞袀靴有光，乃織髮爲之，人謂之髮靴。

爬山虎

爬山虎，靴名，亦曰快靴。底薄筩短，輕蹻利步，武弁之如戈什哈、如差官者著之。

太祖之履

鞋，本作鞵，履也。太祖之履，以牛皮爲之，飾以緑皮雲頭，長尺有二寸，藏陪都崇謨閣。滿語呼緑皮雲頭爲烏拉。

草鞋

草鞋爲勞働者所著，有以贈仁和顧石帆上舍升者，石帆報之以詩云：「最愛山邊與水邊，芒鞋宜與我周旋。龍孫老去留爲杖，鳳味藏來亦有田。芟草凉生新雨後，灌花溼透晚風前。回思匹馬風塵裏，十載勞勞意惘然。」石帆，乾隆時人。

蘆花鞋

蘆花鞋，北方男子冬日著以禦寒，江蘇天足之婦女亦喜躧之。

樓鞋

樓鞋，以樓皮爲之，躧之可祛濕，遇雨即以爲屐之用。仁和朱一帆嘗有《樓鞋》詩云：「雙鳬買得著來清，製就山樱式自精。房結魚鱗攢細碎，文裁麂眼界分明。偏教緑雨穿三徑，端爲青山踏一程。安步不煩扶竹杖，那須幾兩憶平生。」

釘鞋

釘鞋，鞋底著釘，雨行用之，始於唐德宗時。德宗入駱谷，值霖雨，道滑，衛士多亡歸朱泚，惟李昇、郭曙、令狐彰等六人，著釘鞋行幐，更控上馬，以至梁州。

冰鞋

冰鞋，著以作冰上之游戲者，北方有之。

拖鞋

拖，曳也。拖鞋，鞋之無跟者也。任意曳之，取其輕便也。躡之而出外，褻矣。光、宣間，滬之男女，夏日輒喜曳之。

龍某誤躡妾履

順德望族有龍某者，同治時名孝廉也。工帖括，文名籍甚。即其宅設帳，桃李盈門。目極短視，覰書作字，面離紙僅寸許，故鼻準常被墨污。粤女本多天足，履大與男子等。某嘗晨起下牀，倉猝間誤躡妾履，雅步而出，徑坐函丈，門人皆掩口吃吃笑，而某茫然不覺也。

購鞋定鞋

杭州清和坊某鞋肆，偶來一村翁購布鞋，選擇頗苛。肆中人誚之曰：「鄉人得著新鞋，已足榮耀鄉里，何用挑選！」翁不顧，徐徐著鞋去。翌日，有一翁來，言：「近在靈隱廣作佛事，且欲齋羅漢，請爲我製羅漢鞋五百雙，其足樣大小，約如靈隱所塑者，用黄綾子作鞋面可也。」言訖，付定銀五十圓，觵收條而去。肆中人得此大宗生意，無不大喜，昕宵趲趕，匝月而成，頗怪翁未嘗來詢。迨製成，堆置店中。久而不見翁至，異之，訊諸靈隱寺僧，實無此項施主，始知後翁即前翁，以是爲報也。

汪笑儂躡兩樣鞋

汪笑儂好弄文，東方曼倩之流也。有唔之於謙鞠如寓者，時朱百房、許子敬、趙仲平咸在座，笑儂引吭高歌，高嵬淅淅瀝瀝一片聲一段，詞句典雅。歌畢，舉一事，聞者莫不捧腹。方鬨堂大笑時，忽寂然無譁。衆之視綫，悉集於汪之兩足，蓋所著之鞋，式樣各異也。

木屐

木屐，履類，底以木爲之。東方朔《瑣語》云：「春秋時介之推逃禄自隱，抱樹而死，文公撫木哀歎，遂以爲屐。」此爲木屐之始。然各處皆雨時所用，閩人亦然。粵人則不論晴雨，不論男女，皆躧之。

弓鞋

弓鞋，纏足女子之鞋也。京、津人所著者，宛如弓形，他處則惟鋭其端，而以揚州之鞋爲最尖，歐美人常購之以爲陳設品。朱竹垞嘗爲詞以詠之，調寄《鵲橋仙》，詞云：「湖菱鳥角，渚蓮紅瓣，不比幫兒還瘦。拈來直是小舠船，只合借燈前行酒。春陽花底，春泥陌上，最好踏青時候。假饒無意把人看，又何用明金壓繡。」吴蔚光有詠美人鞋詞，調寄《沁園春》，詞云：「色揀新紅，影窺初月，著意裁成。恰銷金窄窄，麝蘭馥馥，珠明鳳翠，花樣翻新。半露簾波，淺埋碧草，現出纖纖一叚春。苔階輭，料步回睨視，底印些痕。有時試浴銀盆，似水畔蓮垂兩瓣輕。更心憎泥汙，玉葱斜剔，舞餘微褪，悄拽羅跟。斜綰鸞綠，半偎繡韈，坐處偷藏在畫裙。閒庭早，莫漫沾珠露，溼了吴綾。」

山西太谷縣富室多妾，妾必纏足，其鞋底爲他省所無。夏日所著，以翡翠爲之，其夫握之而涼也。冬日所著，以檁香爲之，其夫嗅之而香也。

睡鞋

睡鞋，纏足婦女所著以就寢者。蓋非此，則行纏必弛，且藉以使惡臭不外洩也。彭駿孫有詠美人睡鞋詞，調寄《一萼紅》，詞云：「試湘鈎，正薰籠初暖，百合惹氤氳。同夢相偎，合歡不解，天然無迹無塵。巧占斷春宵樂事，問伊家何處最撩人？綃帳低垂，蘭燈斜照，微裩些跟。好是輕盈嬌小，只一彎香浸，半捻紅分。新月勻雲，纖荷舒夜，阿誰消受清芬？莫便道魂銷此際，玉樓合處更銷魂。底事東陽憔悴，化盡腰身。」

馬四靸小方鞋

乾隆末葉，蘇州有妓曰馬四者，明眸善睞，膚如凝脂，惟雙趺不甚纖妍，故常靸小方鞋，即拖鞋。作忙促裝，以自揜其足之大也。

秦淮妓女之方頭鞋

乾隆末葉，秦淮妓院之衣裳妝束，以蘇爲式，而彩裾廣袖，兼效維揚。惟用睡鞋者頗少，咸以素帛製爲小襪，似膝袴而有底，上以錦帶繫之，能使雙纏不露，且竟夕不鬆脱也。其履地用方頭鞋，如童子履而無後跟，卽古靸鞋遺製，今之拖鞋也。燈影下曳之以行，亦復彳亍有致。

滬妓所著畫屧

同、光間，滬妓所著畫屧，鏤空其底，中作抽屜，雜以塵香，圍以雕紋，和以蘭麝，凌波微步，羅韈皆芳。或有置以金鈴者，隔簾未至，清韻先聞。且又有曳男子履者，繡以蝴蝶，雖鏤金錯采，製作精工，而行步則絶無婀娜之致矣。

高底

高底，削木爲之，上豐下殺，略如弓形，纏足之婦女以爲鞋底，欲掩其足之大也。墊於鞋之外者，謂之外高底，墊於鞋之内者，謂之裏高底，取其後高而足尖向地也。自光緒戊戌天足會成立，天足漸多，高底少矣，端忠愍公督兩江時且曾禁之。

假趾套

弓鞋三寸，窄窄凌波，潘妃之步，飛燕之舞，大都以纖足爲貴。迨天足會起，六寸膚圓，不須迫抹，婦女皆用皮鞋，履聲橐橐，如鄭子游之革履。奈纏足者一時不能放大，則襪中實以棉，名曰假趾套。向之木底，裝於跟後；今之綿套，塞於趾前。向之裹纏，惟恐鞋之大；今則放寬，猶慮鞋之小矣。

旗女之馬蹄底鞋平底鞋

八旗婦女皆天足，鞋之底以木爲之。其法於木底之中部，即足之重心處。鑿其兩端，爲馬蹄形，故呼曰馬蹄底。底之高者達二寸，普通均寸餘。其式亦不一，而著地之處則皆如馬蹄也。底至堅，往往鞋已敝而底猶可再用。向以京師所製之形式爲最佳，著此者以新婦及年少婦女爲多。年老者則僅以平木爲之，曰平底，其前端著地處稍削，以便於步履也。處女至十三四歲始用高底。

廣州駐防之漢軍婦女，異於他處之漢軍，其婦女纏足者多，鞋與漢女略同。

南洋華僑婦女之鞋

南洋華僑婦女率天足，所曳之鞋，上以金線繡各種花樣，以處女所繡者爲最工，華僑以爲餽贈厚禮，一雙之值，往往達銀幣數十圓。

襁褓

襁褓始於三代，而今尚有之。襁，幅八寸，長一丈二尺，以縛小兒於背。褓，小兒之被也。粵婦之保抱小兒輒用之。

首飾

首飾，所以飾首之物，本兼男女而言之。《後漢書》曰：「後世聖人見鳥獸有冠角頿胡，遂作冠冕纓蕤以爲首飾，凡十二章。」其後乃專指婦女頭上所飾者而言。劉熙《釋名》曰：「皇后首飾曰副。副，覆也。亦言副貳，兼用衆物成其飾。上有垂珠，步則搖也。」《洛神賦》曰：「戴金翠之首飾，綴明珠以耀軀。」今則臂釧、指環之屬，雖不施於首，亦通謂之首飾矣。

頭面

頭面，婦人首飾也，率爲衣禮服時所用。《東京夢華録》云：「相國寺兩廊，賣繡作領抹、花朵、珠翠、頭面之類。」《乾淳起居注》：「太上太后幸聚景園，皇后先到宫中起居，入幕次，换頭面。」

徽章

徽，幟也。古以旗幟爲旌别，故設徽章。今謂凡可爲旌别之記號者，曰徽章。常用者以金銀銅爲之，暫用者以綢緞綾爲之。

寶星

寶星，卽勳章也。以鑲嵌珍寶，光芒森射，故謂之寶星。凡五等，並於頭二三等每等再分三級，計次序之數，共十有一。光緒辛巳，始由總理衙門奏定其制，專爲國際上饋贈賞賚之品，其後亦以寵錫羣臣。

面巾

面巾，本就死者覆面之巾而言，以絹爲之，方尺二寸，卽《儀禮》所謂幎目，蓋古之通禮也。然今之洗面者，亦稱面巾，或稱手巾。大別有二，一以水洗面時所用，一爲拭塵穢時所用。

七分二

以棉紗所織之巾，本以拭汗穢，美容顏也，爲舶來品。市肆售價，每方銀幣一角。角之重量爲銀七分二釐。粤市交易，向用銀塊，後雖流通銀幣，而仍合銀塊之重量以計算。巾之值爲銀七分二，於是遂以七分二呼巾矣。妓女留狎客夜宿，輒以一新巾拭穢，用畢，卽棄之於水。故狎客之謔妓者，每語之曰：「何時可用七分二？」

布圍

雲南蒙自縣婦女之出外也，手必執一傘。傘有布圍，藉以遮首，欲使人不見其面目也。如有人揭開之，卽爲破壞古規，必與爭。

雲肩

雲肩，婦女蔽諸肩際以爲飾者。元之舞女始用之，明則以爲婦人禮服之飾，本朝漢族新婦婚時亦有之。尤西堂嘗詠之以詩，其詩云：「宮妝新翦彩雲鮮，婀娜春風別樣妍。衣繡蝶兒幫綽綽，髩拖燕子尾涎涎。筵前拊鼓宜垂手，樓上吹簫許比肩。只恐巫山夜飛去，倩持飄帶欲留仙。」光緒末，蘇、滬婦女以髻低及肩，慮油之易損衣也，乃仿爲之，特較小耳，以絨線所結者爲多。

圍巾

圍巾者，以棉織品、毛織品爲之，其佳者則爲貂皮、狐皮。加於項，旋繞之，使風不入領以禦寒。女子用之者爲多，蓋效西式也。

便頂

國初，官吏惟朝帽有頂。雍正丙午，始頒便頂式樣，後之平時大帽所用者是也。其式圓，上如大珠，下以銀盤盛之，高不盈寸。自一品至九品，分珊瑚、藍寶石、青金石、水晶、明玻璃、硨磲、涅玻璃、金、銀諸式，正從花素有差。乾隆時，有請以知縣用蜜蠟頂者，未准。旋有正七品以下及生監無金銀花素之別。嘉慶己未，科臣特奏，細爲釐剔。遵行年餘，仍淆亂如初矣。

花翎

品官之大帽，飾以孔雀翎，施於冠後，猶古之珥貂也。以目暈之多寡爲等差。目暈，卽眼也。普通皆一眼，多者雙眼、三眼。其初皆出於酬庸曠典，惟有功而蒙特恩者，始得賞戴。康熙時，福建提督施琅以平定臺灣功第一，詔封靖海侯，世襲罔替。琅疏辭侯爵，懇照前此在內大臣之列，賜戴花翎。部臣議在外將軍、提督無給翎例。聖祖特旨賜之。及粵、捻亂平，名器倖濫，漢員以軍功得賜者甚多，且有雙眼、三眼者。其後又定報捐花翎之例，於是五品以上之官，皆得援例捐納，不復重視之矣。

親郡王、貝勒爲宗臣，例皆不戴花翎，惟貝子冠三眼孔雀翎，公冠雙眼孔雀翎，爲臣僚之冠。乾隆中，順承勤郡王泰斐英阿充前鋒統領，乞花翎，高宗曰：「花翎乃貝子品制，諸王戴之，反失制。」傅文忠代奏，謂其年幼，欲戴以美觀，始許之。因並賜皇次孫三眼翎，曰：「皆朕孫輩也。」由是親郡王屢有蒙恩賜者。高宗且欲定五眼花翎爲親郡王定制，爲和珅所阻，未果行。

大臣之賞戴雙眼花翎者，固皆出於特恩，不能以捐納而得。然領侍衛府管護軍營、前鋒營、火器營、鑾儀衛，滿洲五品以上各員及王府之頭等護衛，亦得戴之。

内廷頒給花翎

國初視翎支極重，凡賞戴花翎者，必有非常之功。其花翎確由内廷頒給，惟許戴此一支，自己不得購用。非若捐例既開之花翎，盡人可捐，且須自置，與藍翎一例也。

藍翎

藍翎亦爲大帽之飾，以鶡羽爲之。其色藍，羽甚長，無眼。光緒時，有用花翎綫紮之者，遠望之似花翎，秩較卑而有功者，得賜用。舊例，如領侍衛府管護軍營、前鋒營、火器營、鑾儀衛，六品以下及王府二等護衛以下者，皆得戴之。自粵、捻亂平，賞賜甚濫。及捐例開，且可納貲以得之矣。

釵

釵爲古笄之遺，秦穆王以象牙爲之，周敬王以玳瑁爲之，至秦始皇時則始以金銀爲之。朱竹垞嘗詠之以詞，調寄《踏莎行》，其詞云：「金重難勝，翠匀如沐，愛他也有同心目。曉來尋慣枕函邊，坐懷先綰香雲束。小鳳垂珠，小魚銜玉。離愁夜半挑殘燭。玉郎消息斷紅牋，背人潛把歸期卜。」程子大有《詠釵和姚二叔慈》詞，調寄《鳳凰臺上憶吹簫》云：「髻趁盤鴉，妝催墮馬，斂衣欲下還停。有兩枝龍鳳，鈿合裝成。遞向玉奴纖手，迴皓腕自插殷勤。香盟負，簪邊想墜，燭底敲頻。銷魂，簾前溜也，又拾向裙邊。七寶斜横，傍檀郎茸帽，微印春痕。昨夜粉蛾窺啖，還曾剔一翦蘭茲。和伊畫，夢餘蕤枕，暗損鸞紋。」

卍字簪

孝欽后好妝飾，化妝品之香粉，取素粉和珠屑、豔色以和之，曰嬌蜨粉，即世所謂宮粉是也。宮簪翡翠之深緑，爲世所罕有，兩端各鑲赤金卍字七個，曰卍字簪。宮粉既塗，翠簪畢插，輒取鏡顧照數四也。

金氣通

金氣通，婦女之飾於首者也。光緒初，上海盛行之。似簪而中空，兩端貫氣以達。横於髻，可使空氣輸入髮際。

紅絲毬

京師花市常有絲毬出售，大如茶杯，中納小鈴，婦女爭購之，簪於髻左。燕山孫檑曾有詩詠之云：「紅絲結得彩毬形，步屧行來最可聽。想是怕招蜂蝶至，釵頭也繫護花鈴。」

方勝

以兩斜方形互相聯合，謂之方勝。勝本首飾，卽今俗所謂彩結。彩勝有作雙方形者，故名。

夷婦以貝爲飾

滇中近邊夷婦以貝爲飾，然昔時滇中之漢婦亦用之。一卉卽五緡，亦曰苗，一緡卽四首，一首卽四妝，一妝卽一枚也。

眼鏡

眼鏡，以玻璃片或水晶爲之，所以助目力者。相傳出自西域，明時始行於我國，亦名靉靆。《淮南子·泰族篇》：「欲知遠近而不能教之以金目。」注：「金目，深目。」疑卽今之眼鏡。

眼鏡可分三種。一,用凹面玻璃,以補眼球内水晶體之凸隆過度,使得明視在遠之物,是爲近視鏡。二,用凸面玻璃以補水晶體之過薄,而增其凸度,得明視目前微細之物,是爲遠視鏡,大抵老人所用,故又稱老花眼鏡。三,用平面玻璃,以防塵埃避光線,是爲平光鏡。我國所製,皆以水晶爲之。有色者,淺之爲茶晶,深之爲墨晶。自外國之托力克片輸入,用水晶者遂少。詠眼鏡者,查初白云:「隙光分日月,宿障埽雲煙。」李星輝云:「白髮幾人非借力,紅顔對爾獨無情。」若以詠今之眼鏡,「獨無情」三字當易爲「亦多情」,蓋自光緒中葉以後,婦女之好修飾者,亦皆戴之以爲美觀矣。

鬼眼睛

平光眼鏡,大抵以避塵沙之侵入目中爲用者也。京師則有以�爲之者,略如普通之眼鏡,曰鬼眼睛。

耳環

女子穿耳,帶以耳環,自古有之,乃賤者之事。《莊子》曰:「天子之侍御不穿耳。」杜子美詩:「玉環穿耳誰家女?」其後遂爲婦女之普通耳飾矣。程子大以《生查子》詞詠之云:「小小髀齊肩,灼灼明如月。耳熱那時情,背立櫻桃雪。低觸枕函聲,巧綰連環結。驀到洗妝初,卸入妝臺側。」

貴州苗女之耳環,大如鉤,下垂至肩。富者多飾以珠貝,纍纍如瓔珞。

鼻環

鼻之有環，自蠻族外，不常見。有之爲江淮間之男女，蓋例以牛之穿鼻而易育也。大率以銀爲之。

朝珠

五品以上文官，皆得挂朝珠。珠以珊瑚、金珀、蜜蠟、象牙、奇楠香等物爲之，其數一百有八粒，懸於胸前。有小者三串，兩串則男左女右，一串則女左男右。又有後引，垂於背。本卽念珠。滿洲重佛教，以此爲飾，故又曰數珠。

碧霞犀朝珠

頤和園側有居民李姓者，玉田縣人，家藏碧霞犀朝珠一掛，記念皆明珠也，價值數萬金。光緒中，内監李蓮英欲之而不得，因授意宿衛軍統領某。某因傳令於其勇曰：「有能得朝珠者，立賞哨官。」麾下執械蠭往，則其人已遁，於是有頤和園被盜之謡。

編檢掛珠

定例，文職五品以下，不得懸帶朝珠。翰林院編、檢亦五品也。洎雍正乙巳，御門聽政，始派翰林編、檢四人侍班。乾隆丁巳，高宗以翰林班在科道前，科道掛珠而翰林獨否，不足以肅朝儀，特諭修撰、編、檢一體懸掛。其後則不兼講官者亦掛珠矣。

中書掛珠

內閣中書掛朝珠，自嚴侍讀長明始。嚴官中書，時充方畧館官，以書局在內廷，例許掛珠也。其後則中書不兼館差者，無不掛珠，並舉貢之議敍中書銜、捐職雙月中書者，亦靡所區別，即捐納之科中書，亦且一串牟尼項下垂矣。

數珠

數珠，亦曰念珠，念佛時所用，以記誦讀之數者也。《木槵子經》云：「當貫木槵子一百八個，常自隨身，志心稱南無佛，南無法，南無僧，乃過一子。」即數珠也。

藏人念珠之材料，或內地樹木，或以產於外部喜馬拉雅山某樹之種子，或人之頭蓋骨，尚有玻璃、水晶、蛇脊骨、象腦中硬物質、赤檀香、胡桃等種種製成者。俗謂各種佛菩薩，當因其所好以佩之。

雲南之麗江有摸梭山，出黑玉，名曰貝峯石。初固不黑也，爲正緑色，或沾油，或以汗手撫之，即黑矣。有製以爲念珠者。

香珠

香珠，一名香串，以茄楠香琢爲圓粒，大率每串十八粒，故又稱十八子。貫以綵絲，間以珍寶，下有絲穗，夏日佩之以辟穢。

多寶串

多寶串，以雜寶爲之，貫以綵絲，婦女所用，懸於襟以爲飾。

領章

領章，陸海軍將官禮服領上之飾也。用金線或銀線爲識，以官之高卑別之。

領結

領結，西式衣服之附屬品，有二種，或懸胸前，或附頸下。均以綢製，平時用彩色，慶祝用白，弔喪用黑。

項圈鎖

嘉慶時，揚州玉肆有項圈鎖一，式作海棠四瓣。當項一瓣，彎長七寸，瓣梢各鑲貓睛寶石一，掩鉤搭可脱卸。當胸一瓣，彎長六寸，瓣梢各鑲紅寶石一粒，掩機鈕可疊。左右兩瓣各長五寸，皆鏨金爲榆梅，俯仰以銜東珠，兩花蒂相接之處，間以鼓釘金環。東珠凡三十六粒，每粒重七分，各爲一節，節節可轉。爲白玉環者九，環上屬圈，下屬鎖。鎖横徑四寸，式似海棠，翡地周翠，刻翠爲水藻，刻翡爲捧洗美人妝。其背鐫「乾隆戊申造，賞第三妾院侍姬第四司盥」十六字。鎖下垂東珠九鎏，鎏各九珠。藍寶石爲墜脚，長可當臍。估客告人云：「某尼所寄售也。」尼少侍貴人愛姬入都，鎖面所鐫，卽姬小像。貴人既敗，尼以婢故，得自贖，脱籍歸南中，驚悸舍身，爲比丘尼矣。其幹質珍麗，製作工巧，爲值蓋累萬也。重儓下婢，奢僭如是，他物稱之。乾隆戊申爲五十三年，正和珅柄國時也。

木枷

滇中苗、倮、僰、爨、麽些之屬，擔負貨物，項戴半木枷，徒行亦不暫脱。相傳諸葛武侯定南蠻，設此以號令羣夷，使其不敢與漢人爲伍，以别貴賤，不知非也。戴木枷者，殆可負重以便農工作苦之用耳。

扳指

扳指，一作搬指，又作抝指，又作班指，以象牙、晶玉爲之，著於右手之大指，實卽古所謂韘。韘，決也，所以鉤弦也。

金指甲

金指甲，婦女施之於指以爲飾，欲其指之纖如春葱也，自大指外皆有之。有用銀者，古時彈箏所用之銀甲也。又有用銀而加以琺瑯者。程子大以《生查子》詞詠之云：「纖影傍妝臺，滴粉調新水。嫩護玉葱芽，彈落銀箏淚。嬌小十三年，不解愁滋味。昨夜小闌花，掐破葱痕細。」

指環

指環，以貴金屬或寶石製之，約之於指，以爲美觀。初惟左手之第三、第四兩指，後則惟所欲矣。亦謂之戒指。紂作寶幹指環。漢宫人御幸，賜銀指環。蓋古宫禁中本用以爲嬪妃進御或有所避忌之符號，後世遂用爲普通之指飾，故曰戒指。大宛娶婦，先以同心指環爲聘，今乃以爲訂婚之紀念品，則歐風所漸也。朱竹垞有詠金指環詞，調寄《臨江仙》，詞云：「削就葱根待束，挂將榴火齊炎，殷勤搓粉爲君拈。愛他金小小，曾近玉纖纖。數徧檀郎十指，帶來第五猶嫌。憑教麗句續香奩。解時愁不斷，約了悶翻添。」程子大以《生查子》詞詠之云：「香印嵌珠圓，翠影迴金縷。浣了玉纖纖，十指中央住。曉起約葱尖，笑向檀郎語。昨夜夢回初，卸入鴛衾去。」

釧

釧，臂環也，俗謂之鐲。古男女通用，今以婦女用之者爲多，有金翡翠、白玉鑲嵌、金剛鑽、珠寶各種。程子大有詠釧詞，調寄《生查子》云：「闌畔握香荑，花裏停箏柱。雙袖乍迴時，逗響分明處。琥珀贈從君，翡翠拋憐汝。脱卸一邊情，枕臂偎郎語。」

銅圈

光緒時，載漪統帶神機營，有幕友浙人名王鳳歧者，獻策令右臂各戴銅圈如釧，以爲標識，蓋恐其臨陣脱逃也。庚子之變，營兵盡作義和團。八國聯軍入京師，搜尋餘匪，營兵等以圈係熟銅所鑄，捋之不下，劈之不開，聯軍以爲左證，見卽殺之。

足釧

足之有釧，閩、粵之男女爲多，以銀爲之。男長大，則卸之，女非嫁後產子不除也，而纏足者則無。

一身佩二十餘物

某尚書丰儀絶美，妝飾亦趨時。每出，一腰帶必綴以檳榔荷包，鏡扇、四喜，平金諸袋，一鈕扣必綴以時表練條、紅綠墜、剔牙籤諸件，胸藏雪茄紙煙盒及墨水、鉛鐵各筆、象皮圖書、帳簿、手套、金剛鑽戒指、羊脂班指、漢玉風藤等鐲。統計一身所佩，不下二十餘種之多。

黄帶子

凡宗室，皆繫黄帶，故俗稱宗室爲黄帶子。

紅帶子

凡覺羅，皆繫紅帶，故俗稱覺羅爲紅帶子。

忠孝帶

忠孝帶，一曰風帶，又曰佩帉，視常用之帶微闊而短。素巾亦曰手巾，行裝必佩之。蒙古松文清公筠謂國初以荷包儲食物，以佩帉代馬絡帶者。而滿洲震載亭大令鈞辨其説，謂聞之前輩，以爲馬上縛賊之用。凡隨扈倉猝有突儀衛者，無繩索，則以此縛之，蓋備不虞之用耳。或曰，如以獲罪賜盡，倉猝無帛，則以此帶代之，故曰忠孝。

帶鐶

國初帶鐶，用左右二塊，繫以汗巾、刀觿等類。旋增前後二塊，以爲美觀。後惟用腹前一塊，帶不垂下。或有左右二塊嵌寶石、鍍鋑金銀者，人人可用，不復分别等差矣。

于文襄佩表

內廷諸臣趨直，各佩表於帶以驗晷刻。于文襄公敏中在官，於高宗晚膳前，應交奏片，必置表硯側，視以起草，慮遲誤也。

婦女佩金錢表

光緒中葉，婦女有以小表佩於衣衽間以爲飾者，或金或銀，而皆小如制錢，故呼曰金錢表。

總督帶刀

文臣無帶刀者，惟總督腰許帶刀，兼武事也。范忠貞公承謨陛見時，召對良久，謝恩出，遺小刀於殿上，聖祖云：「此必范卿之物。」乃命侍衛送還。蓋此爲平日繫腰，遇宴饗時割肉之刀也。

克闢勒拉默

徐星伯自伊犂歸，攜一小圓錢盒，大如拇，上鏤銀，文絶細，遠觀之，儼若草麻子。下有鍵，所以筦開闔者。上有鈕，若表之環，闢之蓋之。裏色赭底，其中有翠色小雀，紅其首，罩以玻璃，如指南針，而雀之首西向。實回回教中阿渾之所佩者也。

回俗每日於未時以後五時，必向西禮拜。蓋其祖國在西，故禮之，且以送日也。然惟阿渾之最尊者方得佩之。其物出於藏地，回疆亦少，得之甚不易也。星伯過葉爾羌時，遇克什米爾部人，貨得之，其名曰克闢勒拉默。

摺疊扇

摺疊扇，通稱摺扇，古名聚頭扇。光緒中葉以前，長可尺餘，後僅七八寸。

宮扇

宮扇以豐潤、杭州所出摺扇爲貴，圖畫工細，扇骨有多至百二十根者。及歐風東漸，大內多置電氣機扇。然適手所用者，初夏則豐、杭摺扇，仲夏則芭蕉團扇，盛夏則雕翎扇。扇柄以金玉、象牙、玳瑁等爲之。雕翎或十一葉、九葉、七葉、五葉不等，愈少愈貴，有值數百金者。

阮文達製昉古團扇

團扇之名甚古，漢已有之。有明中葉，乃行摺扇，至本朝尤盛，遂不復知有古制矣。阮文達於嘉慶丙辰提學浙江，嘗得一古團扇，有馬和之畫，楊妹子題，因依式仿製，以賞諸生之試列高等者。時錢塘陳雲伯大令嘗應歲試，賦此題，有云：「江南三月春風歇，櫻桃花底鶯聲滑。合歡團扇翦輕紈，分明採得天邊月。南渡丹青待詔多，傳聞舊譜出宣和。入懷休說班姬怨，羞見曾憐晉女歌。班姬晉女今何有？攜來合付纖纖手。闌前撲蝶影香遲，花間障面徘徊久。樓臺花鳥院中春，馬畫楊題竟逼真。歌得合歡詞一曲，不知誰是合歡人？」文達閱之，大加稱賞，拔置第一，刻入浙江詩課及《定香亭筆談》。不二十年，團扇之制遂行滿天下。錢梅溪嘗有《團扇》詩贈文達云：「用舍行藏要及時，製成團扇寄相思。時來畢竟如公少，明月清風一手持。」

蒲扇

蒲扇，以蒲為之，質輕而價廉，便於家用。仁和黃鐵庵郎中鐘有《題圓蒲扇》詩云：「誰把青蒲織細紈，攜來皓月比團圞。輕搖漸覺涼風至，猶帶湘江五月寒。」

王壬秋不握扇

王壬秋不握扇，蓋嫌其妨手也。惟對賓客，時一持之。頗有當世精扇，常委笥中。每出游遠方，多歷歲月，適當須扇之時，又隨地購置。而世俗初夏，不用蒲葵。同治乙丑四月南歸，至樊城而亢熱，市中求買，乃無精製，因自憶甲子於韶州，亦買一羸絹團扇，若今宦游人士，未能堪持也。謂時當乏材，則庸夫充位，士不自薦，則太璞歸真。既感佳者之委閒，又傷用者之不見珍，遂作詩題於上云：「大隄春盡鶯花老，歸轡重經漢陰道。征戰塵荒估客稀，歌詞枉說襄陽好。南風吹麥煖氣蒸，紈素未裁愁暑增。

聊從小市買筠骨，粗疏正憶韶州繒。從來物用始矜貴，誰道過時仍棄置。萬物無心隨愛憎，空將冰炭傷君意。蘇杭細絲京都工，世人争買誇玲瓏。寧知輕盈滿懷月，不及蒲葵大扇風。湘江藏扇年年怨，篋笥棄捐華落賤。猶經芳袖時卷舒，應勝塵沙逐流轉。沈吟物理各推移，自謂繁華全盛時。一朝用舍不相讓，多謝秋風班女詞。」

坐褥

坐褥，文武品官坐班時所用，盤兩膝而坐，拜跪之禮，即於其上行之，俗謂之曰拜墊，蓋襯托之使厚而高也。

文官所用者，一品，冬用狼皮，夏用全紅褐，襯紅毡。二品，冬用貛皮，夏用紅褐，鑲青褐，襯紅毡。三品，冬用貉皮，夏用青褐，襯紅毡。四品，冬用野羊皮，夏用青布，襯紅毡。五品，冬用青羊皮，夏用藍布，襯白毡。六品，冬用黑羊皮，夏用醬色布，襯白毡。七品，冬用麅皮，夏用灰色布，襯白毡。八品，冬用狍皮，夏用土布，襯白毡。九品、未入流，冬用獺皮，夏用土布，襯白毡。

武官所用者，一品，冬用狼皮，夏用全紅褐，襯紅毡。二品，冬用貔皮，夏用紅褐，鑲青褐，襯紅毡。三品，冬用豹皮，夏用青褐，鑲紅褐，襯紅毡。四品，冬用野羊皮，夏用青布，襯紅毡。五品，冬用青羊皮，夏用藍布，襯白毡。六品、七品，冬用黑羊皮，夏用黑醬色布，襯白毡。

清稗類鈔

飲食類

飲料食品

飲，咽水也。茶、酒、湯、羹、湯之和味而中雜以菜蔬肉臛者，曰羹。漿、酪之屬，皆飲料也。食，以有定質之物入口，間或雜有流質，而亦最居少數者也。然所謂食品者，有時亦賅飲料而言，蓋人所以養口腹之物，皆曰食也。

飲食之所

飲食之事，若不求之於家而欲求之於市，則上者爲酒樓，可宴客，俗稱爲酒館者是也。次之爲飯店，爲酒店，爲粥店，爲點心店，皆有庖，可熱食。欲適口欲果腹者，入其肆，輒醉飽以出矣。

上海之賣飯者，種類至多。飯店而外，有包飯作，孤客及住户之無炊具者，皆可令其日備三餐，或就食，或擔送，惟其便。有飯攤，陳列於露天，爲苦力就餐之所。有飯籃，則江北婦女置飯及鹽菜於籃，攜以至苦力麕集之處以餉之者也。

飲食之研究

飲食爲人生之必要，東方人常食五穀，西方人常食肉類。食五穀者，其身體必遜於食肉類之人。食葷者，必強於茹素之人。美洲某醫士云，飲食豐美之國民，可執世界之牛耳。不然，其國衰敗，或至滅亡。蓋飲食豐美者，體必強壯，精神因之以健，出而任事，無論爲國家，爲社會，莫不能達完美之目的。故飲食一事，實有關於民生國計也。其人所論，乃根據於印度人與英人之食品各異而判別其優劣。吾國人苟能與歐美人同一食品，自不患無強盛之一日。至飲食問題之待研究者，凡十七端。一，人體之構造。二，食物之分類。三，食品之功用。四，熱力之發展。五，食物之配置。六，嬰孩與兒童之飲食。七，成人之飲食。八，老年之飲食。九，食物不足與偏勝之弊。十，飲食品混合與單純之利弊。十一，素食之利弊。十二，減食主義與廢止朝食之得失。十三，洗齒刷牙之法。十四，三膳之多寡。十五，細嚼緩咽之必要。十六，飲食法之改良。十七，牛乳與肉食之檢查。

飲食之衞生

人情多偏於貪，世之貪口腹而致病，甚有因之致死者，比比皆是，第習而不察耳。當珍饈在前，則努力加餐，不問其腸胃勝任與否，而惟快一時之食慾，此大忌也。人本恃食以生，乃竟以生殉食，可不悲哉！人身所需之滋養料，亦甚有限，如其量以予之，斯爲適當。若過多，徒積滯於腸胃之間，必至腐蝕而後已。故食宜有一定限制，適可而止者，天然之限制也。順乎天，即順乎道矣。於飲食而講衛生，宜研究食時之方法，凡遇憤怒或憂鬱時，皆不宜食，食之不能消化，易於成病，此人人所當切戒者也。急食非所宜，不咀嚼之謂。默食亦非所宜。不言語之謂。食時宜與家人或相契之友，同案而食，笑語溫和，隨意談話，言者發舒其意旨，聽者舒暢其胸襟，中心喜悅，消化力自能增加，最合衛生之旨。試思人當談論快適時，飲食增加，有出於不自覺者。當憤怒或愁苦時，餚饌當前，不食自飽。其中之理，可以深長思焉。

食時宜從容不迫，午餐、晚餐之前，必休息五分時，餐後至少休息十分，能以二刻爲最佳。食品中以富於滋養料而又易於消化者爲上品，油煎之物與糖果之類，皆難消化，自以不食爲是。具奮興性之物，如胡椒等類亦然。三餐宜有定時，有節制，一切雜食均不宜進。

牛乳，飲時必煮沸之。僞造者，輒攙泔水，或以提取乳油之餘料，其有腐敗者，更加鹼以滅其臭味。又有臭氣或酸味者，以及病牛之乳，服之皆有害。且牝牛患結核病傳於人身即成肺癆。者極多，故搾得之乳，尤宜多煮。

魚鳥獸等肉，中多含滋養料，其成分大都爲蛋白質與脂肪，若烹調之法不同，消化亦有難易之別。其中以焙燒爲最，蒸煮次之。至牛豚及魚等肉，每含寄生蟲之卵，故最不宜生食。又細小之魚骨、骨片以及一切尖細之物，若誤食，其爲害甚劇。

以肉入水久熬之汁，僅含灰質及越幾斯，其蛋白質則凝結而留於肉中，故滋養料已少。至魚鳥等肉熬出之汁，功用亦同。

卵含滋養分最多，內分卵白、卵黃二種。卵白乃水與蛋白質合成，卵黃則悉爲脂肪。若生食，或燒煮得適當之火候，皆易消化，煮之過熟，則消化甚難。

貝類含水雖多，然含蛋白質亦甚富，中以牡蠣爲最良。甲殼類肉質，亦與貝類無大異。惟此二類之物，煮時過多，則其質堅硬，食之不易消化。

穀類爲米、大麥、小麥、稞麥、粟、稗、黍、玉蜀黍、蕎麥等。米中所含之蛋白質與脂肪雖少，然多含小粉質，煑爲飯而細嚼之，則消化吸收皆易。大麥、小麥及其他穀類等，其外面皆有木材質包之，故顆粒甚堅，食之不易消化。若磨成粉末，製爲麪包、糕餅等物，則功用轉勝於米。

豆類爲大豆、小豆、豌豆等，皆富蛋白質。大豆所含之脂肪，多於牛肉，故爲廉價滋養品中之第一。豆類之皮膜，較硬於穀類，調製若不得宜，不易消化。若能磨成粉末，爲最善。至豆腐、豆醬，均屬滋養之美品，且易消化。

菜類之葉、莖、根、塊莖等，皆可食。若白菜、菠菜，其中多含小粉與植物細胞質，惟含蛋白質甚少，其質老者頗難消化。薯、蘿蔔、茄、藕等物之功用，皆與菜類同。

果類無滋養之質料，惟含有糖質及果酸，可助消化，且能通利大便。食時宜去皮核，亦可加糖煑之。若食其未成熟者，或食之過多，卽易致疾。小兒至夜，尤宜戒食。

菌類，卽香蕈等，略含蛋白質，不易消化。更有數種含毒之蕈，誤食卽死。

海菜類爲苔菜、海帶等，雖有香味，而含滋養分甚少，然易消化。

香辛料爲蕃椒、胡椒、薑、山萮菜等，皆助消化，惟其害與酒同。

酒類，如米酒、麥酒、葡萄酒等之僅由醱酵所成者，燒酒等之由蒸溜法而得者，要皆含有酒精。惟成於醱酵之酒，其酒精較蒸溜者所含爲少。飲酒能興奮神經，常飲則受害非淺，以其能妨害食物之消化與吸收，而漸發胃、腸、心、腎等病，且能使神經遲鈍也，故以少飲爲宜。

茶類爲茶、咖啡、可可等。此等飲料，少用之可以興奮神經，使忘疲勞，多則有害心臟之作用。入夜飲之，易致不眠。

飲食以氣候爲標準

人類所用之食物，實視氣候之寒暖爲標準。如氣候寒冷時，宜多食富於脂肪質之動物類，飲料則宜用熱咖啡茶及椰子酒。欲爲劇烈之筋肉運動，如畏寒，則飲酒一杯，或飲沸水均可。至炎熱時，宜多食易於消化之植物類，取其新鮮者，醃肉等則不可多食，飲料須多，以沸而冷者爲宜，不宜飲酒。若悉任一己之所嗜，無論何時，皆取同樣之食物，則缺乏植物質而消化不良，遂成壞血症矣。預防之物，以檸檬汁爲最佳。總之，氣候變化，食物亦宜更易，斷不能一成而不變也。

我國歐美日本飲食之比較

歐美各國及日本各種飲食品，雖經製造，皆不失其本味。我國反是，配合離奇，千變萬化，一肴登筵，別具一味，幾使食者不能辨其原質之爲何品，蓋單純與複雜之別也。

博物家言我國各事與歐美各國及日本相較，無突過之者。有之，其肴饌乎？見於食單者八百餘種。合歐美各國計之，僅三百餘，日本較多，亦僅五百有奇。

西人論我國飲食

西人嘗謂世界之飲食，大別之有三。一我國，二日本，三歐洲。我國食品宜於口，以有味可辨也。日本食品宜於目，以陳設時有色可觀也。歐洲食品宜於鼻，以烹飪時有香可聞也。其意殆以吾國羹湯肴饌之精，爲世界第一歟？

食物消化時刻之比較

食物入腹，消化之時刻各有不同。一，米飯須一小時。二，魚須一小時三十分。三，蘋果須一小時三十分。四，野獸須一小時三十五分。五，生蛋須二小時。六，煮熟大麥及蠶豆須二小時。七，牛乳須二小時十五分。八，火雞須二小時三十分。九，雞須二小時三十分。十，牛須三小時。十一，熟蛋須三小時。十二，雞麪須三小時。十三，馬鈴薯須三小時。十四，胡蘿蔔須三小時三十分。十五，麪包須三小時三十分。十六，蛤須三小時三十分。十七，燕菁須三小時三十分。十八，生玉蜀黍及蠶豆須三小時三十五分。十九，醃魚須三小時。二十，醃牛須四小時十五分。二十一，甘薯須四小時二十分。二十二，豬須四小時三十分。

食物之所忌

食物之應忌者，疔瘡誤服火麻花，渴極思水，誤飲花瓶中水；餚饌過荆林，食之；老雞食百足蟲有毒，誤食之；驢肉荆芥同食；茅檐水滴肉上，食之；蛇虺涎毒，暗入飲饌，食之，以上皆無藥可解。又有應忌者，黑砂糖與鯽魚同食，生蟲。與筍同食，成癡癖。雞與韭菜同食，生蟲。葱與蜜同食相反，傷命。蟹與柿同食，成膈疾。韭菜多食，神昏目眩。蒜多食，傷肝痿陽。莧菜與鼈或蕨菜共食，生血鼈。冬瓜多食，發黃疸。九月勿食土菌，誤食，笑不止而死。中其毒者，飲糞清卽愈。甜瓜沉水者，殺人，雙蒂者亦然。鯽魚春不食者，以頭中有蟲也，有脚氣病者勿食。銅器盛水，隔夜不可飲。牛馬驢自死者，食之，得惡疾。河豚魚有毒，不宜食。中其毒者，橄欖汁解。鱔魚多食，成霍亂。鼈之足赤者，腹下有主字形者，三足者，目白者，目大者，腹有蛇文者，皆殺人。夏月多有蛇化爲鼈者，宜戒之。蟹背有星者，脚不全者，獨目者，腹有毛者，能害人，有風疾者俱不宜食。

各處食性之不同

食品之有專嗜者，食性不同，由於習尚也。兹舉其尤，則北人嗜葱蒜，滇、黔、湘、蜀人嗜辛辣品，粵人嗜淡食，蘇人嗜糖。即以浙江言之，寧波嗜腥味，皆海鮮。紹興嗜有惡臭之物，必俟其霉爛發酵而後食也。

日食之次數

我國人日食之次數，南方普通日三次，北方普通日二次。日食三次者，約午前八時至九時爲早餐，十二時至一時爲午餐，午後六時至七時爲晚餐。朝餐恆用粥與點心，午餐較豐，肉類爲多，晚餐較淡泊。而晝長之時，中等以上之人家，又有於午後三四時進點心者，其點心爲糕餅等物。日食二次者，朝餐約在十時前後，晚餐則在六時前後。朝餐多肉類，晚餐亦較淡泊。而早間起牀後及朝晚餐之中，亦進點心，多用餅麪及茶。普通飯食，半皆一次麪飯一次米飯。商店有日食三次者，則無點心。至富貴之家，遲起晏寢，有日食四次而在半夜猶進食者，則爲閒食之習慣，非普通之風俗矣。

蘭州人日皆二食

蘭州爲甘肅之省會，其居民日皆二食，一米一麥。米産甘州，然非貧者所得嘗。貧者僅以麪條置水中炊熟之，臨食加鹽少許，佐以辛辣品而已。

蘇州一日五餐之誤傳

高宗南巡，回鑾後，曾語侍臣曰：「吴俗奢侈，一日之中，乃至食飯五次，其他可知。」蓋謂江蘇也。

其實上達天聽者，傳之過甚耳。如蘇、常二郡，早餐爲粥，晚餐以水入飯煮之，俗名泡飯，完全食飯者，僅午刻一餐耳。其他郡縣，亦以早粥、午夜兩飯者爲多。

蘇州人之飲食

蘇人以講求飲食聞於時，凡中流社會以上之人家，正餐、小食，無不力求精美，尤喜食多脂肪品，鄉人亦然。至其烹飪之法，概皆五味調和，惟多用糖，又喜加五香，腥羶過甚之品，則去之若浼。

滬人之飲食

滬多商肆，飲食各品，無不具備，求之至易，而又習於奢侈。雖中人以下之人，茶館酒樓，無不有其蹤跡。以常餐言，幾無一人蔬食也。

滬丐之飲食

人所恃以生存者，衣食住也。而以滬丐生活程度之與中人較，所不及者，衣與住而已，食則相等。蓋滬多食物之肆，中西餐館，固非乞丐夢想之所及，而若飯館，若粥店，若麪館，若糕糰鋪，若茶食店，若熟食店，若醃臘店，果挾百錢以往，卽可擇而啖之，故常有乞丐之蹤跡焉。以飯館言，飯每碗售錢二十文，鹽肉每碗售四十文。以粥店言，粥每碗售十文，鹽菜每碟不及十文。以麪館言，肉麪、魚麪每碗售四十五文。以糕糰鋪言，糕糰每件售五文、七文。以茶食店言，餅餌糖食有可以十文、五文購之者。以熟食店言，醬肉五十文可購，醬鴨三十文可購，火腿百文可購。以醃臘店言，豬頭肉每件售七文，鹽鴨卵每枚售十五文。滬丐日入至少者，亦得錢百餘，如是而欲求一日之飽，何所不可。且中西餐飯館食客之所餘，有時亦爲乞丐所享受。蓋食客既果腹而行，其席次所餘之羹肴，餐館役人往往從而檢之，雜投於釜，加以烹飪，而置之碗中以出售，曰剩落羹，與食肆中所售之全家福、十錦菜畧相等，每碗僅售十錢，亦自爲乞丐所易得者也。而此羹有時尚有零星之燕菜、魚翅在其中焉。吾恐中流社會之人，或有終身不得一嘗，而將自悔其不爲丐矣。

至若鴉片烟之計箬也，箬僅售錢數十文。紙烟之計枝也，枝僅售錢三四文。茶酒之計碗也，碗各僅售錢十文。丐之得此，自尤易矣。

滬丐歲入款之多者，或四五倍於督撫之俸。蓋督撫之俸，歲僅銀一百四十兩也。以塾師之束脩、店夥之薪水擬之，誠有不可同年而語者矣。且丐之日用，僅爲食，無妻孥之累，無衣住之費，無明日之計。以其所得，悉耗之於口，猶不能饜芻豢飫肥甘乎？金奇中久於滬，嘗至公共租界之僻地，見有羣丐席地而坐，肥魚大肉，恣爲飲啖者，有三四起，卽其證也。

奇中又嘗見有自山左流轉至滬之丐矣，男女各一，若夫婦，挈一可十齡之幼女蹲於地，男女持大瓢之糠覈而咽之，其女則食敗絮。非歲飢而已若此，以是益知大無之歲，草根樹皮之可貴也。

寧紹人之飲食

寧波及紹興人日必三飯，且以飯時必先飲酒者居大多數。

閩粤人之飲食

閩、粤人之食品多海味，餐時必佐以湯。粤人又好啖生物，不求火候之深也。

閩人之飲食

閩人所飲之酒曰參老，曰淡老。其烹飪時所加之調料，少醬油而多蝦油，蓋以微腥爲美也。紅糟亦常用之。至於雞，他處率謂雌雞益人，而雄者易發宿疾，價亦雌貴於雄。閩則異是，謂雌雞於人無甚滋養，而雄雞則大補益，故雄雞之價，每高過於雌者三之一。中人之家，産婦以食雄雞百隻爲尚。且如小兒痘疹後，及久病之人，率以雄雞爲調養要品，皆他處所聞而咋舌者也。然西人以雞類爲補品，雄者尤健全，閩俗正自不誤也。

閩中蝦蛄長二寸許，味與蝦類，而形則大異，卽江淮間呼爲蝦鱉者。人亦不甚珍視，尋常人家往往食之，不與珍錯列也。以葱酒烹之，佐酒頗佳。

肩擔熟食而市者，人每購而佐餐，爲各地所恆有。至隨意啖嚼之品，惟點心、糖食、水果耳。閩中則異是，雞鴨海鮮，烹而陳列擔上，並備醬醋等調料，且有匕箸小凳，供人坐啖，沿街唱賣，與粤中同。其後則上海亦有之矣。

肆中恆市一種海鮮，切碎，以碗盛之，土音曰號。其殼與蟹同色，狀如覆瓢，上有數小孔，尾三稜如矛頭，伏地行極速，仰其體而視之，則對生十二足，中具如鈎刺者，無慮數百，卽其口也。更有如蟹臍者多片，附屬於後，爲狀至可畏。土人謂切之頗不易，手或爲其鈎刺所中，皮肉卽糜碎。仰之，卽不易轉動，以刀就四圍劃之，始斃。其殼至堅，雖刀斫，亦不易入。閩人初亦不知其能供口腹也，侯官沈文肅公葆楨識其名，取以佐饌，衆始知其可食，後卽成爲佳品矣，並知此物卽鱟，《山海經》、《嶺表録異》諸書紀之頗詳。

馬江去海僅八十里，故海鮮至夥。文蛤也，香螺也，珠蚶也，江瑶也，雖謂之曰珍錯，尚不足異。惟有一物如蜈蚣，色緑而多足，長寸許，以油炙之，和鹽而食，云出之水中，歲僅春秋分前後三日有之，頗珍貴。惟初食者，必通身發腫，數日再食，卽無慮。

廣東產婦之飲食

廣東產婦之飲食品，當未分娩之一月，親故預送醋及生薑所煉之膏以餉之。

太平人之飲食

四川太平之男女，皆喜飲酒，日夕必盡醉。尤嗜茶，晨起卽啜之，亦視酥油奶茶爲要需。牛羊肉爲常饌，豕肉亦犪以爲羹，惟病斃者及犬馬之肉皆不食。而視米爲至貴極罕之品，則以太平多風，稻不易實之故。故非父母病篤，不以作飯。食無定時，飢卽食之。其主要品爲糈巴，蓋先煑水作湯，盛於木椀或土缶，以指調之者也。

湘鄂人之飲食

湘、鄂之人日二餐，喜辛辣品，雖食前方丈，珍錯滿前，無椒芥不下箸也。湯則多有之。

易實甫觀察順鼎，湘人也，籍龍陽，嘗以《八聲甘州》調爲詞，以詠美人之食，詞云：「憶食時初竟曉梅妝，對面飽端相，是天生兩口，甜恩苦怨，總要同嘗。還把檀郎二字，細嚼當檳榔。漱水休傾卻，中有脂香。聞道別來餐減，只相思一味，當作家常。想瓠犀微露，剔著儘思量。恁桃花煮成紅粥，早拚他心裏葬春光。儂只夢胡麻熟否，不夢黃粱。」復與其弟叔由及寧鄉程子大聯句以詠之，詞云：「憶食時脂暈尚留脣，含情遞餘杯，子大說春纖切筍，郎應可口，小婢親煨。叔由故向卿卿索哺，郎性忒如孩。實甫笑語加飧未，底用儂陪？子大總是團欒玉案，問有時對面，何似肩偎？叔由厭靈狸饞殺，嗅到鳳頭鞋。實甫似生成一雙象筯，也朝朝在手不分開。子大還同把牙兒剔著，替拔金釵。叔由」

滇人之飲食

滇人飲食品之特異者，有乳線，則煎乳酪而抽其如絲者也。有餳枝，則調糯芋之粉而沃以糖綴以米也。有鬼藥，則屑蒟蒻以爲之也。有蓬餌，則雜縷餅餌而曝於日中也。

黔人之飲食

貴州物産有竹蓀、雄黄之類，蔬菜價值亦廉。居民嗜酸辣，亦喜飲酒，惟水産物則極不易得，魚蝦之屬，非上筵不得見。光緒某歲，有百川通銀號某，宴客於集秀樓，酒半，出蟹一簋，則謂一蟹值銀一兩有奇，座客皆駭，此足以見水産物之難得而可貴也。

京師之飲食

都人飲料，茶爲香片，酒爲白乾，皆普通所嗜。遇體中不適時，輒進糖水，蓋以白糖和入熱水也。

京師食品

京師春蔬之妙，甲於全國，鄉人晨以小車輦入城市，種類甚多，價與魚肉埒。蟹出最早，往往夏日已有。其尖臍者，脂膏充塞，啓其殼，白如凝脂。團臍之黄，則北蟹軟而甜，若來自南者，硬而無味，遠不逮也。

填鴨之法，南中不傳。其製法有湯鴨、爬鴨之别，而尤以燒鴨爲最，以利刃割其皮，小如錢，而絶不黏肉。

金陵有便宜坊桶子雞，京師米市胡同亦有之，雖與燒鴨並稱，而鴨則不如他肆，惟雞獨勝，色白而味嫩，嚼之，無渣滓。

京師雖陸地，而農圃之家多諳陶朱種魚術，故魚多肥美。酒肆烹鮮，先以生者示客，卽擲斃之，以示不竊更。肆中善烹小鮮者，可得厚俸，謂之掌勺，故人多趨之若鶩焉。

黄芽菜亦甚佳，而不及山東、河南之巨。市菜者以刀削平其葉，置之案，八人之案，僅置四棵耳，可稱碩大無朋矣。以此菜醃作冬虀，頗脆美。

醯、醬二物，爲烹調所必需，而京師以黑醋、白醬油爲貴，味特鮮美。南中辣椒，有皮無肉，京産者肉甚厚，外去其皮，内去其子，專以肉搗成醬，而和以餳、鹽，拌入他菜，其妙獨絶。

北人罵人之辭，輒有蛋字，曰渾蛋，曰吵蛋，曰倒蛋，曰黄巴蛋，故於肴饌之蛋字，輒避之。雞蛋曰雞子兒，皮蛋曰松花，炒蛋曰攤黄菜，溜蛋曰溜黄菜，煮整蛋使熟曰沃果兒，蛋花湯曰木樨湯。木樨，桂花也，蛋花之色黄如桂花也。蛋糕曰槽糕，言其製糕時入槽也。而獨於茶葉所煮之雞蛋，則不之諱，曰茶雞蛋。

其在正月，則元日至五日爲破五，舊例食水餃子五日，曰煑餑餑。然有三日、二日或間日一食者，亦卽以之饗客。十五日食湯團，俗名元宵是也。又有所謂蜜供者，則專以祀神。以油麵作荚，砌作浮圖式，中空玲瓏，高二三尺，五具爲一堂，元日神前必用之。果實、蔬菜等，亦疊作浮圖式，以五爲列，此各家所同也。

元日至上元，商肆例閉户半月或五日。此五日中，人家無從市物，故必於歲杪烹飪，足此五日之用，謂之年菜。

寧古塔人之飲食

寧古塔人之飲食品，康熙以前以稗子爲貴人食，下此皆食粟，曰粟有力也。不飲茶，無陶器，有一磁碗，視之如重寶，久之亦不之貴矣。凡器，皆木爲之。高麗製者精，復難得，大率出土人手。匕、箸、盆、盂，比比皆具，大至桶甕，高數尺，亦自爲之。

有打糕，黄米爲之精。有餅餌，無定名，入口即佳也。多洪屯有蜂蜜，貴人購之以佐食，下此不數數得。鹽則取給於高麗，每十月，譯使至寧古，昂邦章京檄牛彔，督市鹽者以行，給其僕馬，至高麗之會同府。會同去王城尚三千里，荒陋猶寧古也。其國亦遣官與我使授受，交易鹽及牛、馬、布、鐵，復還。凡五六十日而始竣事。問其官，亦以供應爲苦。滿人得鹽，乃高價以售之於漢人，惟退而自啖其炕頭之酸虀水。菜將霜，取而置之甕，水浸火烘，久而成漿，曰勝鹽多多許。

汴人之飲食

汴人常餐，以小米、小麥、高粱、黍、粟、蕎麥、紅薯爲主品。而下飯之物，則爲葱、蒜、韭菜、萊菔，調料以鹽、醋爲主，而大米、魚、肉、油、醬等，食之甚稀。

蒙人之飲食

蒙人一日三餐，兩乳茶，一燔肉。以牛羊肉用清水略煑，或置牛糞爇火，炙片時，左手持肉，右手以小刀臠割，黏鹽末嚼蒜瓣而食之。食畢，用衣代巾，拭手口，以衣多油膩者爲榮，意謂無日不飽也。其製白酸油、黄油、奶餅之法，則如下。白酸油以牛奶製之，法於夏日聚牛奶夏日草盛牛肥而多乳。置鍋中，微煑，不用滚，俟其面結皮，此皮名爲奶皮。取下二三層，取其餘倒於缸，以物覆之，不使透風。約十餘日，俟味已酸，再入鍋微煮，以匙取其浮油，卽爲黄油，其底卽白酸油也。

製黄油法，以乾奶餅置鍋中微煮，取其浮油卽成，然不酸。

製奶酒法，於夏季收集牛奶，置缸中，以棍攪之使酸，置蒸溜器中，蒸取其氣卽成。法同内地蒸高粱然。味酸劣，幾難入口，亦無酒味，斤價銀三錢許。

黄白油儲牛羊之腹中，繩縛之，置於冷處，味經久不變。

新疆之蒙古人，其飲食與普通之蒙人略異。烹茶，和以鹽，濡以牛湩，獻佛而後食之。食畢，男女内外各執其業。午餐亦如之。日晏，牧者歸，取牛羊乳以備宿餐。其食也，湛麵肉於湯而瀹之，古禮所謂燗者是也。食畢就寢，不燃燭，竈燼而眠。凡食，以茶、乳爲大宗，酥油、奶酒均以乳釀之。釀餘之乳，製爲餅，曰奶餅，釀酒，值客至，必延坐盡飲而後已。

青海之蒙長飲食，或用箸、勺與磁碗，番目則以手取食食。器以木爲之。蒙長飲清茶，啖米、麵，番目惟食青稞粉。茶汁非乳不甘,復以牛羊乳熬茶和酥油,色如醬,膩如飴。

青海柴達木人之飲食

青海柴達木人之製造飲食各品,其酥酪之製,以牛羊乳滿注木桶,蓋鑿一孔,木槌柄長三四尺,穿孔中而搗之,晝夜皆搗,俟其乾如漿,即成酥矣。色白者爲上,黄次之,紅又次之,紅色而和血液骨汁者爲下。搗成數日,初腥羶不可近,以茶一盂,調少許,即膩如粥,久而可口,覺清水茶反無味矣。常食能禦寒,健筋力,治血虚、氣喘諸症。沸水貯於桶,俟其冷,浸酥酪,酥沈油浮,毋摇動,日以鮮乳汁滴之,以味酸爲度,約數十日,成湩酒矣。味酸而腥,略帶酒氣,不易醉。乳餅以黑蕎粉調酥爲之。乳脯以牛羊肉熬而成糜,曬乾如豆乾,見水即酥,旅行便於攜帶。此皆番地本産也。其後有豆乳,有酸乳,有麴酒,有菸葉。

回教徒之飲食

内地回教徒之飲食品,與漢人較,不甚異,茶、酒皆飲之。惟肴饌不用豕,煎炒各品之普通用豬油者,大率以牛油、羊油、雞油、麻油代之而已。

藏人之飲食

藏人飲食,以糌粑、酥油茶爲大宗,雖各地所産不同,然舍此不足以云飽。人各有一碗,納於懷。食畢，不洗滌，以舌舐之，亦納之懷中。其食也，不用箸而用手。日必五餐，餐時，老幼男女環坐地上，各以己碗置於前，司廚者以酥油茶輪給之，先飲數碗，然後取糌粑置其中，用手調勻，揑而食之。食畢，再飲酥油茶數碗乃罷。惟晚餐或熬麥麵湯、芋麥麪湯、灣豆湯、元根湯。如仍食糌粑，亦須熬野菜湯下之，或以奶湯、奶餅、奶渣下之。食牛肉則微煮，不熟也。牛之四腿，懸於壁，經霜風則酥，味頗適口。其殺牛羊，不以刀而用繩，故牛羊血悉在腹中。將血貯於盆，投以糌粑及鹽，調和之，以盛於牛羊之大小腸，曰血灌腸，微煮而分啖，或贈親友，蓋以此爲上品也。

藏人又嗜酒，酒兩種，一名阿拉，如內地之白酒；一名充，去聲。如內地之甜酒，皆自造，味淡而性烈。不食鱗介、雀鳥之類，以鱗介食水葬死屍，雀鳥食天葬死屍故也。間亦食獸肉，惟不善食飯，即食，至多亦僅兩木碗而已。

至其飲食資料之製造，今說明之。青稞糌粑者，青稞形如麥，有黑白二種，鍋中炒炮，磨而成麪，不過羅，卽爲糌粑。酥油，用牛奶數盆，盛於醬桶，卽木桶也，以木杖打之，經千數百下，酥油卽浮於上，然後投熱水少許，用手掬之，酥油卽應手成團矣。惟須黃牛之奶，水牛奶不用。酥油茶者，熬茶一鼎，投白土少許，茶色盡出，以茶置醬桶中，再投鹽少許，酥油少許，用木杖打之，經數千下，卽酥油茶。此茶爲雅州所產大茶，非漢人所飲之春毛紅白茶也。奶湯、奶餅、奶渣、奶子，既取出酥油，精華去矣，然不棄，以之盛於鍋，用活火熬之，貯於罐，經數日，味變酸，卽奶湯。將奶湯用布包之，經數日，水滴乾而布包中成團者，卽奶餅。奶餅既久，遂散爲奶渣。此如內地之點豆腐，酥油奶，如豆腐，卽餅；奶渣，卽豆渣也。阿拉及充，與内地之酒無異，但未蒸者即充，已蒸者即阿拉。

打箭爐番人之飲食

打箭爐諸番之地，不產五穀，種青稞，牧牛羊，所食惟酪漿、糌粑，間有食生牛肉者。嗜飲茶，緣腥羶油膩之物塞腸胃，必賴茶以蕩滌之，此川茶之所以行遠也。

苗人之飲食

苗人嗜蕎，常以之作餐。適千里，置之於懷。宴客以山雞爲上俎。山雞者，蛇也。又喜食鹽，老幼輒撮置掌中，時餂之。茶葉不易得，渴則飲水。

乾州紅苗，日三餐，粟、米、雜糧並用。渴飲溪水。客至，煮薑湯以進。不識五味，鹽尤貴，視若珍寶。

黑苗在都匀、八寨、鎮遠、清江、古州。每十三年，畜牡牛，祀天地祖先，曰喫枯臟。又以豬、雞、羊、犬骨雜飛禽，連毛臟置甕中，俟其腐臭，曰醅菜。食少鹽，以蕨灰代之。

倮倮之飲食

倮倮之食物爲牛羊豕，不食犬馬。食時用小刀、肉叉。酒以大小麥及稷釀之。

黃九烟之飲食

上元黃九烟，名周星，其先以育於湘潭周氏，爲湘潭人。明進士，入國朝，隱居不出。嗜飲，感憤怨懟，一寓之於詩。嘗作《楚州酒人歌》，蓋自道也。歌云：「酒人酒人，爾從何處來？我欲與爾一飲三百杯。寰區斗大不堪容我兩人醉，直須上叩閶闔尋蓬萊。我思酒人昔在青天上，氣吐長虹光萬丈。手援北斗斞天漿，天廚駱驛供奇釀。兩輪化作琥珀光，白榆歷歷皆杯盎。吸盡銀河烏鵲愁，黃姑渴死悲清秋。咄咄酒人非無賴，乘風且訪崑崙邱。綠娥深坐槐眉下，萬樹桃華覆深斝。穆滿高歌劉徹吟，一見酒人皆大詫。雙成長跽進三觴，大嚼絳雪吞元霜。桃華如雨八駿叫，春風浩浩心飛揚。瑶池雖遠崦嵫促，阿母綺窗不堪宿。願假青鳥探瀛洲，列真酣飲多如簇。天下無不讀書之神仙，亦無讀書不飲酒之神仙。神仙酒人化爲一，相逢一笑皆陶然。陶然此醉堪千古，平原河朔安足數！瑶羞瓊糜賤如虀，蒼龍可饈麟可脯。興酣瞋目叫怪哉，海波清淺不盈杯。排雲忽復干帝座，撞鐘伐鼓轟如雷。金莖玉液沆瀣竭，披髮大笑遠歸來。是時酒人獨身橫行四天下，上天下地如龍馬。百靈奔蹶海嶽翻，所向無不披靡者。真宰上訴天帝驚，冠劍廷議集公卿。今者酒人有罪罪不赦，不殺不可，殺之反成酒人名，急赦酒人令斷酒。酒人惶恐頓首奏陛下，臣有罪死無醒生。帝顧巫陽使扶酒人去，風馳雨驟蒼黃謫置楚州城。酒人墮地頗狡獪，讀書學劍皆雄快。白晳鬑鬑三十時，戲掇青紫如拾芥。生平一飲富春渚，再飲鸚鵡湖。手版腰章束縛苦，半醒半醉聊支吾。誰知一朝乾坤忽反覆，酒人發狂大叫還痛哭。胸中五嶽自峨峨，眼底九州何甓甓！頭顱頓改甕生塵，酒非酒兮人非人。椎壚破觥吾事畢，那計金陵十斛春。還顧此時天醉地醉人皆醉，丈夫獨醒空憔悴。從來酒國少頑民，頌德稱功等遊戲。不如大詔天下酒徒牛飲鼈飲兼囚飲，終日酩酊淋漓嬉笑怒罵聊快意。請與酒人搆一淩雲爍日之高堂，以堯舜爲酒帝，羲農爲酒皇，淳于爲酒伯，仲尼爲酒王，陶潛、李白坐兩廡，糟粕餘子蹲其旁。門外醉鄉風拂拂，門内酒泉流湯湯。幕天席地不知黄虞與晉魏，裸裎科跣日飛觴。一斗五斗至百斗，延年益壽樂未央。請爲爾更詔西施歌，虞姬舞，荆卿擊劍，禰生撾鼓，玉環、飛燕傳觥籌，周史、秦宫奉罍甒，與爾痛飲三萬六千觴，下視王侯將相皆糞土。但願酒人一世二世傳無窮，令千秋萬歲酒氏之子孫，人人號爾酒盤古。酒人聞此耳熱復顔酡，我更仰天嗚嗚感慨多。即今萬事不得意，神仙富貴兩蹉跎，酒人酒人當奈何？噫吁嘻！酒人酒人當奈何？爾且楚舞吾楚歌。」

九烟喜食鐺底焦飯，人呼爲鍋巴老爹，欣然應之而賦詩。其一云：「寵養幸無郎將號，鍋巴猶得老爹名。兒曹相笑非無謂，慚愧西山有此生。」其二云：「學仙恨少休糧訣，嚇鬼空多噉飯身。如此老爹應餓煞，鍋巴敢望史雲塵。」其三云：「隔江船尾競琵琶，」「金帳寧知雪水茶。新婦羹湯多得意，老爹自合嚼鍋巴。」其四云：「哺親焦飯記先賢，苦節多存感慨篇。莫道鍋巴非韻事，鍋巴或借老爹傳。」

董小宛爲冒辟疆備飲食

冒辟疆飲食不多，而於海錯及風薰之品、香甜之味，皆所夙嗜，又喜與賓客共之。其姬人董小宛知其意，輒爲之一一備具，以佐盤餐。

火腿久者無油，有松柏之味。風魚久者如火腿肉，有麂鹿之味。他若醉蛤如桃花，醉鱘骨如白玉，油蜎如鱘魚，蝦鬆如龍鬚，烘兔、酥雉如乾餌，可以籠而食之。菌脯如雞㙮，腐湯如牛乳。細考食譜，四方郇廚中一種偶異，卽加訪求，而又以慧巧變化爲之，故莫不奇妙。

至冬春水鹽諸菜，能使黄者如蠟，碧者如落，蒲、藕、筍、蕨、鮮花、野菜、枸蒿、蓉菊之類，亦無不採入食品，芳旨盈席。

曹仙耨沈秋河黄松汀自理飲食

乾隆己卯，曹仙耨年甫冠，與沈秋河、黄松汀肄業杭州紫陽别墅，斗大一室，几榻橫陳，晝則促膝攤書，夜則翦燈分焰。仿賈耘老、蘇東坡懸錢屋梁之式，按日取給，飲食之事，不敢僱僕供庖，三人自執烹飪，然仙耨惟據觚瞪視而已。秋河年最長，嘗謂仙耨、松汀曰：「南宋羅欽若、李東尹、胡邦衡同在學舍，偶乏尸甕者，邦衡操刀，東尹和麵，欽若進薪然火，我輩今日之事，正相同也。」

黄仲則思飲思茹葷

黄仲則嘗對食而作詩曰：「居爲腐儒愁素飧，間日思飲思茹葷。朝將染指誰氏鼎，暮擬獵酒何人門？比來郇廚得緣入，腥羶莫壓腸胃昏。偶憶吴酸故鄉味，不覺涎流滿襟袂。醋芹堆盤一寸長，鹹虀積甕半年計。將來可洗肥羜腸，無奈郵筒遠難致。一生食籍知幾何，欲問司籍防遣訶。雞豬魚蒜逢便喫，鼴鼠那得乾黄河。」

戴可亭之飲食

戴可亭相國任四川學政時，得疾似怯症。成都將軍視之，告以有峨嵋山道士在省，曷倩治之。因邀道士至署。道士謂與其有緣，病可治。因與對坐五日，教以納吸之法，由是強健。道光乙未年九十矣，精神步履如六十許人，惟重聽耳。人問及飲食，言每日早飯時食稀粥半茶碗，晚餐時食人乳一淺碗。曰：「即此飽耶？」戴拍案大聲曰：「人須喫飽耶？」年九十六卒。

施旭初以爆羊肉下酒

安吉施旭初，名浴昇，同、光間人，工舉藝，淹雅可談，顧癖嗜阿芙蓉，芻狗塵事，不自潔。嘗以春闈下第留京，與其友同寓會館。某日，施約閱市，歸途，購爆羊肉，爲下酒計，裹以荷葉，索而提之。肉浮於葉，俄迸出，墜於地。方相助掇拾，仍納葉中，施曰：「勿庸。」時屆秋末，施已絮其袍，緞製也，且新製，則捋其前幅，若爲袱，左手攝衣兩角，右匊肉而兜之，夷然灑然，意若甚得者。既入其室，則抖而委之於榻，狼藉而咀嚼之，且以屬客，客謝弗遑也。客嘑館人以盤至，則朵頤者泰半矣。

家常飯

家常飯者，日常在家所食，藉以果腹者也。其肴饌，大率爲雞魚肉蔬。飯店之市招，則曰家常便飯。《五燈會元》有家常茶飯之語。《獨醒雜志》云：「常調官好做，家常飯好喫。」是也。

皇帝御膳

皇帝三膳，掌於御膳房，聚山珍海錯，書於牌，除遠方珍異之品以時進御外，常品如鷄、魚、羊、豚等，每膳皆具，必雙，御膳房主之。

聖祖一日二餐

張文端公鵬翮嘗偕九卿奏祈雨，聖祖覽疏畢，曰：「不雨，米價騰貴，發倉米平價糶糝子米，小民又揀食小米，且平日不知節省。爾漢人，一日三餐，夜又飲酒。朕一日兩餐，當年出師塞外，日食一餐。今十四阿哥領兵在外亦然。爾漢人若能如此，則一日之食，可足兩食，奈何其不然也？」文端奏云：「小民不知蓄積，一歲所收，隨便耗盡，習慣使然。」聖祖云：「朕每食僅一味，如食雞則雞，食羊則羊，不食兼味，餘以賞人。七十老人，不可食鹽醬鹹物，夜不可食飯，遇晚則寢，燈下不可看書，朕行之久而有益也。」

高宗在寒山寺素餐

高宗喜微行，在位六十一年，嘗微行出京，時疆臣頗惴惴，以帝行蹤隱祕，恐詗察也。顧帝所至，輒譏知其事者不得供張。一日，攜二監微行，張文和公廷玉從之。至蘇州，時巡撫爲陳大受，大受故識文和，驚其突至，文和耳語大受曰：「衣湖色袷袍者，聖上也。」大受不知所出，遽上前跪迎。帝笑而扶起之，謂勿驚，第假此間佛寺宿一旬足矣，勿使左右及寺僧知也。大受唯唯。進饌，帝命五人同坐。食畢，大受修函介紹於寒山寺僧，謂有親串數人，欲假方丈遊數日。大受啓帝，謂微臣當隨駕。帝曰：「汝出，恐地方人士多識者，多不便，不如已。」大受叩頭謝。既而帝及文和、二監赴寒山寺，僧以爲中丞之戚也，供膳。帝謂吾等夙喜素餐，第供素饌足矣。僧導游各處，帝贈一箑，書張繼《楓橋夜泊》詩，款署漫游子，留宿七日而去。臨行以函告大受，畧謂予去矣，恐驚擾地方，萬勿遠送，遂微行離蘇。

高宗謂蔬食可口

高宗南巡，至常州，嘗幸天寧寺，進午膳。主僧以素肴進，食而甘之，乃笑語主僧曰：「蔬食殊可口，勝鹿脯、熊掌萬萬矣。」

單孔昭辨蔬非之惑

常熟單德棻，字孔昭，嘗期所親飲酒。會其人將之池州，禮肉佛，預自蔬菲，以書謝焉。孔昭答書，深辨其惑，鑒幻説之誑利，誚瞽俗之貪庇，斥苦空之乖典，證諂祭之無祜。

德宗食草具

德宗受制於孝欽后，雖飲食品，亦不令太監以新鮮者進。一日，覲孝欽，微言所進者爲草具，孝欽曰：「爲人上者亦講求口腹之末耶？奈何獨背祖宗遺訓！」言時聲色俱厲，德宗遂默不敢聲。光緒戊戌，德宗被幽瀛臺，每膳雖有饌數十品，離座稍遠者半已臭腐，蓋連日呈進，飾觀而已，無所易也。餘亦乾冷，不可口，故每食不飽。偶欲令御膳房易一品，御膳房必奏明孝欽，孝欽輒以儉德責之，竟不敢言。

陳石遺之晚食

光緒庚寅，陳石遺里居，一日晚食，作詩云：「晚菘漸漸如盤大，霜蟹剛剛一尺長。獨有鱸魚四腮者，由來此物忌昂藏。」鱸魚以長二三寸者爲美。

袁慰亭之常食

袁慰亭内閣世凱喜食填鴨，而豢此填鴨之法，則日以鹿茸搗屑，與高粱調和而飼之。而又嗜食雞卵，晨餐六枚，佐以咖啡或茶一大杯，餅乾數片，午餐又四枚，夜餐又四枚。其少壯時，則每餐進每重四兩之饍各四枚，以肴佐之。

梁星海之常食

南海梁星海廉訪鼎芬忌食米粥、茶果，常餐惟雞卵、豆腐而已。

況夔笙之常食

臨桂況夔笙太守周頤之赴讌會也，不甚進食。在家常膳，好以火腿佐餐。惟以晏起遲眠，每至夜午，輒飯，冬夜亦然。時僕婢已寢，則必其婦爲之料簡焉。

姚得弟侍母蔬食

姚得弟，永楙女，生二年而永概撫之，又十年，得寒疾不汗而死。性慧，識字三千餘，又能佐其母治家事，嘗私謂人曰：「吾侍母日蔬食，父歸，乃具肉，而吾食乃益加飽也。」

蔡鶴廎持素食主義

山陰蔡鶴廎編修元培夙持素食主義，惟不能屏絕肥甘。其於宴會，亦從衆進食，然不多，固非饕餮者流之見有盛饌，恣爲飲啖，一赴宴而隔宿猶飽，至患河魚之疾也。

伍秩庸常年茹素

光緒癸卯、甲辰間，新會伍秩庸侍郎廷芳以多病而藥不瘳，攷求衞生之法，而有悟於植物之發生，實恃太陽，五穀、蔬果無一不藉太陽而生，故其品質最爲有益於人，食之自少渣滓而易消化，固非重滯肉類之所能比擬也，乃遂以素食自勵。長日兩餐，僅於日午、日晡一進飲食，腥羶、脂肪悉屏不御。久之，而夙疾頓蠲，步履日健，兩鬢且復黑矣。

伍秩庸主張二餐

伍秩庸嘗以吾人一日二食爲最適當，午前以在十一時、十二時之間爲宜，午後以六時前後爲宜。兩餐以外，不進雜食。若粵人之消夜，則尤不可，以其密邇睡時，有礙消化也。秩庸初亦多疾，既實行二食，而夙痾悉蠲，精神增長，蓋食料既少，消化自易之所致也。

秩庸嘗曰：「食物必使消化，乃得其益，否則且以爲致病之源。蓋食物入口，其助消化之作用者，首爲齒，次爲小腹，三爲肝，四爲腸。凡此四者，爲食物所必經，雖尚有他端，要以此爲四大綱，必使咀嚼成漿，以爲入喉第一門户，而慎勿囫圇吞咽，以一經入腸，即不能自爲融化也。」

又曰：「國人多病齒，雖在少年，亦多殘蝕，殆以食不用齒耳。譬之鎖鑰，久不用匙則鏽。迺者世人進飯，喜沃以湯茶，使導之入腸，吾甚詫之。米之整粒，須閱三、四小時，乃始消化，非大有礙於衞生耶？

故一切食物，總以盡力咀嚼爲要，且亦不必以乾食入喉不潤爲病也。蓋舌本生津，即爲人身之靈液。試以乾麵包嚼之，自然齒潤甘回。又如以粉漿一撮，取口涎一匙，調勻烹煮，火候至九十度，則漿自成水，逾格芳甘。若僅沃以湯茶而吞之，亦何能有味耶？要之，每食先嚼使極爛，乃得由食管而下小腹，復由小腹和勻至肝，磨盪一周，化爲血液，乃入於小腸。小腸蟠曲廻環，長可二十尺，大腸亦四尺，如不加選擇，積滯難通，或且多餘渣滓，大乖衛生之道矣。」

蔣竹莊廢止朝食

蔣竹莊素主節食，固堅持廢止朝食主義而實行之者。其所持理由有五。一，經一夜睡眠晨起，即有一種粘液被覆於胃之內面，此時若進食物，則食物之表面必爲此粘液所包被。而既經包被之食物，胃液不易浸入，於是阻礙消化，生活力遂至空費。二，經一夜睡眠而至晨，胃腸之消化器尚未十分活動，此時若進食物，與以刺戟，強使動作，則背乎自然，既違反生活力之經濟主義，又違反長壽之自然理法。三，經一夜睡眠，身體各器官尚在未消費營養物之時，加以昨夜之食物消化吸收於血液之中，含有營養分甚多，此時雖不吸收養料，亦可使心身十分活動，不覺來源之不足。故雖全廢朝食，於心身之活動，實無障害也。四，經一夜睡眠而起之晨，身體之活力充實，即神經筋肉之力，皆達於最高度之時也。故以爲此時不進食物，必不能活動，且慮其疲乏者，殆爲絶對必無之事，而實能勝長時刻之動作也。反之，廢止晝食，則午後三四時已早覺血液中營養分之不足，心身疲勞，其必至消耗其生活力，而背於長壽之自然理法也，不待言已。五，晨起時，心身之活力正達於最高度，故此時必宜十分活動，即一日中之最適於活動，且爲活動結果最偉大之時也。此時若進無關緊要之朝食，既空費貴重之時刻，又以消化食物，至奪其多量血液，減殺心身之活動，使生活力有空費之虞，豈不大愚。即此一端而論，則朝食者，可謂形式上、實質上皆不適於長壽之理法也。

長壽有形式、實質二種。形式者，必曰達若干歲方爲長壽，務以年齡之多爲優，此世人所通稱者也。實質者，乃就活動時刻之久長而言。故形式之壽，雖止六十，然若每日之活動時刻甚長，則其人可與八十及其以上之形式的長壽者爲同等之事業，未可知也。如是，則廢朝食而爲二食，實有至理。至若因職業之性質，不受時刻制限者，可於晨起爲四五小時之活動，午前十時朝食，午後五時至六時晚食，如我國北方之習俗，頗與廢朝食爲二食主義之理想爲合。然非普通人所能適用，惟農夫能之。故廢朝食爲二食之規定時刻，其最適當者，則正午十二時晝食，午後七時至八時晚食是也。

竹莊久患胃擴張病，往往未食則腹饑，臨食則不甘，至以爲苦。及實行廢止朝食，而疾去其泰半。且嘗謂自實行後，第一月於每日上午之十時前，略覺腹空難耐。蓋胃中習於充滿食物之故，初覺空腹者，乃神經性之作用，非果餓也。其後乃轉覺胃部暢快。一日，偶以事而午餐遲至午後二時，亦未覺空腹之難堪，而治事之精神仍如常也。

竹莊午餐之食品，僅牛乳一杯、生雞蛋一枚、麪包二片、水果一事而已。人人若是，則既益衛生，且大有裨於國民經濟也。

胡金勝朝餐食品

丹陽胡氏子曰金勝者，不慧。將冠，猶不辨菽麥，而健於飲啖。蓋其祖母極愛憐之，養而不教之所致也。幼隨祖母寢，晨覺，即飼以枕畔所藏之餅餌。及起，則進糜一大甌，又佐以四粢糰，二油灼檜焉。

楊某就食於人

河南澠池縣典史楊某之在任也，不挈眷，不舉火，終日就食於富商。聞繼任者至，匿不見，懼交卸也。知縣某不獲已，簽拘之，乃得，迫令交印焉。

宴會

宴會所設之筵席，自妓院外，無論在公署，在家，在酒樓，在園亭，主人必肅客於門。主客互以長揖爲禮。既就坐，先以茶點及水旱烟敬客，俟筵席陳設，主人乃肅客一一入席。

席之陳設也，式不一。若有多席，則以在左之席爲首席，以次遞推。以一席之坐次言之，則在左之最高一位爲首座，相對者爲二座，首座之下爲三座，二座之下爲四座。或兩座相向陳設，則左席之東向者，一二位爲首座二座，右席之西向，一二位爲首座二座，主人例必坐於其下而向西。

將入席，主人必敬酒，或自斟，或由役人代斟，自奉以敬客，導之入座。是時必呼客之稱謂而冠以姓字，如某某先生、某翁之類，是曰定席，又曰按席，亦曰按座。亦有主人於客坐定後，始向客一一斟酒者。惟無論如何，主人敬酒，客必起立承之。

肴饌以燒烤或燕菜之盛於大碗者爲敬，然通例以魚翅爲多。碗則八大八小，碟則十六或十二，點心則兩道或一道。

猜拳行令，率在酒闌之時。粥飯既上，則已終席，是時可就別室飲茶，亦可逕出，惟必向主人長揖以致謝意。

猜拳爲酒令游戲之法，唐人詩有「城頭擊鼓傳花枝，席上摶拳握松子」句，乃知酒席猜拳爲戲，由來久矣。

通俗所行之酒令，兩人相對出手，各猜其所伸手指之數而合計之，以分勝負。五代時，史宏肇與蘇逢吉飲酒，酒令作手勢，即今搳拳之所昉也。搳拳之口語，一爲一定，二爲二喜，三爲連陞三級，四爲四季平安，五爲五經魁首，六爲六順風，七爲七巧，八爲八馬，九爲九連燈，十爲十全如意。又有所謂加帽者，則於每句之上，皆加「全福壽」三字，或惟以「全」字爲帽。

猜拳有不賭空之說，元姚文奂詩「剝將蓮子猜拳子，玉手雙開不賭空」是也。今人謂之猜單雙。其法任取席上果粒，可枚計掌握者，奇其數，異其色，雙握而出其一，先奇耦，次數目，次顏色，凡三射而決勝負。

酒令中有打擂臺者，勝家高坐於炕，欲奪其席者，預飲一巨觥，立者與坐者拇戰，勝則奪其席而據之，敗則退位，惟進一觥而已。

宴會之筵席

俗以宴客爲肆筵設席者，以《周禮·司几筵》註「鋪陳曰筵，藉之曰席」也。先鋪於地上者爲筵，加於筵上者爲席。古人席地而坐，食品咸置之筵間，後人因有筵席之稱，又謂之曰酒席。就其主要品而言之，曰燒烤席，曰燕菜席，曰魚翅席，曰魚脣席，曰海參席，曰蟶乾席，曰三絲席雞絲、火腿絲、肉絲爲三絲。等是也。若全羊席、全鱔席、豚蹄席，則皆各地所特有，非普通所尚。

計酒席食品之豐儉，於燒烤席、燕菜席、魚翅席、魚脣席、海參席、蟶乾席、三絲席各種名稱之外，更以碟碗之多寡別之，曰十六碟八大八小，曰十二碟六大六小，曰八碟四大四小。碟，即古之餖飣，今以置冷葷、乾脯也。熱葷、亦肴也，第較置於碗中者爲少。糖果、蜜漬品。乾果、落花生、瓜子之類。鮮果、梨、橘之類。碗之大者盛全雞、全鴨、全魚或湯、或羹，小者則煎炒，點心進二次或一次。有客各一器者，有客共一器者。大抵甜鹹參半，非若肴饌之鹹多甜少也。

光、宣間之筵席，有不用小碗而以大碗、大盤參合用之者，曰十大件，曰八大件。或更於進飯時加以一湯，碟亦較少，多者至十二，蓋糖果皆從删也。點心仍有，或二次，或一次，則任便。

宴客於酒樓，所用肴饌，有整席、零點之別。整席者，如燒烤席，如燕菜席，如魚翅席，如海參席，如蟶乾席，如三絲席是也。若此者，凡碟碗所盛之食物，有由酒樓自定者，有由主人酌定者。客不問，餔啜而已。至於零點，則於冷葷、熱葷、乾果、鮮果各碟及點心外，客可任己意而擇一肴，主人亦如之，大率皆小碗之肴也。惟主人須備大碗之主菜四品或二品以敬客。

晚近以來，頗有以風尚奢侈，物價騰踴，而於宴客一事，欲求其節費而衛生者。則一湯四肴，葷素參半。湯肴置於案之中央，如舊式。若在夏日，則湯爲火腿雞絲冬瓜湯，肴爲荷葉所包之粉蒸雞、清蒸鯽魚、炒缸豆、粉絲豆芽、蛋炒豬肉，點心爲黑棗蒸雞蛋糕或蝦仁麪，飯後各一果。惟案之中央，必有公碗公箸以取湯取肴。食時，則用私碗私箸，自清潔矣。且一湯四肴，已足果腹，不至爲過飽之侏儒也。

酒樓宴客，有於酒闌時，由酒樓之傭保自備二肴或一肴以敬主客者。主人必於勞金之外，別有所酬。然此惟北方有之。至飯時佐餐之鹽漬、醬漬各小菜，則亦傭保所獻，無論南北皆然。以本有勞金加一之賞，故不另給。加一者，例如合酒肴茶飯一切雜費而計之爲銀二十圓，須更給二圓也。

上海之酒樓，初惟天津、金陵、寧波三種，其後乃有蘇、徽、閩、蜀人之專設者。當時天津館所有桌面圍碟、點心，不列帳，統歸堂彩。傭保曰堂倌，所得賞金曰堂彩。

燒烤席

燒烤席，俗稱滿漢大席，筵席中之無上上品也。烤，以火乾之也。於燕窩、魚翅諸珍錯外，必用燒豬、燒方，皆以全體燒之。酒三巡，則進燒豬，膳夫、僕人皆衣禮服而入。膳夫奉以待，僕人解所佩之小刀臠割之，盛於器，屈一膝，獻首座之專客。專客起箸，筵座者始從而嘗之，典至隆也。次者用燒方。方者，豚肉一方，非全體，然較之僅有燒鴨者，猶貴重也。

燕窩席

酒筵中以燕窩爲盛饌，次於燒烤，惟享貴賓時用之。客就席，最初所進大碗之肴爲燕窩者，曰燕窩席，一曰燕菜席。若盛以小碗，進於魚翅之後者，則不爲鄭重矣。製法有二。鹹者，攙以火腿絲、筍絲、豬肉絲，加雞汁燉之。甜者，僅用冰糖，或蒸鴿蛋以雜於中。

全羊席

清江庖人善治羊，如設盛筵，可以羊之全體爲之。蒸之，烹之，炮之，炒之，爆之，灼之，燻之，炸之。湯也，羹也，膏也，甜也，鹹也，辣也，椒鹽也。所盛之器，或以碗，或以盤，或以碟，無往而不見爲羊也。多至七八十品，品各異味。號稱一百有八品者，張大之辭也。中有純以雞鴨爲之者。即非回教中人，亦優爲之，謂之曰全羊席。同、光間有之。

甘肅蘭州之宴會，爲費至鉅，一燒烤席須百餘金，一燕菜席須八十餘金，一魚翅席須四十餘金。等而下之，爲海參席，亦須銀十二兩，已不經見。居人通常所用者，曰全羊席。蓋羊值殊廉，出二三金，可買一頭。儘此羊而宰之，製爲肴饌，碟與大小之碗皆可充實，專味也。

全鱔席

同、光間，淮安多名庖，治鱔尤有名，勝於揚州之廚人，且能以全席之肴，皆以鱔爲之，多者可至數十品。盤也，碗也，碟也，所盛皆鱔也，而味各不同，謂之曰全鱔席。號稱一百有八品者，則有純以牛羊豕雞鴨所爲者合計之也。

豚蹄席

自粤寇亂平，東南各省風尚侈靡，普通宴會，必魚翅席。雖皆知其無味，若無此品，客輒以爲主人慢客而爲之齒冷矣。嘉定不然，客入座，熱葷既進，其碗肴之第一品爲豚蹄，蹄之皮皺，意若曰此爲特豚也。嘉定大族如徐，如廖，亦皆若是，齊民無論已。

看席

飣餖，一作飣餖。今俗燕會，黏果列席前，曰看席飣坐，古稱釘坐，謂釘而不食。唐韓愈詩：「或如臨食案，看核紛飣餖。」是也。俗且謂宴享大賓，一喫席、一看席也。

每人每

歐美各國及日本之會食也，不論常餐盛宴，一切食品，人各一器。我國則大衆雜坐，置食品於案之中央，争以箸就而攫之，夾涎入饌，不潔已甚。惟廣州之盛筵，間有客各肴饌一器者，俗呼之曰每人每，價甚昂。然以昭示敬禮之意，非爲講求衛生而設也。

醵資會飲

醵資會飲之法有四。一，會飲者十人，人出銀幣二圓，得二十圓，以其中之一人主辦其事。而酒食之資及雜費，須二十二圓，結帳時，人各增二角，此平均分配者也。一，會飲者十人，人出銀幣一圓，得十圓，亦以其中之一人主辦其事。而酒食之資及雜費，須十圓有奇，則十圓猶不足也，畸零之數，即由主辦者出之，此有一人擔負稍重者也。一，會飲者十人，約計酒食之資及雜費需銀幣十圓，先由一人以墨筆畫蘭草於紙，但畫葉，不畫花，十人則十葉，於九葉之根寫明銀數，數有大小，多者數圓，少者數角，一葉之根無字，不使九人見之。既徧寫矣，乃將有根處之紙折疊之，露其十葉之端，由畫蘭者授與九人，使各於葉之端，自寫姓名。九人寫訖，畫蘭者亦以己之姓名就其一葉之端而自寫之。寫竣，伸紙觀之，何葉之姓名與何葉之銀數相合，即依數出銀，無違言。是出資者九人也，其姓名在於根無一字之葉者，可赤手而得醉飽矣。俗謂之曰撇蘭。一，會飲者十人，各任一次之貲，迭爲主人，以醉以飽，十次而普及矣，銀數之多寡則不計。此即世俗所稱車輪會，又曰擡石頭者是也。

西餐

國人食西式之飯，曰西餐，一曰大餐，一曰番菜，一曰大菜。席具刀、叉、瓢三事，不設箸。光緒朝，都會商埠已有之。至宣統時，尤爲盛行。席之陳設，男女主人必坐於席之兩端，客坐兩旁，以最近女主人之右手者爲最上，最近女主人左手者次之，最近男主人右手者又次之，最近男主人左手者又次之，其在兩旁之中間者則更次之。若僅有一主人，則最近主人之右手者爲首座，最近主人之左手者爲二座，自右而出，爲三座、五座、七座、九座，自左而出，爲四座、六座、八座、十座，其與主人相對居中者爲末座。既入席，先進湯。及進酒，主人執杯起立，西俗先致頌詞，而後主客碰杯起飲，我國頗少。客亦起執杯，相讓而飲。於是繼進肴，三肴、四肴、五肴、六肴均可，終之以點心或米飯，點心與飯亦或同用。飲食之時，左手按盆，右手取匙。用刀者，須以右手切之，以左手執叉，叉而食之。事畢，匙仰向於盆之右面，刀在右向內放，叉在右，俯向盆右。欲加牛油或糖醬於麵包，可以刀取之。一品畢，以瓢或刀或叉置於盤，役人即知其此品食畢，可進他品，即取已用之瓢刀叉而易以潔者。食時，勿使食具相觸作響，勿咀嚼有聲，勿剔牙。

進點後，可飲咖啡，食果物，吸烟，有婦女在席則不可。我國普通西餐之宴會，女主人之入席者百不一覯。並取席上所設之巾，揩拭手指、脣、面，向主人鞠躬致謝。

今繁盛商埠皆有西餐之肆，然其烹飪之法，不中不西，徒爲外人擴充食物原料之販路而已。

我國之設肆售西餐者，始於上海福州路之一品香，其價每人大餐一元，坐茶七角，小食五角，外加堂彩、烟酒之費。當時人鮮過問，其後漸有趨之者，於是有海天春、一家春、江南春、萬長春、吉祥春等繼起，且分室設座焉。

公司菜

公司菜，西餐館有之，肴饌若干品，由館中預定，客不能任意更易，宜於大宴會，以免客多選肴之煩瑣也。謂之公司者，意若結團體而爲之也。

京師宴會之肴饌

光緒己丑、庚寅間，京官宴會，必假座於飯莊。飯莊者，大酒樓之別稱也，以福隆堂、聚寶堂爲最著，每席之費，爲白金六兩至八兩。若夫小酌，則視客所嗜，各點一肴，如福興居、義勝居、廣和居之葱燒海參、風魚、肘子、吴魚片、蒸山藥泥，致美齋之紅燒魚頭、蘿蔔絲餅、水餃，便宜坊之燒鴨，某回教館之羊肉，皆適口之品也。

京師宴會之惡習

京師爲士夫淵藪，朝士而外，凡外官謁選及士子就學者，于于鱗萃，故酬應之繁冗甲天下。嘉、道以前，風氣猶簡靜。徵逐之繁，始自光緒初葉。且中進士者，凡於座師、房師及朝殿覆試閱卷大臣，例執弟子禮，位尊者或投三四刺始獲見，外此鄉會同年及同署、同鄉皆須投謁，僕僕不得少憩，日以爲常。其以請客遲到而謾友者，如祝雲帆春熙是也。一日，雲帆招梁敬叔恭辰、程晴峯矞采、達玉圃麟、李蘭卿彥章往其家，陪新簡金華太守楊古心兆璜。候至上燈時，古心猶未至，雲帆大怒，乃先入座暢飲，且曰：「古心必不來，即來，亦聽之。」飲至三鼓，肴核盡矣，而古心忽至。雲帆乃侈口肆詈，聲色俱厲，僅以一羹一飯了之。古心大慚沮而去。又一日，聞春臺邀同程春樓陪一外官午膳，至日將晡，尚未至。衆不能久待，遂大恣飲噉而散。甫上燈，春臺即閉門睡。須臾，外官至，閽人傳命曰：「主人明日早直，陪客皆須入城，不及待，他日另請可也。」外官亦大慚沮，噤無一詞。

京師宴會之八不堪

光緒季年，黃巖喻志韶太史長霖在京師，厭酬酢之繁，有謝宴會私議一啓，略云：「供職以來，浮沈人海，歷十餘年，積八不堪，謹貢下忱，用告同志。一，現處憂患時代，禍在眉睫，宴會近於樂禍，宜謝者一。二，今日財政窘困，民窮無告。近歲百物昂貴，初來京師，四金之饌，已足供客，今則倍之，尚嫌菲薄。小臣一年之俸，何足供尋常數餐之客，久必傷廉，宜謝者二。三，京員舊六部，近添新署，共十一部，而官益多，加以學堂林立，巡警普設，人數倍蓰於舊，宴會之事，彌積彌繁。若欲處處周到，雖日日謁客，日日設饌，仍有不逮。且京中惡習，巳刻速客，至申不齊，午刻速客，至暮不齊。主人竟日衣冠，遠客奔馳十里，炎夏嚴冬，尤以爲苦，宜謝者三。四，宴客略分數等，如貴人冶游，巧宦奔競，達士行樂，可置勿論。若知交祖餞，朋友講習，誼分當然，似非得已。然近來酒食之局，大都循例應酬，求其益處，難獲一二，宜謝者四。」其餘四則，以個人之私，不録。

長沙人之宴會

嘉慶時，長沙人宴客，用四冰盤兩碗，已稱極腆，惟婚嫁則用十碗蟶乾席。道光甲申、乙酉間，改海參席。戊子、己丑間，加四小碗，果菜十二盤，如古所謂飣飣者，雖宴常客，亦用之矣。後更改用魚翅席，小碗八，盤十六，無冰盤矣。咸豐朝，更有用燕窩席者，三湯四割，較官饌尤精腆。春酌設綵觴宴客，席更豐，一日糜費，率二十萬錢，不爲侈也。

麻陽饋銀酬席

道光以前，湖南麻陽人家有慶弔事，戚友皆不餽禮物，而饋以銀，自一錢至七錢爲率。主人率酬以席。赴飲者衆賓雜坐，送一錢者僅食肴一簋。甫畢，堂隅卽鳴金曰：「一錢之客請退。」於是紛紛而退者若干人。至第二簋畢，又鳴金曰：「二錢之客請退。」又紛紛而退者若干人。例饋五錢者完席，七錢者加品。至五簋已畢，雖不鳴金，而在座者亦寥寥矣。

杭州人之宴客

杭州以繁盛著稱，然在光緒初，城中無酒樓，若宴特客，必預囑治筵之所謂酒席館者，先日備肴饌，擔送至家而烹調之。倉猝客至，僅得偕至豐樂橋之聚勝館、三和館兩麪店，河坊巷口之王順興、杭人曰喫王飯兒。薦橋之趙長興兩飯店，進魚頭豆腐、醋摟魚、炒肉絲、加香肉等品，已自謂今日宴客矣。蓋所謂酒席店者，設於僻巷，無雅座，雖能治筵，不能就餐也。光緒中葉，始有酒樓。最初者爲聚豐園，肆筵設席，咄嗟立辦。自是以降，踵事增華，旗亭徧城市矣。

至慶弔大事之宴會，以客衆筵多，肴不精美，俗呼爲喜湯兒、送喪飯，蓋言其爲惡草具也。

太平人之宴會

四川太平縣之宴客也，遇喪葬，不發請柬，僅遣一人沿街大呼，云某處宴客，請早發駕，客卽聞聲而至。遇喜事宴客，則反是。沿大江一帶，凡發喪之前夜宴客，曰坐夜，必在夜中。而太平則在發喪時，亦名之曰坐夜。

永昌人飲食宴樂

永昌饒竹石鹿豕魚蝦之利，其民儇巧，善製作，金銀銅鐵、象牙寶石、料絲什器布罽之屬皆精好，所庢琥珀、水晶、碧玉、古喇錦等物，不可勝數，轉販四方，日漸致富。以是而俗尚漸趨華飾，飲食宴樂，諺謂「永昌一日費百石米釀」。亭午以後，途皆醉人矣。

滿人之宴會

滿人有大宴會，主家男女必更迭起舞，大率舉一袖於額，反一袖於背，盤旋作勢，曰莽式。中一人歌，衆皆以「空齊」二字和之，謂之曰空齊，蓋以此爲壽也。每宴客，客坐南炕，主人先送烟，次獻乳茶，曰奶子茶，次注酒於爵，承以盤。客年長者，主輒長跪，以一手進之，客受而飲，不答禮，飲畢乃起。客年稍長，則亦跪而飲，飲畢，客坐，主乃起。客年若少於主，則主立而酌客，客跪而飲，飲畢，起而坐。婦女出酌客，亦然。惟婦女多跪而不起，非一爵可已也。食時，不食他物。飲已，設油布於前，曰劃單，即以防穢也。進特牲，以刀割而食之。食已，盡賜客奴。奴叩頭，席地坐，對主食，不避。

蒙人宴會之帶福還家

年班蒙古親王等入京，值頒賞食物，必攜之去，曰帶福還家。若無器皿，則以外褂兜之，平金繡蟒，往往爲湯汁所沾濡，淋漓盡致，無所惜也。

新疆蒙人之宴會

新疆蒙人之宴會，情文稠疊。賓客至門，聞馬蹶聲，主人趨出接韁下馬，男西女東，啓簾讓客，由右進，坐佛龕下，薦乳茶、乳酒、乳餅，奉納什，納什乃煙葉搓末加麻黄灰製成，久食可固齒。即烹羊以留食。其不相識者至門，必飫以酒食，居數日，敬如初，無辭客者。貴人官長止其家，屠羊爲餉，必請視之，頷而後殺。食則先割頭尾肉獻佛，乃餉客。食畢，家人團坐。餕哎林一村之意。父老争攜酒肉壽客，謂貴人至其家，將獲此福，歌以侑之。卑幼者至門，繞舍後下馬，置策而後入。

哈薩克人之宴會

哈薩克人樸城簡易，待賓客有加禮。戚友遠别相會，必抱持交首大哭，儕輩握手摟腰，尊長見幼輩，則以吻接脣，唼喋有聲。既坐，藉新布於客前，設茶食、醺酪。貴客至，則繫羊馬於户外，請客覘之，始屠以餉客。殺牲，先誦經。馬以菊花青白線臉者爲上，羊以黄首白身者爲上。血浄，始烹食。然非其種人宰割，亦不食也。客至門，無識與不識，皆留宿食。所食之肉，如非新割者，必告之故。否則客訴於頭人，謂某寡情，失主客禮，以宿肉病我，立拘其人，責而罰之。故賓客之間，無敢不敬也。

每食，浄水盥手，頭必冠，儻事急遺忘，則以草一莖插頭上，方就食，否則爲不敬。食抜以手，謂之抓飯。其飯，米肉相淪，雜以葡萄、杏脯諸物，納之盆盂，列於布毯。主客席地團坐相酬酢。割肉以刀，不用箸。禁烟酒，忌食豕肉，呼豕爲喬什罕，見即避之。尤嗜茶，以其能消化肉食也。

青海番族之宴會

青海番族之宴會也，酒用木碗。客前陳木匣，啓之，中分數格，有青稞粉，有糖，有酥，聽客自取。以肥羊脯投之釜，湯初沸，卽出之，切爲大臠。臠必露其骨寸許，如器之有把者。人持一臠置左袖，倒握其骨，如佛之持如意然。各出所佩小刀，割而食之，腥血常沾於脣。刀鋒宜向内，向外則觸主人之忌，禮貌頓減矣。無刀者，主人授之。客還主人刀，鋒亦内向，向主人則亦忌。刀揷於地，或插於脯，則尤忌。主人顧譯人而喃喃，似逐客矣。肉盡留骨，骨不可投，各陳於前。骨愈淨，則主人愈喜。啖畢，主人執客手，以己之衣襟代拭膩垢，而後以麥飯出餉焉。

纏回之宴會

新疆纏回之宴客，以多殺牲爲敬，瓜果、餳飴、湯餅、肉臘之屬，紛列於几。客至，皆叉手大啖。

藏人之宴會

藏人筵宴，男女同坐，歌聲酧答，終日始散。散時男女團聚，攜手趺坐而歌，同出門，歌唱於街中而散。富者月二三次，貧者亦必一次。

噶倫卜人之宴會

歲時令節，西藏噶倫卜必大餉賓客，或於家，或於柳林。中鋪方形褥數層，噶倫卜自坐。前稍低，置方案一二，供麪菜，及生熟牛羊肉、棗、杏、核桃、葡萄、冰糖、焦糖各一二皿。焦糖爲黑糖所製，以黄油熬成，長一尺，廣三四寸，厚一指。牛羊肉則一腿或一片。又兩旁鋪長坐褥，前設矮几，列果食。噶布倫、巴浪子、沙中意等，列坐兩側，或二人爲一席。從者各在席後，人給果食一大皿。

食時，先飲油茶，次土巴湯，次奶茶、抓飯。抓飯有黄白二種，煮米爲之，淅之於水，再入以沙糖、杏、棗、葡萄、牛羊餅食等物，盛皿中，以手抓而食。繼飲蠻酒。遇大節盛會，即選美麗婦女十餘人，戴珠冠，衣彩衣，使行酒歌唱，亦能度漢曲。又有八九歲至十二三歲之十數小童，披五色錦衣，戴白布圈帽，腰勒錦條，足繫小鈴，手執斧鉞，前後相接。更設鼓十餘面，司鼓者裝束亦同。進食一巡，每進相舞，步法進退與鼓聲相合。食畢，則攜肉果各品以歸。

丁固庵時作主人

錢塘丁文策，號固庵，明諸生。明亡，不仕。每宴會，飲噉兼數人饌。時作主人，然故爲酒令以挫客之機警者，至昏酣，不聽去。

禾中文酒之會

國初，禾中文酒之會，甲於海内，如朱竹垞、千里昆仲及俞右吉、鄭隨始、王介人、周簹谷、徐皆山、褚二覲、沈山子、繆天自、鍾廣漢諸人，每人出三十錢，一蔬一肉，而燭必盈把，每攜筆硯，吟詠達旦。

吴雁市席次大言

吴秋，字雁市，康熙初之錢塘人。遊京師，諸貴人招之不往。遊西江，李侍講來泰開宴，集名士與飲，酒酣，大聲而言曰：「吾浙中名士僅四人。」問其故，則曰：「吾師章淇上，次則吾宗慶百、志伊。」問其四，不答。時在座多浙人，深惡之。

道士宴客

韓某，世家子弟也。好客，同村徐某常飲於其座。客集，有道士托鉢門外，家人投錢及粟，皆不受，亦不去。家人怒，歸不顧。韓聞擊剥之聲甚久，詢家人，以情告。言未已，道士逕入。韓招之坐，道士向主客皆一舉手，即坐。略致研詰，始知其初居村東破廟中。韓曰：「何日棲鶴東觀？竟不聞知，缺地主之禮。」答曰：「野人新至，無交游。聞居士揮霍，深願求飲焉。」韓命舉觴，道士能豪飲。徐見其衣服垢敝，頗偃蹇，不甚爲禮，韓亦海客遇之。道士傾飲二十餘杯，乃辭去。

自是，每宴會，道士輒至，遇食則食，遇飲則飲。韓亦稍厭其煩，飲次，徐嘲之曰：「道長日爲客，寧不一作主？」道士笑曰：「道士與居士等，惟雙肩承一喙耳。」徐慚，不能對。道士曰：「雖然，道士懷誠久矣，會當竭力，作杯水之酬。」飲畢，囑曰：「翼午幸賜光寵。」次日相邀同往，疑其不設，道士已候於途。入門，則連閣雲蔓，院落一新。大奇之，曰：「久不至此，創建何時？」道士曰：「竣工未久。」比入其室，陳設華麗，爲世家所無，二人肅然起敬。甫坐，行酒下食，皆二八佼童，錦衣朱履，酒饌芳美，備極豐渥。飯已，又進珍果，多不可名，貯以水晶玉石之器，光照几榻，酌以玻璃盞，圍尺許。道士語童曰：「喚石家姊妹來。」童去少時，二美人入，一細長，如弱柳，一身短，齒最稚，媚曼雙絕。道士使歌以侑酒。少者拍板而歌，長者和以洞簫，聲清細。既闋，道士懸爵促釂，又命徧酌，顧美人曰：「久不舞，尚能之否？」遂有僮僕展氍毹於筵下，兩女對舞，長衣亂拂，香塵四散。舞罷，斜倚畫屏。二人心曠神飛，不覺醺醉。道士亦不顧客，舉杯引盡，起謂客曰：「姑煩自酌，我少憩，即復來。」即去。屋南壁下，設一螺鈿之牀，女子爲施錦裀，扶道士卧。道士乃曳長者共枕，命少者立床下，爲之爬搔。二人睹此狀，頗不平，徐乃大呼曰：「道士不得無禮。」往將撓之。道士急起而遁。見少女猶立牀下，乘醉拉向北榻，公然擁卧。視牀上美人，尚眠繡榻，顧韓曰：「君何太迂！」韓乃逕登南牀，欲與狎，而美人已睡，撥之不轉，因抱與俱寢。天明，酒夢俱醒，覺懷中冷物冰人，視之，則抱長石卧階下。急視徐，徐尚未醒，見其枕遺屙之石，酣寢敗廁中。蹶起，互相駭異，四顧，則一庭荒草、兩間破屋而已。

項霜田聞宴逕造

康熙朝，錢塘項霜田上舍溶嘗游京師，以事南歸。一日，忽復至，聞諸名士會宴某所，逕造焉，告座客曰：「予自家以十八日至都。」客訝曰：「何急事也？」曰：「予往來南北數矣，有包程贏者，未嘗乘也，故偶試耳。」

畢怡安家宴

畢怡安有小姨愛貓，一日，畢氏家宴，席次行酒令傳花，以貓叫飲酒爲度。每巡至怡安，貓必叫。怡安不勝酒創，疑甚，察之，乃知小姨故戲弄之，凡花傳至怡安，輒暗搯貓一指使叫。

章目湖大會湖心亭

章日躋，號目湖，康熙時之錢塘人。好客，好遠游，歷齊、魯、江、淮，近攬三吳苕霅、嚴陵之勝，枯笻野棹，日在佳山水中，雖風雨不輟。四方名宿而外，酒人、劍客、古衲、名姬，恆滿户内，或賃舟結侶，浹旬忘返。嘗曰：「湖光無刻不變，故欲以閒靜求之。」嘗避暑湖心亭，來訪者櫓聲相接。又嘗以中元夜大集，同人至者幾五十人，分十小舟，各懸二燈，鑪茗絃管之屬無不具。是夜微雨，羣舟任其所之。夜半，會於湖心亭。繼復聚於斷橋，霽月明甚，痛飲狂歌，至曉乃罷。有詩云：「言采潭心白玉蓮，水燈雲管雜舟前。暫教風雨成佳會，畢集人文動謫仙。山月霽遲分夜半，湖亭涼早得秋偏。回流遞醉漁歌散，四面諸峯聚曉烟。」紀此會也。

譚慕鄴赴宴居上座

沔陽譚士珌，字慕鄴。家中落，敝簏中惟短褐一，芒鞋一，他無長物。所著《五經鱗》、《虛牕論史》、

《餓説》諸帙，常以自攜，口哦手録，不稍釋。雖賓至，不起立，與語，不答，時流嗤之。某歲宴唐氏園林，約曰：「無少長貴賤，步屧來。」一新貴獨後，乘車至，下階除，慕鄴怒，大言叱之。衆哄然笑，某亦面赤不敢言。逮入席，慕鄴曰：「爵與齒弗如也，吾之尊，其德乎？」夷然自居上座，衆又大笑。

韓桂舲赴消寒會

韓桂舲尚書對家居時，年逾七十矣。每消寒會食，必以四字爲準，曰早，曰爛，曰熱，曰少。早，言時也；爛、熱、少，言物也。

沈巨山赴宴沈飲

沈巨山家貧好客，良友讌集，輒慷慨沈飲。或勸以少事生業，對曰：「良朋、尊酒，吾故藉以生者。」巨山名家恆，順、康間之錢塘人。

劉西廷歲時開讌

劉西廷，名戡，好爲詩，尤雄於酒。歲時招故人讌集，輿至，即不復用常杯，傾酒盎中，與豪客爲拇陣，勝負紛拏，輒大聲笑呼，以巨觚盛飲，可數十瓢。即席分題，長篇險韻，他人沈吟，方欲出吻，已立就數百言，一時名流未能或先也。客散，則捫腹徐行，吟哦聲不絶。子姪輩有索詩者，隨所求，立應之。

辛先民聞宴必赴

宛平辛先民司李民客居吟歎，聞有人招宴，必赴，直欲捐性命狥之。或諫其不節，辛笑曰：「奈五臟神願馳驅何？」

輦下讌集

康、雍以還，承平日久，輦下簪裾，讌集無虛日，瓊筵羽觴，興會飆舉。凡豪於飲者，各有名號，長洲顧俠君嗣立曰酒王，武進莊書田楷曰酒相，泰州繆湘芷沅曰酒將，揚州方覲文覲曰酒后，時未留鬚。太倉曹亮疇彝曰酒孩兒。年最少也。五人之外，如吴縣吴荆山士玉、侯官鄭魚門任鑰、惠安林象湖之濬、金壇王篛林澍、常熟蔣檀人漣、蔣愷思洞、漢陽孫遠亭蘭苾，皆不亞於將相。荆山尤方駕酒王，每裙屐之會，座有三數酒人，輒破甕如干，罌爵無算。然醉後則羣囂競作，弁側屢僛，形骸放浪，杯盤狼藉。惟荆山飲愈卽，神愈惺，讌醋語默，不失常度，夷然灑然，略無矜持抑制之迹。其閎量，非同時儕輩所及，而欿然不以善飲之名自居。荆山一寒士，弱不勝衣，貌癯瘠無澤，而享盛名，躋右弼。昔人云：「魏元忠相貴在怒時，李嶠相貴在寐時。」荆山之相，必貴在醉時也。

方望溪宴客不勸客

有飲於方望溪侍郎邸中者，絶不勸客。或疑而問之，方曰：「禮，主人宴客，客將飯，主人必以粗糲爲辭，客必強飧之，以爲至美。今主人勸客，客反不飧，豈禮也哉？孔子食于少施氏而飽，客將祭，主人辭曰：「不足祭也。」客將飧，主人辭曰：「不足飧也。」

陶然亭雅會

趙味辛司馬、洪稚存太史、張船山太守、吴山尊學士同官京朝，文酒過從，極一時朋簪之盛。預訂每遇大雪，不相招邀，各集南下窪之陶然亭，後至者任酒資。

洪稚存遇宴鬨座

洪稚存負才傲物，清狂自喜。在京時，嘗游陶然亭，遇素不識者宴客，洪即鬨座，即浮一大白，曰：「如此東君如此酒，老夫懷抱幾時開。」一笑逕去。蓋襲改楊廉夫句也。廉夫爲張士誠強止於宏文館，以指寫塵梟一絶云：「山前日日風塵起，海上年年御酒來。如此風塵如此酒，老夫懷抱幾時開。」

吴敏軒設盛讌

吴敏軒歿之前數日，裒囊中餘錢，設盛讌，召友朋酣飲，大醉，輒誦樊川「人生衹合揚州死」之句，竟如所言。

厲樊榭赴蔬食之會

乾隆某歲六月一日，厲樊榭集十研齋蔬食，期珡上人不至，因爲詩曰：「積雨潤方收，初夏勢已蘊。山僧結夏期，我輩服食謹。丈人靜者流，解菜鄙饞吻。入市匪求益，行園土膏墳。瓠鴨及楮雞，羅列費拾攟。相招同此味，意與信民近。飽餘沃以茶，意洽色無慍。勝彼山中人，但啜雲母粉。」

陸茶塢宴客講求食經

吳人陸茶塢，名錫疇，水木明瑟園之主人也。性嗜客，豪於飲，尤講求食經。吳中故以飲饌誇四方，其父研北已盛有名，至茶塢而益上。他處有宴會，膳夫聞座中有茶塢，輒失魄，以其少可多否也。其家居，無日不召客，一登席，則窮晝繼夜不厭。全謝山太史祖望嘗以酒户爲朋輩所推，然深畏茶塢，每至園，不五日而即病，往往解維遁。茶塢誚之曰：「是所謂以六千里而畏人者也。」坐是，遂以好事落其家。然家愈落，好事愈甚。其後世故局促，吳之富人多杜門謝酬應，無復昔時繁華之盛，而茶塢猶竭蹶持之。

王晴山宴百餘人於平山堂

仁和施石友上舍安客揚州，王晴山招集平山堂，索賦長歌。時與會者百餘人，石友因作歌紀之。歌云：「宿雨乍止林霏開，松影滿地横古釵。我來適當清暑候，沙路鬆快便輕鞵。平岡蜿蜒通蜀道，其間樓閣位置佳。隋家歌舞已灰冷，指點往事摧客懷。卷簾一笑山色近，搴裳涉波爲吾儕。誰寫吴妝入小筆，烟嵐一擦明鏡揩。廬陵玉局本詞客，白頭出綰刺史緺。當年手種不可見，泠泠修竹無根荄。至今山川閟清氣，風雅往往供談諧。漁洋老人最後起，冶春七字非淫哇。我生已恨歲時晚，清游安得杖履皆。今年懷餅廣陵市，道逢耆舊拍手如洪厓。先生白下賢，訪古邗水涯。好詩兼好客，壺觴興不乖。圖書五車喙三尺，劇談混沌驅風霾。堂前似省舊游處，惜無柳影圍苔階。江山百年有此樂，今之視昔誰相差。座中競鬭淮海句，而我擬學劉伶埋。蘭亭梓澤有故事，丹青絲竹何爲哉？昨者見獵弄柔翰，五子妝點同優徘。先生未許負夙諾，枯魚屢索闔屢排。何時孟公復啗我，畫船一棹浮清淮。載月時乘黄篾舫，折花不須紅粉娃。長牋急報釣魚叟，江湖襏襫行當偕。」

王茨檐赴陸筱飲宴

仁和王茨檐茂才曾祥性和易而嗜飲，時從酒人游，遇要人、富兒，一不當意，輒掉臂去之。中年息意榮遇，絶迹省門。雷翠庭副憲鋐視浙學，聞其名，禮意敦迫，將以優行貢於鄉。一日，赴陸筱飲宴，或舉其事以爲慶，茨檐不屑也。酒酣，則曰：「今此一官，亦不易得。得矣，桎梏徒自苦，豈若詩場酒地，與君輩皮皮之爲樂耶？」皮皮，相戲之謂，杭人方言也。

茨檐有《自題乞食圖》詩云：「生事常苦拙，安能撚須坐。默誦陶公詩，乞食奚不可。同里三五輩，夙昔稱知我。分能相饋遺，詞不煩忝荷。欣然進一觴，起更索蔬果。念此意氣真，披圖一笑瑳。還思失業徒，孰救飢渴火。如我適所求，未便傷轗軻。」

汪槐塘與宴於端華堂

乾隆甲申，杭州有集里中同康熙甲申生者六人，宴於端華堂，錢塘汪槐塘上舍沆與焉。酒半，出順治紀元所製銀杯，命後甲申所誕哲嗣，奉以壽客，肇舉齊年之會，遠希會昌，元豐諸老之高風，甚盛事也。槐塘有詩，用以紀實，詩云：「枌榆五老衡宇鄰，過從步屧不隔旬。惟予穮秜玷後塵，柯山居士齒冠倫。一麾出守猶逡巡，諸公袞袞佩印紳。甘棠之碑樹嶙峋，政成遄歸狎釣輪。宰官偶現遨頭身，比部心戀鶴髮親。遺榮一疏蘭陔循，暇續八社羅衆賓。登堂拜母展華茵，小同揖客詞恂恂。問年先後齊甲申，改席擎出鑿落銀。紫芝煌煌爛若新，開國紀元第一春。良工製巧銘詞諄，觴行疾若下阪輪。插芳咀甘殺迭陳，笑言和懌音叩錞。竹溪人物遜此辰，方今聖治被八垠。緬酋行見隸僕臣，詠歌太平娛夕晨。山屏水鏡湖之濱，篔輿栗杖莫憚頻。歲寒令德保松筠，嘉會勿替耄耋臻。」

徐兆潢宴客精飲饌

常州蔣用庵御史與四友同飲於徐兆潢家。徐精飲饌，烹河豚尤佳，因置酒，請食河豚。諸客雖貪其味美，各舉箸大啖，而心不能無疑。中有一張姓者，忽倒地，口吐白沫，噤不能聲。主人與羣客皆以爲中河豚毒矣，乃速購糞清灌之，張猶未醒。客大懼，皆曰：「寧可服藥於毒未發之前。」乃各飲糞清一杯。良久，張蘇，羣客告以解救之事，張曰：「僕向有羊角瘋之疾，不時舉發，非中河豚毒也。」於是五人深悔無故而嘗糞，且嘔，狂笑不止。

錢璵沙爲九老會

乾隆時，仁和錢璵沙方伯琦由閩藩以京堂內用，奉旨終養。服闋入都，年已七十五矣，以原品休致，遂歸。其明年，閒居無事，乃集里中同志者九人爲會。時璵沙年七十六，孫瑶圃庭蘭七十四，孫芥舟廷槐七十二，汪存齋鵬飛六十九，胡青厓夢檜六十八，成成山城六十七，許石蘭鉞、汪晴漪廷藻皆六十六，陸亢宗邁祖五十九，倣洛社故事，以齒叙次，迭爲賓主。率成四律，今録其二。詩云：「九人六百有餘歲，每遇佳辰迭召呼。齒竟馬加憐我長，杖多鳩刻健誰扶。坐消大塊閒風月，好續耆英舊畫圖。正及天家開壽宴，明年歲紀五十年，有旨特開千叟宴。白頭都合醉堯衢。」「萍蓬會合本前因，難得相逢一味真。天肯與閒兼與健，座忘誰主復誰賓。散花偏示維摩疾，謂青厓。飲酒思交公瑾醇。如此良朋如此會，徑須消盡百年春。」

徐雨峯以五簋宴客

徐雨峯中丞撫蘇時，嘗宴僚屬於滄浪亭，肴以五簋爲度。

阮文達宴宋鮑二老

宋葆淳，字芝山，安邑人。乾隆時，嘗官解州學正，與歙縣鮑廷博淥飲皆贍聞耆宿。阮文達公元開府浙江時，嘗置酒西湖冷泉亭，專讌二老，道古竟日。二老席帽單衣，風貌閒遠。

王元瀚升席較酒量

王漸，字元瀚，臨江人。少落魄不羈，日與酒徒、劍客引滿呼白，擊劍拓戟以爲樂。而家産益落，其父兄患之。漸於是聚書數千卷，閉户誦讀，目數行下，一過輒終身不忘。比三年，作爲文章歌詩，以示里中耆宿，始大驚，皆不信爲其自作也。

既而遊金陵，金陵富豪王氏聞漸善飲，白下有道士亦能引無算爵，爲設席，要道士共酌，以觀其量。即升席，命贊者實酒置甕中，起揖道士，捧甕，若鯨之吸川，一飲而盡，復命實酒酬道士。道士飲既，漸再實酒如前，命道士先飲。道士強飲至半，謝不勝。漸笑曰：「是何足與飲。」乃更酌大盃，盡一石，談笑終席，不至醉，衆乃歎服。漸每麻屨布袍，簡絕禮法，至賢士大夫家，輒登堂，中席坐，不讓，或不交一談而去。士大夫知其才，皆畏敬之。

陳燕公宴會必至

青浦陳燕公孝廉晚歲饕餮無厭，宴會必至。客憎其屢食於人，未嘗作答也，強索之，乃折柬相招。

至晚，賓客雜遝，實未治膳，陰與其婦約，驟相勃谿，拾破碗碎之。客大驚，逡巡去。越日，又邀客，漏三下，徐語之曰：「客甚少，今聊以飯熬糜，果腹可乎？明夕當盡歡也。」客又忍餓去。其赴晏也，魚肉、果餅輒懷以歸，預攜布囊以盛之。一夕，物充塞於囊，不能出棚孔。客盡起，周章無計，僕爲代出之。又嘗醉蹶於地，頻以足蹴僕，謂足受傷，不知其袖中實藏蟹脚也。

太平橋葛某設肆售熟食，最精潔，燕公恆造其店，道寒燠，雜揀野味，餽之餂之，久而始去，日以爲常。每遇戚友有吉慶事，輒饋金扇一柄，面以飯粘，骨以綫繫，令鄰兒往送，自從其後。隣兒返，半途收其帖，與分力金，而自攜匣歸。又曾令婢入市，寫票曰：「來錢一大文，乞發濃釅火腿湯一碗。」有鄉人誤稱之曰老相公者，則正色曰：「不可。」

胡書農設席宴客

嘉慶某歲之冬至前二日，仁和胡書農學士敬設席宴客，錢塘汪小米中翰遠孫亦與焉，飲鬼子酒。翌日，嚴漚盟以二瓶餉小米，小米賦詩四十韻爲謝。鬼子酒爲舶來品，當爲白蘭地、惠司格、口裏酥之類。當時識西文者少，呼西人爲鬼子，因強名之曰鬼子酒也。

是日，黄鄰泉亦在座，乃次杭堇浦《道古堂集》中《鬼子糕》韻爲七律，原詩六十一韻，内毦字，考《廣韻》、《集韻》皆未收入豪韻中，故缺焉，恰成六十韻。詩云：「北風第一買酒壚，爛醉不計酒價高。巷醪村釀徒喧囂，安得花採滄州桃。玉堂學士燦宫袍，光禄法酒霑襦裪。還鄉不忘短褐緇，詩壇猥許隨擔篙。開尊昨日折簡勞，物聚天美養老饕。酒瓶遠寄驛不騷，徵典早窨劉郎糕。製自鬼子方法韜，兀然座怨難禪逃。佛郎機壤鄰紅毛，檣歸提舶同皋牢。方物畢獻如旅獒，龍涎之嶼籬木壕。加蒙樹心汁取淘，無事麴糵與淅溞。梅花腦子香不臊，波羅有蜜相和撓。檳榔椰子輭中熬，柔旨特異剸腸刀。吠琉璃瓶貯可操，燕嘉賓歌食野蒿。碧眸高準首屢搔，拳捷匹似獻果猱。五桅帆風來連艘，森衛不使弓受櫜。銅盤照海敢弁髦，送以魚鳥聲取鼇。黏天無壁心弗忉，更更鍼路報匪警。神禱天主高厥尻，佛山旌次羣來敖。酒官罷榷無私糟，歡酺被及蟲戴鼇。朝市共趁雞三號，氤氳別調瀛洲膏。買樸法比行隔槽，忙到飲事供吾曹。我生弱冠弄柔毫，依人一昔風轉翻。身行萬里詎足豪，機心不解施桔槔。文章枉說五采繅，燕秦楚蜀窮所遭。歸來魚生范釜轑，井上活計於陵螬。未經滄海漫讙嗷，不分一旦嘉會叨。遠越瑶琨卑葡萄，積憂解去荼蓼薅。一杯吞盡重洋濤，頌之語碎暫啾嘈。才薄何能配褎皋，運斤所喜人逢獿。鬼奴常使雙瓶挑，止酒肯賦柴桑陶。」

阮文達宴客於文選樓

阮文達既罷官，卜居於揚州，所宅爲文選巷舊址。嘉慶乙丑，始於其家廟之西，建隋文選樓，樓上祀隋祕書監曹憲，以唐沛王府參軍公孫羅、左拾遺魏模、模子度支郎景倩、崇賢館直學士李善、善子北海太守邕、句容處士許淹配之，文達撰銘，所謂「建隋選樓，用別於梁」者是也。

梁茝林中丞章鉅爲文達之弟子，嘗至揚，謁文達。文達召之飲，席設文選樓。所藏鐘鼎古器，悉庋於此，因得縱觀。時無雜賓，而錢梅溪適至，因相將入座。文達甚喜，曰：「似此三老一堂，而所摩挲者皆三代法物，人間此會，能有幾回，不可無以記之也。」時梅溪年八十四，文達年七十九，莛林年最少，而居首坐。乃踰日而朱蘭坡至，又數日而王子卿亦至。子卿亦八十四歲，蘭坡七十五歲。文達方欲團爲五老會，而英船警報日迫，文達乃移居南萬柳堂，梅溪、蘭坡均返蘇，莛林亦挈眷渡江南返矣。

劉忠誠爲友人招宴

新寧劉忠誠公坤一性機警，權奇自喜。少時家貧甚，食常不給。一日，友人招宴，設有佳饌，舉座皆熟識，忠誠大喜。又慮人多不得飽，佯爲捫蝨足間，揚其敝襪，拂之者再，塵垢飛落樽俎，座客無敢下箸，忠誠徐起大嚼，果腹而去。

某尚書宴某藩司

同治朝，杭有尚書某者，方致仕家居。時有藩司某，以飲食苛求屬吏，牧令患之。尚書曰：「此吾門生，當諭之。」俟其來謁，款之，曰：「老夫欲設席，恐妨公務，留此一飽家常飯，對食能乎？」藩司以師命不敢辭。自朝至午，飯猶未出，飢甚。比進食，惟脱粟飯、豆腐一器而已，各食三碗，藩司覺過飽。少頃，佳肴美醞，羅列於前，不能下筯。尚書強之，對曰：「飽甚，不能復食。」尚書笑曰：「可見飲饌原無精粗，飢時易爲食，飽時難爲味，時使然耳。」藩司喻其意，自是不復以盤飧責人。

潘張大宴公車名士

同、光間，某科會試場後，潘文勤公祖蔭、張文襄公之洞大集公車名士，宴於京師陶然亭。所約爲午刻。先旬日，折柬招之，經學、史學、小學、金石學、輿地學、曆算學、駢散文、詩詞，就其人之所長，各列一單，州分部居，不相溷也。凡百餘人，如期而至，或品茗談藝，或聯吟對弈，無不興高采烈。日晡，大衆飢矣，枵腹竟日，漸少高談雄辨者。文勤覺之，詢文襄曰：「筵爲何家主辦？」文襄大愕曰：「忘之矣，今奈何？」乃倉卒遣僕赴酒樓，命送筵至，皆草具也，且餒敗。時街柝起矣，大衆飢不可忍，強下咽，有歸而患腹疾者。

王文敏爲詩酒之會

福山王文敏公懿榮官京師久，交游既廣，每以春秋佳日，與潘文勤、張文襄、洪洞董研樵、鄒縣董鳳樵、太谷温味秋、儀徵陳六舟、巴陵謝麐伯、餘姚朱肯夫、吴縣吴清卿、會稽李蒓客、甘泉秦誼庭、績谿胡荄甫、光山胡石查、遂溪陳逸山、大興劉子重、儀徵陳研香、元和顧緝庭、歙縣鮑子年、長洲許鶴巢遞爲詩酒之會，壺觴無虛日。其元配黄夫人輒檢點肴核，迎時先辦，客至無缺，有拔釵沽酒之風。

潘文勤宴門生

潘文勤嘗召門生私讌，其知單有附言曰：「天氣甚熱，準九點鐘入座，遲則彼此皆以暍死，無益也。」

外人欲嘗燒烤魚翅席

李筱荃制軍瀚章督粵時之宴外人也，循例設西筵。某則謂其味劣，且曰：「此來實冀一嘗貴國之燒烤、魚翅美味也。」

汪穰卿赴晚餐會

光緒戊戌，汪穰卿在滬辦《時務報》，主筆者爲梁卓如，穰卿則主持對外之交涉，日夕酬應，刻無暇晷。以酒食徵逐之煩，恆苦之。一日薄暮，在漢口路遇其同年陸介卿，介卿止之，欲與立談。穰卿曰：「吾今晚大忙，將赴十四處之晚餐會，明晨當在館相候。」匆匆拱手，遂別去。詰旦，介卿往晤，坐定，即詢以十四處之地址。穰卿歷數之，則爲酒樓九，長三、么二妓院五也。其中先時而至，僅道謝者七，略坐而把盞，僅以酒沾脣者四，有二處則大嚼，而疲於奔命之如是者，實恐有一不到，開罪於友人耳。宴會之苦，非個中人不知，蓋食無定時，方飢不得噉，過食則傷生也。

及時行樂會之輪飲

宣統時，時局不靖，朝士率以醇酒婦人自晦。有倡及時行樂會者，有小啓，中有云：「軟紅十丈，濃綠萬株。歷歷方情，常常塵夢。陸沈有日，絕憐失國之人；養晦遵時，合築忘憂之館。」其會章以八人每夕輪飲四伶家，迭爲賓主，所費省而得夜夜游讌也。

改良宴會之食品

無錫朱胡彬夏女士以嘗游學於美，習西餐，知我國宴會之肴饌過多，有妨衞生，且不清潔而糜金錢也，乃自出心裁，別創一例，以與戚友會食，視便餐爲豐，而較之普通宴會則儉。酒爲越釀，俗稱紹興酒者是也。入座時，由主人爲客各斟一杯，嗜飲者各置一小壺於前。其所備之肴如下：

芹菜，拌豆腐乾絲。牛肉絲，炒洋葱頭絲，冷食，味較佳。白斬鷄，火腿，以上四者，用四深碟，形似小碗，入坐時已置於案，後此諸碗則以漸而進，如筵席通例。燉蛋，內有雞片、冬筍片、蘑菇片，人各一杯，連杯燉之，至是須易器。炒青魚片，和冬筍片，用豬油炒，不用醬油，臨時製。白燉豬蹄，和海參、香菌、扁尖，以大煖鍋盛之。每客前又各備小碗，以便分取，至是須易器。炒菠菜，和冬筍片，豬油炒，不用醬油，臨時製。炒麪，豬油與雞湯、火腿湯炒，上鋪雞絲、火腿絲、冬筍絲，臨時製，至是須易器。魚圓，夾於冬筍片中燉之。小炒肉，切小肉片，和栗子、葡桃紅燒，至是須易器。湯糰，米粉爲之，皮極薄，中有擣碎之葡桃肉和糖，臨時製。蓮子羹，人各一杯，與湯糰並進。至是始進飯與粥，下爲飯粥之菜。黄雀，糟黄雀，內藏豬肉，用豆腐衣包，與金針、木耳油煎。青菜，豬油炒，不用醬油，臨時製。江瑶柱炒蛋，豬油乾炒，臨時製。湯，雞湯和血。腐乳，白色。菜心，醃。水果。福橘或蜜橘。

食器宜整齊雅潔，案上有布覆之。每座前，杯一，箸二，碟三，一置匙，一置醬油，一置醋。匙三，以一置碟中。巾一。食時鋪於身，以防穢且拭口。凡各器，食時宜易四次。

食品中之燉蛋，取其温暖而易消化，富滋養料也。以醬油爲調料者，惟牛肉絲、小炒肉。雖醬油之黴爲植物菌之一，非動物，無害衞生，然究以少食爲宜。

先置之冷肴四碟，取其顏色之鮮潔也。芹菜緑色，牛肉絲醬色，白斬雞淡黄色，火腿深紅色。而進肴之次序，亦有命意。如食白燉豬蹄後，繼之以菠菜，以清口也。青菜與黄雀，一爲青生，一爲濃厚，而同爲佐飯之肴。蓮子羹與湯糰並進，以其味之調和也。

食畢散座，乃進茶煙。

小酌之和菜

小酌者，二三知己之小飲也，不足爲宴客，滬上所宜者爲和菜。和菜，酒樓有之，碰和時所食也。凡四碟、四小碗、二大碗。碟爲油雞、醬鴨、火腿、皮蛋之屬，小碗爲炒蝦仁、炒魚片、炒雞片、炒腰子之屬，大碗爲走油肉、三絲湯之屬。碰和，賭博之一種也，僅四人。謂之和菜者，言僅足敷四人之便餐耳。

小酌之生火鍋

京師冬日，酒家沽飲，案輒有一小釜，沃湯其中，熾火於下，盤置雞魚羊豕之肉片，俾客自投之，俟熟而食。有雜以菊花瓣者，曰菊花火鍋，宜於小酌。以各物皆生切而爲絲爲片，故曰生火鍋。

小酌之邊爐

廣州冬日，酒樓有邊爐之設，以創自邊某，故曰邊爐，宜於小酌。其食法，略如京師之生火鍋，惟雞魚羊豕之外，有雞卵，蓋粤人已知雞卵之富蛋白質矣。

小酌之消夜

廣州酒樓之肴，有所謂消夜者，宜於小酌，一碗二碟。碗爲湯，碟爲一冷葷，一熱葷。冷者爲香腸、叉燒、白雞、燒鴨之類，熱者爲蝦仁炒蛋、炒魷魚、炒牛肉、煎曹白魚之類。

沈東江留客小酌

沈東江性不喜飲，顧好賓客。即甚貧，客往，必留之小酌，輒必質衣治具，歡笑達曙。東江，名謙，順治初之仁和人。

黄仲則欣然命酌

乾隆某歲之中秋，無月而雨。黄仲則方坐吟愁歎，至初更後，忽有攜酒食至者，欣然命酌，即用《中秋夜雨》韻賦一詩云：「狂喜下階趨欲蹶，豈意今宵百無闕。滿堂酒氣飄氛氲，一縷心烟起蓊勃。渴羌奮吸老饕嚼，雜沓雨聲同不歇。壺觴匪惠惠及時，快意真無憾毫髮。癡童睡醒驚抹眵，似有神廚運倏忽。主人定夢羊觸蔬，坐客休驚犬争骨。杖如可化愁高寒，繩便堪梯怖飄兀。何如痛飲隨自然，不共浮雲爭出沒。五更街鼓慘忽沈，簾隙看天暗光發。一度愁鄉與睡鄉，傾盡千觴已飛越。願借君觴更屬君人生幾度陰晴月。」

袁子才留伍拉納子小酌

伍拉納嘗任江寧藩司，一日，其子隨塾師黃望庭游隨園，袁子才出迎，款待甚周。時年六十餘，康健如少壯，面麻而長，微鬚已半白，身高五尺餘。園中窗嵌玻璃皆紫藍各色。肴饌精雅，食麪四碗而散。乾隆辛亥，伍子年二十歲，以三等侍衛乞假省親於閩督任，再過隨園。子才時往蘇州。比至蘇相見，子才已七十六歲，令女弟子作點心兩盤、醬蔥蒸鴨一盤、蟶乾爛肉一盤爲贈，伍子饋以四十金而別。比嘉慶己卯，三過隨園，則荒爲茶肆矣。

徐若冰餉客以小酌

崑山徐若冰女士映玉嫁孔某，居蘇州之木瀆鎮。其夫好款客小酌。嘗留惠松厓徵君飲，若冰入廚治具，或以爲過豐，曰：「吾重惠先生之經學也。」他日，其戚有爲縣令者，飯其舍，或又以爲儉，曰：「彼徒知取科名耳，安得儕惠先生哉！」

錢籜石與客小酌

錢籜石侍郎載與汪孟鋗、祝維誥諸人宴集，惟酒兩尊，白煮豆腐兩大柈，分韻賦詩，陶然終日。歸田以後，故人門下士招飲即赴。或醵錢游南湖，不過四五人，人不過百錢，小酌也。籜石能飲，然居家惟飲燒酒，又不以小盞而以巨杯，一杯適三飲而盡。嘗謂吳子修曰：「果燒酒佳乎，黃酒佳乎？」子修曰：「燒酒佳。」曰：「然。」又曰：「子知小飲佳乎，巨觥連引佳乎？」曰：「大口飲佳。」曰：「然。」蓋黃酒價貴，不足至醉，即燒酒而淺斟細酌，亦不足以盡醉也。其孫恬齋太史昌齡簡雅有祖風。某與子修訪之，爲具酒饌，恬齋以倉卒無肴爲辭。某曰：「觴酒豆肉，以比令祖指籜石。宴集，不太侈靡矣乎？」賓主粲然。

朱文正餉武虛谷以豚酒

偃師武虛谷，名億，性迂僻，善哭。嘗游京師，主大興朱文正公珪邸。除夕，文正饋以彘肩、蒙古酒。虛谷食已，大哭。文正聞之，驚怪，疑其久客思家也，亟慰問之，則曰：「無他，遠念古人，近傷洪稚存、黃仲則不偶耳。」

法時帆喜小酌

蒙古法時帆祭酒性不能飲，然有約其小酌者，輒晉，看花飲酒，雖風雨必至。晚年喜食山藥，乃名其齋曰玉延秋館。

伯麟留許亭史小酌

仁和許亭史廣文心坦有伯倫之好，花酣月大，輒擕杖頭錢就酒家，拉故人泥飲。或醉卧坊巷，至風露砭骨乃醒。兒童拍手攔街，陽陽然，若不知其誚己也。嘉慶時，以計偕客居京師，有友死於酒者，爲文弔之，辭極詭麗，爲時所傳誦。一日，徘徊僧廬中，而伯相國麟適至，僧麾之，使避去。相國問爲誰，僧以姓名對。相國驚曰：「許先生耶？吾願見久矣。」亟遣僕馬邀至邸中，張燈命酌，相得甚歡。蓋相國愛才，且亦嗜洪飲也。

張小雲爲真率會之小酌

光緒辛卯八月九日，仁和譚復堂大令獻方在里門，張小雲孝廉大昌約赴真率會，就許邁孫觀察增之榆園列坐。真率云者，肴核無多，杯杓不事，饌畢而縱譚，小酌也。

鍾喬中屢約朋輩小酌

錢塘鍾喬中文學以敬貧而好客，屢約朋輩小讌，輒自烹小鮮以進。而獨不能飲，惟手茗盞，相勸而已。然清言娓娓，聽者忘倦，人皆樂就之。

徐仲撝與客小酌

徐仲撝自奉甚儉，常餐具粗糲，佐以麥粥，肴一湯一而已。猝有客至，必留之小酌，設盛饌焉。汪潔哉問之曰：「君何儉於自奉而豐於待客，與常人大異乎？」仲撝曰：「人顧口腹，我顧顏面也。」

伍秩庸論飲水

伍秩庸曰：「人身自呼吸空氣而外，首宜飲水。試以不食與不飲者較，雖枵腹終日，但有一勺之飲，即可苟延生命。是則飲之視食，自更要矣。蓋人之體中，水占七成，不僅血管血液之爲水也，腦漿一百分，含水七十八，而骨中亦含之。且人身所出之水亦甚多，口涎、溺汗其顯者也，即皮膚毛管，時時出氣，固如水氣之流通。又凡用腦之時，腦氣運動，亦爲肌膚出水之證。故統計人身所出之水，日約五派吾特。每派吾特合十五兩。出氣出水，日無所間。而腹中之食物悉爲渣滓，若不飲水，渣滓填積，多則成毒。果能時時飲水，流至下部，令腸臟肺腑之積淤，悉自糞溺而出，不亦善乎！且全身血液，更藉飲水調勻，始可流通血脈，一無疾病。

「水有江河、山澤、井渠之別，不可不擇。河流固甚渾濁，而食井多與溝渠相鄰，至於山磵，則草根樹葉之黴爛，蛇蝎之潛藏，皆不能免。若論雨水，本至潔也，而其中或有微生物。能覓極清之泉，以沙漏濾之，斯爲合宜。然飲水亦有節制，且食時尤不宜飲。以一切食品，均含水氣，人口中復有天生靈液之津涎，已給於用故也。惟宜於食前之半時飲之，庶可使腹中積穢推行下流，又宜於食後之一二時飲之。否則食品在腸，未及消化而爲水所衝矣。」

以水洗水

世以鎮江城西北石山簰東之中泠泉水爲通國第一，然高宗嘗製一銀斗以品通國之水，則以質之輕重分水之上下，乃遂定京師海淀鎮西之玉泉爲第一，而中泠次之，無錫之惠泉、杭州之虎跑又次之。此外惟雪水最輕，可與玉泉並，然自空下，非地出，故不入品。鑾輅時巡，每載玉泉水以供御。然或經時稍久，舟車顛簸，色味或不免有變，可以他處泉水洗之。一洗，則色如故焉。其法，以大器儲水，刻分寸，入他水攪之。攪定，則污濁皆沈澱於下，而上面之水清澈矣。蓋他水質重則下沈，玉泉體輕故上浮，挹而盛之，不差錙銖。古人淄澠之辯，良有以也。

京師飲水

京師井水多苦，茗具三日不拭，則滿積水鹻。然井亦有佳者，安定門外較多，而以在極西北者爲最，其地名上龍。又若姚家井及東長安門内井，與東廠胡同西口外井，皆不苦而甜。凡有井之所，謂之水屋子，每日以車載之送人家，曰送甜水，以爲所飲。若大内飲料，則專取之玉泉山也。

王文簡以第二泉餉友

王文簡自淮上還揚州，青簾畫舫，乘風南下，與汪某相值於秦郵湖，遥語曰：「有事欲附致家博士。」及遣信至，乃寄舫中所有第二泉四罌而已。某以道遠稍難之，文簡攢眉曰：「汪大乃成俗吏。」

陳香泉飲香泉

海寧陳香泉太守奕禧令深澤時，飲泉甘之，作亭其上，署曰香泉，因以自號。

馬小藥嘗蟹殼泉

仁和馬小藥嘗從其尊人秋藥太常視學陝、甘，得嘗蟹殼泉，而作詩曰：「何年老阿旁，乘潮上絶壁。誤墮巖隙中，遺筐化爲石。紅膏變玉腴，元津潩璚礫。蟻竅同九廻，蚌汞時一滴。承以青絲瓶，重之素錦冪。王孫喜茗事，延客松風宅。小寵侍獠奴，輕甌捧詞伯。睛先魚眼生，爪從兔毫别。哥窯作兔褐色，有豬鬃、蟹爪紋。琴聲聽爬沙，詩情到郭索。釀酒當更佳，蟹黃同　一脈。」通州雪酒，以府治蟹黃井釀之。宋人易以西湖，味稍劣。

鎖吟竹茂才成系出回紇，嘉、道間之錢塘諸生也，亦有《試蟹殼泉》詩云：「山深有石蜕，其色黝如鐵。云是蟹遺筐，何年化爲石？石中生微涎，吞吐自藏溼。甘逾鳳味清，色勝蓋頤白。至今山下人，瓶器小容汲。我來試清泠，迥與江水別。煎茶固其宜，釀酒亦甘潔。」

章次白試第一泉

仁和章次白廣文坤嘗登金山寺，試第一泉，而懷許脩，因作詩云：「銜寒獨倚江天閣，瀹茗來評第一泉。忽憶詩人許丁卯，香浮緑雪竹鑪邊。」

荷蘭水

荷蘭水，即汽水，以炭酸氣及酒石酸或枸櫞酸加糖及他種果汁製成者，如檸檬水之類皆是。吾國初稱西洋貨品多曰荷蘭，故沿稱荷蘭水，實非荷蘭人所創，亦非產於荷蘭也。今國人能自製之，且有設肆專售以供過客之取飲者，入夏而有，初秋猶然。

冷飲冰

水遇寒而凝，成實質，曰冰。滬上夏日有賣冷飲冰者，冰塊也。呼之曰冷飲冰，意謂涼沁心脾，飲之而冷也。下流社會之人，勞動於烈日中，褦襶觸熱，即取塊而食之。中流以上，則飲冰忌淋矣。

濟南人不好茶而好酒

濟南人不重茗飲而好酒，雖大市集，無茶肆，故勞働界之金錢消耗較少，而士夫之消耗光陰，亦不至如南人之甚。朋輩徵逐，惟飲酒，酒多高粱。

董小宛罷酒嗜茶

冒辟疆既納董小宛爲姬，及殞，辟疆憶之，嘗告人曰：「姬能飲，自入吾門，見余量不勝蕉葉，遂罷飲。每晚，侍荆人數杯而已。而嗜茶與余同性，又同嗜岕片。每歲，半塘顧子兼擇最精者緘寄，具有片甲蟬翼之異，文火細煙，小鼎長泉，必手自吹滌。余每誦左思《嬌女》詩『吹噓對鼎鑭』之句，姬爲解頤。至沸乳看蟹目魚鱗，傳瓷選月魂雲魄，尤爲精絶。每花前月下，靜試對嘗，碧沈香泛，真如木蘭沾露，瑶草臨波，備極盧陸之致。東坡云：『分無玉椀捧蛾眉。』余一生清福，九年占盡，九年折盡矣。」

葉仰之嗜茶酒

葉仰之茂才觀文，康熙朝之錢塘人，初嗜酒，醉輒嫚駡。已而病，涓滴不能飲，復嗜茶。

韓文懿嗜酒煙

韓文懿公菼嗜煙草及酒。康熙戊午，與王文簡同典順天武闈，在闈日，酒盃、煙筒不離於手。文簡戲問之曰：「二者，乃公熊魚之嗜，則知之矣。必不得已而去，二者何先？」文懿俯首思之，良久，答曰：

「去酒。」衆爲一笑。

其後文簡偶閱姚旅露書，知煙草産呂宋，本名淡巴菰，以告文懿。時文懿掌翰林院，教習庶吉士，乃以淡巴菰爲題，令庶吉士賦淡巴菰，作者如林，頗多佳卷。時海寧陳文貞公亦有五律四首，詩云：「神農不及見，博物幾曾聞。似吐仙翁火，初疑異草薰。充腸無滓濁，出口有氤氳。妙趣偏相憶，縈喉一朶雲。」「異種來西域，流傳入漢家。醉人無藉酒，款客未輸茶。莖合名承露，囊應號辟邪。閒來頻吐納，攝衞比餐霞。」「細管通呼吸，微噓一縷煙。味從無味得，情豈有情牽。益氣驅朝霧，清心卻晝眠。誰知飲食外，別有意中緣。」「清氣滌昏憨，精華任咀含。吸虛能化實，嘗苦有餘甘。爝火寒能卻，長吁意似酣。良宵人寂寞，藉爾助高談。」

德宗嗜茶煙

德宗嗜茶，晨興，必盡一巨甌，雨脚雲花，最工選擇。其次聞鼻煙少許，然後詣孝欽后宮行請安禮。

茶癖

人以植物之葉，製爲飲料，實爲五洲古今之通癖，其源蓋不可考。西人嗜咖啡、椰子，東人好茶，其物雖以所居而異，好飲一也。然據醫士研究，謂此種飲料，含水之多，由百分之九十至九十八，而此少許之飲料，於身體實無所益，飲者亦藉其芬芳之氣爲進水之階而已。茶癖非生而有也，乳臭之童，飲茶常苦其澀，不雜以糖果，則不能下。既長，隨社會之所好，然後成癖。成人有終歲不飲茶者，於身體之健康，殊無影響。其非生命必需之物，蓋無疑義。

世界產茶之地，首推吾國，次則印度、日本、錫蘭。西人視烏龍爲珍品，即吾國之紅茶也。茶之上者，製自嫩葉幼芽，間以花蕊，其能香氣襲人者，以此耳。劣茶則成之老葉枝幹。枝幹含製革鹽最多，此物爲茶中最多之部，故飲劣茶，害尤甚也。茶味皆得之茶素，茶素能激刺神經。飲茶覺神旺心清，能徹夜不眠者以此。然枵腹飲之，使人頭暈神亂，如中酒然，是曰茶醉。

茶之功用，仍恃水之熱力。食後飲之，可助消化力。西人加以糖乳，故亦能益人，然非茶之功也。茶中妨害消化最甚者，爲製革鹽。此物不易融化，惟大烹久浸始出。若僅加以沸水，味足即傾出，飲之無害也。吾人飲茶頗合法，特有時浸漬過久，爲可憂耳。久煑之茶，味苦色黃，以之製革則佳，置之腹中不可也。青年男女年在十五六以下者，以不近茶爲宜。其神經統系，幼而易傷，又健於胃，無需茶之必要，爲父母者宜戒之。

烹茶須先驗水

欲烹茶，須先驗水。可貯水於杯，以酒精溶解肥皂，滴三四點。如爲純粹之水，則澄清如故，倘含有雜物，必生白泡。又法，貯水於杯，加硼砂少許，水惡則濁，水良則清。

若無良水，亦可化惡爲良。如井水之有鹹味者，或溷濁之水，既煮沸，置數小時，污物悉沈於底，再取其上之澄清者，煑沸數次，遂成良水。

烹時須活火。活火者，有焰之炭火也。既沸，以冷水點住，再沸再點，如此三次，色味俱進。

以花點茶

花點茶之法，以錫瓶置茗，雜花其中，隔水煑之。一沸卽起，令乾。將此點茶，則皆作花香。梅、蘭、桂、菊、蓮、茉莉、玫瑰、薔薇、木樨、橘諸花皆可。諸花開時，摘其半含半放之蕊，其香氣全者，量茶葉之多少以加之。花多，則太香而分茶韻；花少，則不香而不盡其美，必三分茶葉一分花而始稱也。

梅花點茶

梅花點茶者，梅將開時，摘半開之花，帶蒂置於瓶，每重一兩，用炒鹽一兩洒之，勿用手觸，必以厚紙數重密封之，置陰處。次年取時，先置蜜於盞，然後取花二三朵，沸水泡之，花頭自開而香美。

蓮花點茶

蓮花點茶者，以日未出時之半含白蓮花，撥開，放細茶一撮，納滿蕊中，以麻皮略紮，令其經宿。明晨摘花，傾出茶葉，用建紙包茶焙乾。再如前法，隨意以別蕊製之，焙乾收用。

茉莉花點茶

茉莉花點茶者，以熟水半杯候冷，鋪竹紙一層，上穿數孔，日暮，採初開之茉莉花，綴於孔，上用紙封，不令泄氣。明晨取花簪之，水香可點茶。

玫瑰花點茶

玫瑰花點茶者，取未化之燥石灰，研碎鋪罈底，隔以兩層竹紙，置花於紙，封固。俟花間溼氣盡收，極燥，取出花，置之淨罈，以點茶，香色絕美。

桂花點茶

桂花點茶，法與上同。

香片茶

茶葉用茉莉花拌和而窨藏之，以取芳香者，謂之香片。然《羣芳譜》云：「上好細茶，忌用花香，反奪真味。」是香片在茶中，實非上品也。然京、津、閩人皆嗜飲之。

張則之嗜茶

丹徒張則之,名孝思,嗜茶,有茶癖。謂天地間物,無不隨時隨境隨俗而有變遷,茶何獨不然。陸羽《茶經》有古宜而今未必宜,有今然而古未必然,茶亦有世輕世重焉。其嗜茶也,出入陸氏之經,酌古準今,定其不刊之宜,神明變化,得乎口而運乎心矣。且善别水性,若他往,必以已品定之水自隨。能入其室而嘗其茶者,必佳士也。則之,順治時人。

馮正卿論烹茶

馮正卿,名可賓,益都人,明湖州司理。入國朝,隱居不仕。嗜茶,曾著《岕茶牋》。其論烹茶云:「先以上品泉水滌烹器,務鮮務潔。次以熱水滌茶葉,水不可太滚,滚則一滌無餘味矣。以竹筯夾茶,於滌器中反復滌蕩,去塵土、黄葉、老梗使浄,以手搦乾,置滌器中,蓋定。少頃開視,色青香烈,急取沸水潑之。夏則先貯水而後入茶葉,冬則先貯茶葉而後入水。

「飲茶之所宜者,一無事,二佳客,三幽坐,四吟詠,五揮翰,六徜徉,七睡起,八宿醒,九清供,十精舍,十一會心,十二賞鑒,十三文僮。」

「飲茶亦多禁忌,一不如法,二惡具,三主客不韻,四冠裳苛禮,五葷肴雜陳,六忙冗,七壁間案頭多惡趣。」

馮正卿嗜飲岕茶

飲岕茶者，壺以小爲貴，每一客，則一壺，任其自斟自飲，方爲得趣。蓋壺小則香不涣散，味不耽閣。況茶中香味，不先不後，只有一時，太早則未足，太遲則已過。見得恰好，一瀉而盡，化而裁之，存乎其人。施於他茶，亦無不可。此馮正卿之言也。

祝斗巖詠煮茶

海寧祝斗巖員外翼權嘗作《煮茶歌》，以和傅笏巖，歌云：「曉院鹿盧如轉轂，古牆不礙詩城築。春雲八颊細無痕，卷簾長嘯清酣獨。十年間爲一官忙，乘興何當頻看竹。故園筍蕨夢中肥，覺來初報淩霄熟。我昔最慕武夷茶，解事還能散馥郁。沸鼎松聲噴緑濤，雲根漱玉穿飛瀑。此時拄頰意超越，置身彷彿南泠曲。小軒蘭韻午晴初，個中自有真清福。不須斗酒换西涼，春芽絶勝葡萄麴。習習生風兩腋間，狂來潑袖忘杯覆。所謂伊人在水湄，詩來百讀沁心脾。鶴怨猿啼歸未得，文成應有北山移。」

李客山與客啜茗

李客山，名果，長洲布衣。艱苦力學，忍飢誦經，樵蘇不繼，怡然自得。所居亦湫隘，良友至，輒呼小童取一錢，就茶肆潑茗，共啜之。

楊道士善煮茶

平湖道士楊某善煮茶，其術取片紙，以硃書符，入爐焚之，紅光爛然，筆畫都成烈火。比移鐺，卽作松風聲，旅作蟹眼沸矣。客或不知者，曰：「勿煩，再煮。」則火頓熄。

高宗飲龍井新茶

杭州龍井新茶，初以采自穀雨前者爲貴，後則於清明節前採者入貢，爲頭綱。頒賜時，人得少許，細僅如芒。瀹之，微有香，而未能辨其味也。

高宗命製三清茶，以梅花、佛手、松子瀹茶，有詩紀之。茶宴日卽賜此茶，茶碗亦摹御製詩於上。宴畢，諸臣懷之以歸。

吳秋農飲鍋焙茶

鍋焙茶，產邛州火井漕，箬裹囊封，遠致西藏，味最濃冽，能蕩滌腥羶厚味，喇嘛珍爲上品。乾隆末，錢塘吳秋農茂才聞世隨宦蜀中，嘗飲之而爲詩曰：「我聞蜀州多產茶，櫝蔎茗荈名齊誇。涪陵丹陵種數十，中頂上清爲最嘉。臨邛早春出鍋焙，彷彿蒙山露芽翠。壓膏入臼築萬杵，紫餅月團留古意。火井槽邊萬樹叢，馬馱車載千城通。性醇味厚解毒癘，此茶一出凡品空。竹君憐我病渴久，一鞭雙館長鬚走。清風故人與俱來，不思更貰當壚酒。滌鎗洗碾屑桂薑，活火烹試第二湯。綠塵碧乳瀉百盞，蘇我病骨津枯腸。庭前一葉秋容淺，天末懷人情輾轉。何時薛井汲新泉，共聽羊腸看蟹眼。」

静參品茶

梁茝林中丞嘗再游武夷，信宿天游觀，與靜參羽士談茶。靜參曰：「茶名有四等，茶品有四等。福州城中官吏富豪，競尚武夷，最著者曰花香。有由花香等而上者，曰小種。山中則以小種爲常品。又等而上者，曰名種，此爲山下所不可多得者。即泉州、廈門人所講之工夫茶，號稱名種者，實僅得小種也。又等而上之曰奇種，如雪梅、木瓜之類，即山中亦不可多得。大抵茶樹與梅花相近者，即引得梅花之味，與木瓜相近者，即引得木瓜之味，他可類推。且烹時亦必須山中之水，方能發其精英。閲時稍久，而其味亦即稍退。三十六峯中，亦僅數峯有之。寺觀所藏，每種不能滿一斤，以極小錫瓶貯之，裝於名種大瓶，遇有貴客名流至山，始出少許，鄭重瀹之。其用小瓶裝者，亦題曰奇種，實皆名種，雜以木瓜、梅花等物助其香，非真奇種也。至茶品之四等，一曰香，花香、小種之類皆有之。今之品茶者，以此爲無上妙諦矣。不知等而上之，則曰清。香而不清，猶凡品也。再等而上之，則曰甘。香而不甘，則苦茗也。再等而上之，則曰活。甘而不活，亦不過尋常好茶而已。活之一字，須從舌本辨之，微乎微矣。然亦必瀹以山中之水，方能悟此消息也。」

吳我鷗喜雪水茶

以雪水烹茶，俊味也。吳我鷗喜之，嘗爲詩曰：「絶勝江心水，飛花注滿甌。纖芽排夜試，古甕隔年留。寒憶冰階掃，香參玉乳浮。詞清應可比，曾瀹一襟秋。」

孝欽后飲茶

宫中茗盌，以黄金爲托，白玉爲盌。孝欽后飲茶，喜以金銀花少許入之，甚香。

姚叔節從母乞茗飲

桐城姚永概，字叔節，爲慕庭運同之叔子。母光恭人，同邑直隸布政使聰諧女也。叔節兒時，從塾中歸，一日，恭人與其適馬其昶之長女，方坐窗下，論家事，旁置茗一甌。叔節乞就飲之，頻蹙，恭人笑曰：「兒畏苦耶？何吾嗜之不覺也。」

宋燕生飲猴茶

温州雁宕山有猴，每至晚春，輒採高山茶葉以遺山僧。蓋僧嘗於冬時知猴之無所得食也，以小袋盛米投之，猴之遺茶，所以爲答也。烹以泉水，味清而腴。平陽宋燕生徵君恕嘗得之。

邱子明嗜工夫茶

閩中盛行工夫茶，粤東亦有之。蓋閩之汀、漳、泉，粤之潮，凡四府也。烹治之法，本諸陸羽《茶經》，而器具更精。爐形如截筒，高約一尺二三寸，以細白泥爲之。壺出宜興者爲最佳，圓體扁腹，努嘴曲柄，大者可受半升許。所用盃盤，多爲花瓷，内外寫山水人物，極工緻，類非近代物。爐及壺盤各一，惟盃之數，則視客之多寡。盃小而盤如滿月，有以長方磁盤置一壺四盃者，且有壺小如拳，盃小如胡桃者。此外尚有瓦鐺、棕墊、紙扇、竹夾，製皆樸雅，壺、盤與盃舊而佳者。先將泉水貯之鐺，用細炭煎至初沸，投茶於壺而沖之，蓋定，復徧澆其上，然後斟而細呷之。其餉客也，客至，將啜茶，則取壺，先取涼水漂去茶葉塵滓，乃撮茶葉置之壺，注滿沸水。既加蓋，乃取沸水徐淋壺上，俟水將滿盤，覆以巾。久之，始去巾，注茶盃中，奉客。客必銜盃玩味，若飲稍急，主人必怒其不韻也。

閩人邱子明篤嗜之。其法，先置玻璃甕於庭，經月，輒汲新泉水滿注一甕。烹茶一壺，越宿即棄之，别汲以注第二甕。侍僮數人，供爐火。爐以不灰木製之，架無烟堅炭於中。有發火機，以器焠之，熾矣。壺皆宜興砂質，每茶一壺，需爐銚三。湯初沸爲蟹眼，再沸爲魚眼，至聯珠沸而熟。湯有功候，過生則嫩，過熟則老，必如初寫《黄庭》，恰到好處。其烹茶之次第，第一銚，水熟，注空壺中，盪之潑去。第二銚，水已熟，預置酌定分兩之葉於壺，注水，以蓋覆之，置壺於銅盤中。第三銚，水又熟，從壺頂灌其四周，茶香發矣。注茶以甌，甚小。客至，餉一甌，舍其涓滴而咀嚼之。若能陳説茶之出處、功效，則更烹尤佳者以進。

某富翁嗜工夫茶

潮州某富翁好茶尤甚，一日，有丐至，倚門立，睨翁而言曰：「聞君家茶甚精，能見賜一杯否？」富翁哂曰：「汝乞兒，亦解此乎？」丐曰：「我曩亦富人，以茶破家。今妻孥猶在，賴行乞自活。」富人因斟茶與之。丐飲竟，曰：「茶固佳矣，惜未極醇厚，蓋壺太新故也。吾有一壺，昔所常用，今每出必攜，雖凍餒，未嘗舍。」索觀之，洵精絕，色黝然。啓蓋，則香氣清冽，不覺愛慕。假以煎茶，味果清醇，迥異於常，因欲購之。丐曰：「吾不能全售。此壺實值三千金，今當售半與君。君與吾一千五百金，取以布置家事，即可時至君齋，與君啜茗清談，共享此壺，如何？」富翁欣然諾。丐取金歸，自後果日至其家，烹茶對坐，若故交焉。

顧石公好茗飲

光緒己卯，上元顧石公學博雲僦居江寧東城委巷，談小圃學博浮自吳縣任所送其子歸試，適與之鄰，知石公好茗飲，購其佳者，日邀過所居，品嘗之。韛火瀹泉之暇，輒自述生平行事，纖悉靡所遺。

孫月泉飲普洱茶

普洱茶，一名蒙山茶，蓋産於雲南普洱府之蒙山也。性温味厚，壩夷所種，蒸製以竹箬，成團裹，産易武倚邦者尤佳。醉飽後飲之，能助消化。孫月泉布衣深嗜之，餐後必飲，歲以爲常。

以松柴活火煎茶

浙藩某秩滿將入都，受肅王善耆之囑，令輩致杭州虎跑泉水百甕爲煎茶之用。某病其瑣，意且謂肅亦耳食耳。至滬，乃市西人之濾水器，載以往。至京，即取都中水濾之以進。肅譎其贋，會某入謁，語之曰：「吾果得真虎跑水，當以松柴活火煎之矣。」

朱古微不嗜茶

朱古微侍郎祖謀不嗜茶，嘗有《睡起》二絶句云：「病入梅天信有魔，透簾風與藥烟和。策勛茗椀非吾事，孤負一封春碧螺。」碧螺春，茶名，産太湖洞庭山，其味在龍井之上。「蒼鳩賺客語連晨，草樹風乾不動塵。睡起南塘知有雨，野雲爐篆兩輪囷。」

茶肆品茶

茶肆所售之茶，有紅茶、緑茶二大别。紅者曰烏龍，曰壽眉，曰紅梅。緑者曰雨前，曰明前，曰本山。有盛以壺者，有盛以碗者。有坐而飲者，有卧而啜者。懷獻侯嘗曰：「吾人勞心勞力，終日勤苦，偶於暇日一至茶肆，與二三知己瀹茗深談，固無不可。乃竟有日夕流連，樂而忘返，不以廢時失業爲可惜者，誠可慨也！」

京師茶館，列長案，茶葉與水之資，須分計之。有提壺以往者，可自備茶葉，出錢買水而已。漢人少涉足，八旗人士雖官至三四品，亦廁身其間，並提鳥籠，曳長裾，就廣坐，作茗憩，與圉人走卒雜坐談話，不以爲忤也。然亦絕無權要中人之蹤跡。

乾隆末葉，江寧始有茶肆。鴻福園、春和園皆在文星閣東首，各據一河之勝，日色亭午，座客常滿。或凭闌而觀水，或促膝以品泉。皋蘭之水煙，霞漳之旱煙，以次而至。茶葉則自雲霧、龍井，下逮珠蘭、梅片、毛尖，隨客所欲，亦間佐以醬乾生瓜子、小果碟、酥燒餅、春卷、水晶糕、花豬肉、燒賣、餃兒、糖油饅首，叟叟浮浮，咄嗟立辦。但得囊中能有，直亦莫漫愁酤也。

上海之茶館，始於同治初三茅閣橋沿河之麗水臺。其屋前臨洋涇浜，傑閣三層，樓宇軒敞。南京路有一洞天，與之相若。其後有江海朝宗等數家，益華麗，且可就吸鴉片。福州路之青蓮閣，亦數十年矣，初爲華衆會。光緒丙子，粵人於廣東路之棋盤街北，設同芳茶居，兼賣茶食糖果，侵晨且有魚生粥，晌午則有蒸熟粉麵、各色點心，夜則有蓮子羹、杏仁酪。每日未申之時，妓女聯袂而至。未幾，而又有怡珍茶居接踵而起，望衡對宇，兼售烟酒。更有東洋茶社，初僅三盛樓一家，設於白大橋北，當罏煮茗者爲妙齡女郎，取資銀幣一二角。其後公共、法兩租界，無地不有。旋爲駐滬領事所禁。

青蓮閣茶肆，每值日晡，則茶客麕集，座爲之滿，路爲之塞。非品茗也，品雉也。雉爲流妓之稱，俗呼曰野雞。四方過客，爭至此，以得觀野雞爲快。

茶館之外，粤人有於雜物肆中兼售茶者，不設座，過客立而飲之。最多者爲王大吉涼茶，次之曰正氣茅根水，曰羅浮山雲霧茶，曰八寶清潤涼茶。又有所謂菊花八寶清潤涼茶者，則中有杭菊花、大生地、土桑白、廣陳皮、黑元參、乾葛粉、小京柿、桂元肉八味，大半爲藥材也。

蘇州婦女好入茶肆飲茶。同、光間，譚敍初中丞爲蘇藩司時，禁民家婢及女僕飲茶肆。然相沿已久，不能禁。譚一日出門，有女郎娉婷而前，將入茶肆。問爲誰，以實對。譚怒曰：「我已禁矣，何得復犯！」令去履歸。曰：「汝履行如此速，去履必更速也。」自是無敢犯禁者。

茗飲時食餚

鎮江人之啜茶也，必佐以餚。餚，卽饌也。凡饌，皆可曰餚，而此特假之以爲專名。餚以豬豚爲之。先數日，漬以鹽，使其味略鹹，色白如水晶，切之成塊，於茗飲時佐之，甚可口，不覺其有脂肪也。

茗飲時食乾絲

揚州人好品茶，清晨卽赴茶室，枵腹而往，日將午，始歸就午餐。偶有一二進點心者，則茶癖猶未深也。蓋揚州啜茶，例有乾絲以佐飲，亦可充飢。乾絲者，縷切豆腐乾以爲絲，煮之，加蝦米於中，調以醬油、麻油也。食時，蒸以熱水，得不冷。

茗飲時食鹽薑萊菔

長沙茶肆，凡飲茶者既入座，茶博士卽以小碟置鹽薑、萊菔各一二片以餉客。客於茶貲之外，必別有所酬。

又有以鹽薑、豆子、芝麻置於中者，曰芝麻豆子茶。

長沙人食茶

湘人於茶，不惟飲其汁，輒并茶葉而咀嚼之。人家有客至，必烹茶，若就壺斟之以奉客，爲不敬。客去，啓茶碗之蓋，中無所有，蓋茶葉已入腹矣。

蒙古人食茶

茶，飲料也，而蒙古人乃以爲食。非加水而烹之也，所用爲磚茶，輒置於牛肉、牛乳中雜煮之。其平日雖偏於肉食，而不患壞血病者，亦以此。

飲咖啡

歐美有咖啡店，略似我國之茶館。天津、上海亦有之，華人所仿設者也，兼售糖果以佐飲。

京師之酒

京師酒肆有三種，酒品亦最繁。一種爲南酒店，所售者女貞、花雕、紹興及竹葉青，肴核則火腿、糟魚、蟹、松花蛋、蜜糕之屬。一種爲京酒店，則山左人所設，所售之酒爲雪酒、冬酒、淶酒、木瓜、乾榨，而又各分清濁。清者，鄭康成所謂一夕酒也。又有良鄉酒，出良鄉縣，都人亦能造，冬月有之，入春則酸，卽煮爲乾榨矣。其佐酒者，則煑鹹栗肉、乾落花生、核桃、榛仁、蜜棗、山查、鴨蛋、酥魚、兔脯。别有一種藥酒店，則爲燒酒以花蒸成，其名極繁，如玫瑰露、茵陳露、蘋果露、山查露、葡萄露、五茄皮、蓮花白之屬。凡以花果所釀者，皆可名露。售此者無肴核，須自買於市。而凡嗜飲藥酒之人，輒頻往，向他食肆另買也。凡京酒店飲酒，以半盤爲程，而實四兩，若一盤，則半斤矣。

蓮花白

瀛臺種荷萬柄，青盤翠蓋，一望無涯。孝欽后每令小閹采其蕊，加藥料，製爲佳釀，名蓮花白，注於瓷器，上蓋黄雲緞袱，以賞親信之臣。其味清醇，玉液瓊漿不能過也。

紹興酒

越釀著稱於通國，出紹興，膾炙人口久矣。故稱之者不曰紹興酒，而曰紹興。以春浦之水所醖者爲尤佳。其運至京師者，必上品，謂之京莊。至所謂陳陳者，有年資也。所謂本色者，不加色也。各處之仿紹，贋鼎耳，可亂真者惟楚酒。

百花酒

吴中土產，有福真、元燒二種，味皆甜熟不可飲。惟常、鎮間有百花酒，甜而有勁，頗能出紹興酒之間道以制勝。產鎮江者，世稱之曰京口百花。

燒酒

燒酒性烈味香，高粱所製曰高粱燒，麥米糟所製曰麥米糟燒，而以各種植物攙入之者，統名之曰藥燒，如五茄皮、楊梅、木瓜、玫瑰、茉莉、桂、菊等皆是也。而北人之飲酒，必高粱，且以直隸之梁各莊、奉天之牛莊、山西之汾河所出者爲良。其尤佳者，甫入口，卽有熱氣直沁心脾，非大户，不必三蕉，醉矣。

張文襄公嘗因置酒，問坐客以燒酒始於何時。時侯官陳石遺學部衍亦在坐，則起而對曰："今燒酒，殆元人所謂汗酒也。"文襄曰："不然，晉已有之。陶淵明傳云，五十畝種秫，五十畝種稻。稻以造黄酒，秫以造燒酒也。"陳曰："若然，則秫稻必齊，《月令》早言之矣。"文襄急稱秫稻必齊者再，且曰："吾奈何忘之！"

滄州酒

滄州酒，王文簡公謂之麻姑酒。然土人實無稱，而著名已久，論者頗有異同。蓋舟行往來，皆沽於岸上肆中，村醪薄醨，不足辱杯斝，且土人防官吏之徵求無饜，相戒不以真酒應，雖倍其價，不欲出，即笞捶，亦不獻也。

其酒非市井所能釀，必舊家世族，代相授受，始能得其水火之節候。水雖取於衞河，而濁流不可以爲酒，必於南川樓下，如金山取江心泉法，以錫罌沈至河底，取其所湧之清泉，始有沖虛之致。其收貯也，畏寒畏暑，畏濕畏蒸，犯之則其味敗。新者不甚佳，必庋至十年外，乃爲上品。或運於他處，無論車運舟運，稍一搖動，味卽變。運至之後，必於安靜處沈澱半月，其味乃復。取飲時，注之壺，當以杓平挹。數撥，則味亦變，再沈澱數日乃復。

其驗真僞法，南川樓水所釀者，雖極醉，膈不作惡。次日醉，亦不病涌，但覺四肢暢適，恬然高卧而已。若以衞河普通之水釀者則否。驗新陳法，凡庋二年者可再温一次，十年者温十次，十一次則味變矣。一年者再温卽變，二年者三温卽變，毫釐不能假借也。

沈梅村飲女兒酒

熊元昌餉沈梅村大令以越釀一盛，外施藻繪，絕異常罇。詢之，曰：「此女兒酒也。」凡越人遣嫁之夕，必以羊酒先之，故名女兒酒。此即其壻家轉遺者，視他酒尤佳。梅村飲而甘之，贊不絕口。

舒鐵雲飲女兒酒

舒鐵雲嘗於河東都轉劉松嵐席上飲女兒酒。時松嵐將出京，鐵雲爲詩紀之，並以送行。詩曰：「越女作酒酒如雨，不重生男重生女。女兒家住東湖東，春槽夜滴真珠紅。舊說越女天下白，玉缸忽作桃花色。不須漢水醱葡萄，畧似蘭陵盛琥珀。不知何處女兒家，三十三天散酒花。題詩幸免入醋甕，娶婦有時逢麴車。勸君更盡一杯酒，此夜曲中聞折柳。先生飲水我飲醇，老女不嫁空生口。」

女酒窨酒

黔之苗，育女，及數歲，必釀酒。既漉，至寒月，取陂池中水，密封於甖，瘞陂中。至春漲水滿，亦不發。俟女于歸日，決陂取之，以供賓客。味甘美，不可常得，謂之女酒。又有窨酒，色紅碧可愛，初飲之，經日頭熱，蓋胡蔓草汁所溲也。

奶子酒

奶子酒，以牛馬乳所造之酒也，蒙古諸部皆有之。

三投酒

三投酒者，卽蒙古之波爾打拉酥也。初投者，謂之阿爾占。再投者，謂之廓爾占。三投者，謂之波爾打拉酥。其法以羊胎和高粱造之。

頃刻酒

頃刻酒者，臺灣之澎湖人採樹葉裹糯米少許，吐之盆，頃刻成酒。初飲，淡泊無味，少頃，酩酊而歸，謂之頃刻酒。

葡萄酒

葡萄酒爲葡萄汁所製，外國輸入甚多，有數種。不去皮者色赤，爲赤葡萄酒，能除腸中障害。去皮者色白微黃，爲白葡萄酒，能助腸之運動。別有一種葡萄，產西班牙，糖分極多，其酒無色透明，謂之甜葡萄酒，最宜病人，能令精神速復。煙臺之張裕釀酒公司能仿造之。其實漢、唐時已有葡萄酒，亦來自西域。唐破高昌，收馬乳葡萄，實於苑中，種之，並得其釀酒之術也。

麥酒

麥酒者，以大麥爲主要原料。釀製之酒，又名啤酒，亦稱皮酒。貯藏時，尚稍稍醱酵，生炭酸氣，故開瓶時小泡突出。飲後，有止胃中食物腐敗之效，與他不同。後漢范冉與王奐善，奐選漢陽太守，將行，冉與弟協步齎麥酒，於道側設壇以待之。是麥酒之名，我國古已有之。蔣觀雲大令智由在滬，每入酒樓，輒飲之。

臺番藉草劇飲

臺灣番人每俟秋米登場，卽以釀酒，男女藉草劇飲歌舞，晝夜不輟，不盡不止。

臺人嘗酒致祝

臺灣番人之製酒也，以口嚼生米爲麴，和蒸飯調勻，置於缸，藏之密處五月，掏而嘗之，口中喃喃作聲，若有所祝者。

黄九烟論飲酒

《酒社芻言》，黄九烟所著者也。九烟雖有劉伶、李白之癖，而飲酒不亂，爲世所稱。其文云：「古云酒以成禮，又云酒以合歡。既以禮爲名，則必無傖野之禮。以歡爲主，則必無愁苦之歎矣。若角鬭紛争，攘臂讙呶，可謂禮乎？虐令苛嬈，兢兢救過，可謂歡乎？斯二者，不待智者而辨之矣。而愚更請進一言於君子之前曰，飲酒者，乃學問之事，非飲食之事也。何也？我輩生性好學，作止語默，無非學問。

而其中最親切而有益者，莫過於飲酒之頃。蓋知己會聚，形骸禮法，一切都忘，惟有縱横往復，大可暢敍情懷。而釣詩掃愁之具，生趣復觸發無窮。不特説書論文也，凡談及宇宙古今、山川人物，無一非文章，則無一非學問。即下至恆言謔語，如聽村謳，觀稗史，亦未始不可益意智而廣見聞。何乃不惜此可惜之時，用心於無用之地，棄禮而從野，舍歡而覓愁乎？愚有慨於中久矣，謹勒三章之戒，冀成四美之賢。

「一戒苛令　世俗之行苛令，無非爲勸飲計耳。而不知飲酒之人有三種，其善飲者不待勸，其絶飲者不能勸，惟有一種能飲而故不飲者，宜用勸。然能飲而故不飲，彼先已自欺矣，吾亦何爲勸之哉。故愚謂不問作主作客，惟當率真稱量而飲，人我皆不須勸。既不須勸矣，苛令何爲？

「一戒説酒底字　説酒底者，將以覩人之博慧也。然聖賢所謂博與慧者，似不在此。況我輩終日兀坐編摩，形神攣悴，全賴此區區杯中之物以解之。若復苦心焦思，搜索枯腸，何如不飲之爲愈乎？更有一種狂黠之徒，往往借觴政以逞聰明，假席糾以作威福，此非吕雉之宴，豈許軍法行酒乎？若不幸逢此輩，惟有掉頭拂衣而已。

「一戒拳鬨　佐飲之具多矣，古人設爲瓊畟即骰子。以行酒，五白六赤，一聽於天，何其文而理也。即藏鈎、握子、射覆、續麻諸戲，猶不失雅人之致。而世俗率用拇陣虎膺，以逞雄角勝，捋拳奮臂，叫號喧争。如許聲態，亦何異於市井之夫、輿儓之輩乎？愚嘗謂天下事無雅俗，皆有學問存焉。若此種學問，則斂手未敢奉教。

「以上三條，乃世俗相沿習而不察者，故拈出爲戒。他如四五簋之約盟，百十條之飲律，則昔賢言之詳矣，何竢愚贅。」

飲也

南海黎二樵以詩、書、畫得名。以赴京兆試，過南雄嶺，酒肆主人聞其名，乘其醉後，以絹素乞書堂額。時適聞鄰廳有大飲聲，即命取來，大書「飲也」二字。蓋取諧聲之義。由是「飲也」二字，風行粵東，凡墟場、慶會、篷寮、酒肆之座中，必有「飲也」二字。

徐孝先醉而大吐

陸麗京與徐孝先分雖甥舅，契若金蘭。嘗劇醉，共被而卧。徐哈噎中大吐。早起，但見牀下地污，乃曰：「舅昨茗酊耶？」陸亦不能辨。

周思南呼雲月而酌

周思南，名元懋，鄞縣人，性嗜酒。其庋軒中者，皆酒器，大小疊迸，不可數也。軒外平疇所種者，皆秫也。軒旁有廚有庫，顧無長物，所列者，罌缾之屬也。平居不問室家事，賓客至，先通名，其所問者，客之能飲與否也。客云能，則又問之，謂其得久留此間飲與否也。數日之間，或不得伴，則遣人招之。或以事辭，則自往強之。或不遇，則窮之於其所往。不得，則四出，別求其人。終不得，則樵者、牧者、漁者，皆執而飲之。所執之人醉，猶以爲未足，則呼雲而酹之，其觴政然也。午夜思飲，猝無共者，則或童或婢，皆飲之。童婢或不能飲，則強以大斗澆之。猶以爲未足，則呼月而酹之，其日之餘也。有招之飲者，皆不赴。或載酒過其軒，則又必問其人爲何人而後入之。自順治丙戌以後五年，皆其醉鄉之日月也。

一日，思南坐軒中，忽大嘔血，笑云：「此吾從麴車醞釀而成之神膏也，非病也。」嘔不止，飲亦不止，隨飲隨嘔，遂死。

錢定林喜飲

錢定林喜飲，客至，必沽，相與對酌，輒典衣以償酒券。家人或以晨餐不繼告，一笑而已。定林，名朝彥，明句容令。入本朝，不仕。

劉公㦸以酒強人

劉公㦸性曠達，在都時，嘗置酒慈仁寺松下，遇游人至，不論識與不識，必牽挽使飲。有不能勝者，必強灌之，至醉嘔而後已。

申右敦以書佐飲

三原申右敦嗜酒,興至則飲,飲必醉,醉即一切不省,几席户牖間事,人多欺之。顧恆以書佐飲,尤留心二十一史,頗涉其津涯。酒後耳熱,座客趣舉某事,銜口肆應,無脱誤。

趙壺石嗜酒

趙清,字漣公,别號壺石,世居諸暨之洪水上。負至性,嗜酒,有神解,好從同里劉翼明、徐田、張侗、張素、李澄中游。所至則友人儲罇酒,堊壁待之。入門,輒脱帽狂呼,浮大白,同聲歌《渭城》東坡所謂三疊之音。東武獨宛轉淒斷,酒酣苦吟,東西走數十人,默無聲,移時詩乃成,墨淋漓滿壁上。則又乘醉和歌,走入龍湫、卧象間。卧象者,九仙之奥窔諸山,名流開創地也。康熙丁巳春,東萊趙濤往游,酒人王咸熙、陳獻真、徐田、張侗昆季皆從之。山中人預釀酒十餘石,向夕月出,角飲争圭峯下。壺石輒攜顔瓢,以次接飲。至夜分,衆皆大醉,伏不起,乃袒臂露脅下瘤,張髯高歌,震林谷,獨盡十餘瓢,鼾鼾睡矣。醒則念母王夫人,急策驢徑歸。

許玉沙極飲大醉

許玉沙,名宏祚,康熙時錢塘諸生。身長八尺,腰腹十圍,聲若洪鐘。每試鎖闈,門未啓,立儕輩中，昂然傑出，顧盼自雄，議論侃侃，絶無措大氣味。家甚貧，顧膠口不言。一日，與汪水蓮、王性如集夏葉昌館舍，自巳至酉，極飲大醉。次日，復邀至其家賞桂。比至，玉沙久不出，呼而詢之，則家人不舉火兩日矣。水蓮探囊，得白金半兩，付之，市飲食，仍飲至三鼓始罷。明日，葉昌餉以白米。玉沙方握筆苦吟桂樹下，若不知絶糧爲病者。葉昌死，玉沙哭之慟。墓有宿草，猶挈尊罍招客，至墓下哭奠。奠畢，共飲，飲罷，復大哭。

陳幼吕縱飲

上元陳幼吕，名昭。喜爲詩，豪於酒，每與彭謷庵昕、劉西廷戡縱飲連日，輒以巨甕盛酒，用大觥狂飲之。飲酣，嘗同登故王城紫金山，口占爲詩，慷慨懷古，且曰：「吾輩皆少孤，值困苦，不獲以文業自振，繼前人光，然利人濟物之心未忘也。科名付諸兒曹可耳。」

諸虎男謂不可一日不醉

諸虎男嘗云：「酒不可千日不飲，不可一日不醉。」

俞佩兮頽然大醉

俞佩兮既窮困，縱酒自放。遇事憤懣，飲輒倍，徑頽然大醉，醉則忘其所之。一日，以某事不平，呼酒盡醉，踉蹌夜走，誤入萬山中，虎聲四起，撼山谷，始畏怖，步履如飛，抵山麓居民家乃免，距所飲地六十里矣。

黎媿曾詠閩酒

長汀黎士宏，字媿曾。以周櫟園侍郎嘗作《閩茶曲》，乃作《閩酒曲》以儷之。詩云：「板橋官柳拂波流，也句春朝半月遊。數盡紅衫分隊隊，賣錢齊上謝公樓。唐張九齡詩：「謝公樓上好醇酒，五百青蚨買一斗。」樓在城南，爲士女觀臨之所。長槍江米接鄰香，冬至先教辦壓房。燈子才光新月好，傳箋珍重喚人嘗。汀俗於冬至日，户皆造酒，而鄉中有壓房一種，尤爲珍重，藏之經時，待嘉賓而後發也。社前宿雨暗荆門，接手東鄰隔短垣。直待韓婆風力軟，一卮陽鳥各寒温。長汀呼冷風爲韓婆風，鄉人鬻炭者，户祀韓婆，蓋悞以寒爲韓也。值歲暖則倒置韓婆水中，謂能變寒風，使其炭速售。陽鳥，酒名，釀之隔歲，至陽鳥啼時始飲者。新泉短水柏香浮，十斛梨香載扁舟。獨讓吴兒專價值，編蒲泥印冒蘇州。上杭酒之佳者曰短水，猶縮水也。載貨郡中，冒名三白，然香氣甘冽，竟能亂真矣。閩分飲部酒如潮，三合東坡滿一蕉。讓卻登壇銀海子，久安中户注風消。汀人以薄酒爲見風消。曾酌當壚細埔中，高帘短柳逆糟風。近無人乞雙頭賣，幾户朱碑挂半紅。上酒爲雙頭，其次者名半紅，延、邵、汀三郡皆同稱。誰爲狡獪試丹砂，卻令紅娘字酒家。怪得女郎新解事，隨心亂插兩三花。」釀家每當酒熟時，其色變如丹砂，俗稱紅娘過缸酒，謂有神仙到門則然，家以爲吉祥之兆，競插花賞之。

楊次也飲呃嘛酒

海寧楊次也太守守知嘗飲呃嘛酒而甘之，作歌云：「楊花吹雪滿地鋪，杏花一片紅檝糊。榆錢簸風風力軟，芳林處處聞啼鴣。青旗斜漾茅屋底，天然好景難臨摹。我留此地一事無，太平之世爲羈孤，東鄰西舍相招呼。殷兄張丈相與俱，醵錢買醉黄公壚。麥缸鵝黄新釀熟，味醇氣郁遇醍醐。彭亨翠甒如鶉觚，細管尺五裁霜蘆。低頭吸同渴羌飲，一口欲盡鴛鴦湖。白波倒卷東海沸，渴虹下注西江枯。碧筩不用彎象鼻，龍頭屢瀉鮫盤珠。須臾缾罄罍亦恥，春意盎盎浮飢膚。劉伶大笑阮籍哭，直欲躍入壺公壺。吾皇聖德蠲逋租，吏胥不擾民歡娛。今年更覺酒味好，百錢一斗應須酤。盲娼醜似東家嫫，琵琶箏阮聲調粗。有時呼來彈一曲，和汝拊缶歌烏烏。青天作幕地作席，醉倒不用旁人扶。樂哉邊氓生計足，白羊孳乳驢將駒。買刀買犢勸耕鉏，女無遠嫁男不奴。含哺鼓腹忘帝力，歲歲里社如賜酺。安得龍眠白描手，畫作擊壤堯民圖。」次也，康熙時人。

王丹麓質衣命酒

王丹麓家既落，顧猶喜刻書，客至，質衣命酒。其詩曰：「平生好賓客，資用苦不周。有懷莫可告，室人且見尤。」施愚山誦之，輒失笑曰：「蓋有類予者。」

沈漢儀以良朋樽酒爲生

沈漢儀家貧好客，每遇良友，輒慷慨沉飲。或勸以稍事生業，對曰：「良朋、樽酒，吾故藉以生者。」

楊紹爽強劉大櫆飲

桐城劉大櫆之舅氏曰楊紹爽，字穉棠，於諸甥中尤愛憐櫆。嘗撫櫆，指櫆父而言曰：「此子殆能大劉氏之門，然未知吾及見之否？」平居設酒食，召櫆與飲，自提觴行，趣令醉。櫆謝已醉，不能飲，則笑曰：「予性嗜酒，每過從人家飲酒，主飲者不趣予飲，吾意輒不樂。以此度人，意皆然。乃者舅氏實飲汝酒，當不使甥意不樂也。」酒半，仰首歔欷，徐顧謂櫆曰：「予窮於世，今老，旦暮且死，然未有子息。汝讀書，能爲古文辭，其傳於後世無疑，當爲我作傳，則吾雖無子，猶有子焉。」

金啓託於酒

會稽金啓，字奕山，依其姑夫謝某於平涼縣任，延師教之。師強令習帖括，不竟學，而好爲詩，於是私購少陵、昌黎、東坡集竊誦之。王一元見而善之。一元，字畹仙，江南人，以進士爲靈臺令，著書等身，所爲《歲寒詠物詞》，爲時傳誦。啓少於一元，而一元樂與之游，爲忘年交，啓詩亦自是日進。居無何，謝以齮𪗋黜，姑亦死。啓從其家屬僑居三原城西，鬱思感憤，無所放其意，而託於酒，往往舉觴自勸，亦或與耕夫野老傾壺盡歡，舉人情所極不能忘者，皆一醉忘之。醉而醒，則作詩。詩成復飲，至極醉。客或有事，欲與言，輒飲以酒，旋出詩。人亦相忘，竟與抵掌歌呼，酣嬉顛倒而去，終莫得言。

郭虞鄰放浪於酒

卽墨郭虞鄰處士廷翼爲副都御史琇之子，無貴介習，放浪於酒。年甫三十，絶意仕進，築慕雲樓藏書，閉門讀之，言不及世事。客至，飲以酒，自飲巨觥，爲一隊，座客以次角。嘗製酒牀，出飲他家，則舁牀以隨，日暮大醉，舁而歸，以爲常。

姚紱齋松下獨酌

姚麟祥，號紱齋，乾隆初之仁和諸生也。好飲，嘗於松下獨酌而爲詩，題曰《問松歌》，詩云：「南山之麓有古松，修柯老幹摩蒼穹。夜靜響風雨，月出蟠虬龍。蒼髯鬱鬱連書屋，甕頭松花酒初熟。新醅凸盞眼般清，新韭堆盤眉樣綠。酒肴羅列青松前，且歌且飲人中仙。酒醒卻在松下坐，酒醉還於松下眠。明朝欲起還復倒，頭著松根身藉草。仰舒白眼問高松，昨宵醉後歌誰好？松不能言空訊汝，松鼠啾啾代松語。須臾鼠亦驚避人，但見松鍼落如雨。日高歸去不用扶，手中提得空酒壺。風來松杪作鼓吹，送我高陽一酒徒。」

裘文達嗜丁香酒

江右出丁香酒，甚清冽，裘文達公日修嗜之，曾致之京邸。一日，程文恭公退朝訪文達，文達出酒飲之，信口云：「銜寒來飲丁香酒。」文恭應聲云：「懷遠還思丙穴魚。」因相與大笑，乃復飲至亭午而散。

陳句山盡數十觴

錢塘陳句山太僕兆崙嗜酒，飲次遇知己，累盡數十觴，未嘗沈頓，而談鋒彌健。

吴秋漁喜觀人飲

錢塘吴秋漁太守昇，乾隆時人。素不嗜酒，而喜觀人酣飲。嘗撰《酒志》二十八卷，爲目十有二，曰原始、辨性、述義、備法、詳品、稽典、列事、紀言、考器、徵令、録鄉、識録，徵引書籍多至千餘卷。

滕瑞子嗜酒

滕瑞子，名永祥。家貧，嗜酒，然不能多飲。與自號鈍齋子者善，兩人數過從會飲，相對悲歌，輒以箸擊案，箸折，乃歎曰：「惟我知子。」則應曰：「然。」夜闌燭炧，童子、主鑪者率逃去。然兩人酒酣以往，輒不舉杯，惟流連爲笑樂。

沈菘町以酒代飯

沈景良，號菘町，仁和人。初嗜茶，不解飲。年將四十，漸事杯杓。晚年乃以酒代飯，卒以此致疾死。

楊吟雲勸酒

海寧楊吟雲大令詠好飲，嘗作《勸酒歌》以寄友人。歌云：「我笑棄繻生，倀倀何處走？我哀長沙客，悒悒惟速朽。縱博成都負弩歸，蕭間何似臨邛缶？身後名，卽時酒，此中得失君知否？世事紛紛等奕棋，獨對一巵開笑口。春過三月定須殘，人到六十已云壽。屏除一切障，仗此掃愁帚。隨意答韶華，勿放持杯手。天子三呼且不聞，丞相一怒夫何有。孰云傷我生，糟肉乃更久。孰云廢我時，壺中具卯酉。莫謂囊無錢，金貂暫向黃公叩。莫謂座無賓，舊侶寧落高陽後。好花寂寂笑醒人，大地茫茫卧醉叟。處禪蟣蝨任佗馳，帶角蝸牛徒自吼。泛水取碧筒，登山攜紅友。但得樽中長不空，那期肘上大如斗。歸來記取擊君背，俗物忍斷真可醜。」

許竹溪浮數大白

錢塘許竹溪廣文事與魏柳洲、夏身山、吴太初、余秋室、金竹坡、范鑑湖交契，聯社分題，殆無虛日。一日，鑑湖叢碧軒藤花盛開，招同人飲花下。宵分月上，衆皆泥醉，竹溪與柳洲、身山、竹坡各浮數大白，酕醄出門，月下行吟，互答。柳洲失足墮地，竹溪掖之，未起，亦墮地，身山輩拊掌大笑。笑聲中復有墮地者，則身山也，衆復大笑。

黄仲則對酒而歌

《對酒歌》，黄仲則所作也。其一云：「倉倉皇皇，壯士泣路旁。欲上太行兮冰折轂，乃浮滄溟兮，水浩浩其無梁。一解有何神之君，鞚彼飛練，縹旌流雲兮閃騎電。明明在前，倏乃無見。二解朝吁暮咍，邪氣内陷，肝腸四摧。匪有此七尺而誰之哀。三解青天爲車，日月爲輪。載我百年，輾轉苦辛。我欲摧之，爲朝餐之薪。四解」其二云：「糾兮結兮，有氣如霓。知不可久留兮，吐吐苦饑。一解誰謂殤子夭，彭咸爲壽？驅車出郭門，狐九尾，蛇兩首，啖人骨如飴。古人云，死欲速朽。二解渺慮八埏，靈光四來，我乃逐於物而顔灰。三解堯舜在上，許由洗耳。鳳凰不祥，羽毛禍體。四解乃云少原之野，閬風之邱，有晦蒹爲圃兮，壘玉爲樓。不見夫西王母之戴勝穴處兮，夫何有異樂之可求？五解」

江桐敏好獨酌

乾隆時，仁和江桐敏通守清好飲，且好獨酌。一日，酒後爲詩四章。其一云：「頃來愛獨酌，頗得酒中趣。既無酬酢勞，亦無諧謔迕。形骸且自外，肴核豈必具。得酒欣滿斟，小醉宜淺注。近時飲酒人，飲亦循世故。天趣苟不存，焉得安余素。因兹謝朋好，沈冥未爲誤。」其二云：「油然方酣適，偶念古人書。全章或遺忘，數語記有餘。在口自咀誦，愜理心獨娱。庭前海石榴，舒丹耀吾廬。其下有萱草，抽花媚階除。一觴且獨進，慨此芳歲徂。四十而無聞，不飲將焉如？」其三云：「毁譽本無端，閉門省愆尤。窮達自我命，通塞皆有由。但見得者樂，不見失者憂。得失兩不化，身滅願未酬。有願必酬之，造物窮其謀。解此頗自得，泛泛如閒鷗。無酒苦寂寞，有酒不暇愁。將來百無慮，吾當營糟邱。」其四云：「何以觀造化，我身來去是。既來孰不去，萬物同兹理。榮枯隨所值，妄念生憂喜。結則爲屯雲，散則爲覆水。千秋萬代人，殊塗而同軌。吾將埋吾輪，沈醉卧不起。」其五云：「人生如一舟，大小各殊量。置舟風水中，夷險各殊向。順風與下水，快處乃多妨。得勢矜喧闐，失勢任飄蕩。一生負重載，終老成空舫。未知收帆時，前途保無恙。」其六云：「家貧苦無書，有書苦不熟。中年多遺忘，掩卷如未讀。一心營百慮，螟螣食嘉穀。亦知求放心，中斷煩屢續。獨於飲酒時，恬然見來復。」

吴穀人沃人以巨觥

吴穀人祭酒錫麒洪量無偶，方爲諸生時，居杭州山兒巷，值獻歲，列酒甕無算，招朋痛飲。竟晝夜而酒未罄，乃舁至門外，人過其門，以巨觥沃之。能飲者去而復來，不能者至委頓乞免。

舒鐵雲勸酒

《勸酒歌》，舒鐵雲贈吾漁璜農部祖望，和宋左彝助教大樽而作也。詩云：「飢寒在身前，功名在身後。悠悠行路難，不如飲醇酒。磊落執戟郎，支離灌園叟。空餘書一瓻，未乞湖三畝。欲證須菩提，嚼蠟闢其口。將封狼居胥，投筆掣其肘。夜月啼青鶻，浮雲幻蒼狗。飄然擲一官，拔劍出門走。峨峨黄金臺，酒債尋常有。道逢宋如意，舊是荆卿友。脱裘黄公壚，荷鍤青山藪。醒笑東阿王，醉叱北平守。羽聲寒蕭蕭，東瑟問西缶。風塵起十丈，雲夢吞八九。美人顔如花，羅裳響瓊玖。的的開朱脣，纖纖出素手。蒲桃夜光杯，殷勤爲君壽。上言神仙難，下言富貴朽。不飲君何爲，君意豈否否。我本燕趙士，爛醉狂歌久。題詩入醋甕，著書覆醬瓿。何當封酒泉，作杯大於臼。細積買春錢，高擁掃愁帚。不嫌丞相瞋，時向車茵嘔。願爲先生歡，請取唾壺叩，劉伶據其左，李白坐以右。三客將奈何，二豪竟誰某？憶昔春明門，識君意良厚。君雁正南飛，余馬亦東首。江南寄梅花，江北析楊柳。萍合本無根，瓜分寧有偶。録别感窮通，擊節忘好醜。相從和而歌，一字沽一斗。」

李許齋飲百益酒

嘉慶朝，李許齋太守飲百益酒而甘之，乃作詩，題有「仙醴回春」四字。倪又鋤太守和詩，乃以四字冠首，詩云：「仙草攜來碧玉峯，製成佳釀配重重。壺中一點人間酌，延得九天春意濃。」「醴泉何事競誇奇，恃有瓊觴飲便宜。漫説延年無妙術，到微醺處益方知。」「回轉生機一琖陳，沈疴頓減速如神。壚頭多少停車問，妙處醫人不醉人。」「春和迅疾轉蓬壺，太守題來大筆濡。我亦垂涎思解渴，杖頭卻笑乏青蚨。」

於是方升卿大令亦繼之以作，詩云：「曾聞茰酒製奇珍，況復經營配藥勻。漉到甘時綿歲月，酌來醺處倍精神。一壺春醖長生草，百載年延不老身。椽筆題成賢太守，仙漿玉醴總難倫。」

倪潛齋買醉鑪頭

嘉慶時，海寧有倪潛齋者，名心田，性放曠，好韻語，日與陳霞莊買醉爐頭，白眼玩世。有時晨炊烟斷，飢腸轆轆，手一编，自若也。嘗爲《飲酒》詩四律，詩云：「漫將荷鍤笑劉伶，天上誰知有酒星。似我可同彭澤醉，勸渠莫學左徒醒。平生真覺糟邱樂，此話休教惡客聽。好語門前乞文者，肯攜琴酒眼常青。」「胸襟畢竟酒徒真，潦倒粗疏任客瞋。未療飢腸先療渴，祇愁瓶罄不愁貧。飲中豈有成仙者，藉此原多失意人。時復中之聊爾爾，亡憂君術固通神。」「擊筑吹篪雜狗屠，婦人醇酒笑豪粗。物能作病將安用，事到難平不可無。君亦未知其趣耳，我惟行樂在兹乎。祇因塊壘胸中滿，拍案狂歌倒一壺。」「達士奚須身後名，拍浮自足了平生。壯懷勃塞消無術，愁陣堅牢賴有兵。止酒王琨真鄙嗇，傾家次道最多情。醉鄉亦是人間世，正好陶陶樂太平。」

郝青門勸酒

郝蓮，號飯山，嘉慶朝之錢塘人。嗜飲工詩，有《説餅齋吟草》。其《勸酒歌》云：「東風勸酒生緑波，爲君倒提金叵羅。天邊明月不常好，世上浮雲事日多，勸君且飲吾作歌。君不見腰間纍纍印如斗，朝乘華軒暮廣柳？又不見多牛翁，子孫不肖田園空？黄金不能買老壽，況當明月如清晝，眼底休隨螻蟻忙，日中空有麒麟鬬。」

高晝岑呼酒痛飲

嘉、道間，仁和有高林字晝岑者，諸生也，家塘棲，通脱無威儀。與趙寛夫同學。寛夫性方嚴，無敢以言戲之者。晝岑故謬説經旨以激之使怒，寛夫斷斷争，則大笑以謾侮之。家徒四壁，惟嗜飲酒。飲必醉，醉則卧市溝中。人屬以詩歌文章，信口而成，率妙麗有逸趣。一日，入城應試，聞其友疾亟，走歸，已殮，大哭，投水中。妻遽闔户縊。鄰人兩救之，得俱活。晝岑更大笑，呼酒痛飲，人不測其所爲也。已而病酒，竟死。

梁晉竹品酒

嘉慶癸酉，錢塘梁晉竹孝廉紹壬在杭，偶憩於西湖之雲林寺。次日，獨游弢光，遇老僧致虚，以其善氣迎人，與之談，頗相得。坐久，梁欲下山，僧曰：「居士飢否？蔬酌可乎？」梁方謙謝，僧已指揮徒衆，立具伊蒲饌。泥甕新開，酒香滿室，蓋預知梁之好飲也。一杯入口，甘芳浚冽，凡酒之病無不蠲，而酒之美無弗備。詢之，曰：「此本山泉所釀也，陳五年矣。」僧蓋略知釀法，而又喜談米汁禪。此蓋自奉之外，藏以待客者。於是觥斝對酌，薄暮始散。又乞得一壺，攜至山下，及夕小酌。次日，僧又贈一瓻，歸而飲於家，靡不贊歎欲絕。

梁嘗曰：「是爲生平所嘗第一次好酒，此外不得不推山西之汾酒、潞酒矣。然稟性剛烈，弱者惡焉，故南人弗尚也。於是不得不推紹興之女兒酒。女兒酒者，鄉人於女子初生之年，便釀此酒，出嫁時始開之。各家祕藏，不以出售，其花罈大酒，悉是贋本。其後人家蕭索，釀此者亦寥寥，能得其以真東浦水作骨而三四年陳者，已是無等等咒矣。道光甲申，歸自京師，汪小米拉飲庚申酒。庚申酒者，小米之叔號眷西者所家藏者也。眷西尊人舊貯二十罈，歿後，其家亦胥忘之。眷西又汴游十餘載，遂無人問鼎。而藏酒室又極邃密，終日扃牡，更無人知而窺之者。以故二十年來，丸泥如故。眷西歸，始發之，所存止及罈之半，正袁子才所謂『罈高三尺酒一尺，去盡酒魂存酒魄』者是也。色香俱美，味則淡如。因以好新酒四分攙之，則芳香透腦，膠餳綫底，其穠厚有過於弢光酒，而微苦不冽，是其小病。此生平所嘗第二次好酒也。僕逢麴流涎，所至不肯輕過。聞之人云：『不喫奔牛酒，枉在江湖走。』余過其地，沽而試焉。嗚呼！天下有如此名過其實、庸惡陋劣之名士乎？論其品格，亦止如蘇州之福貞，惠泉之三白，宜興之紅友，揚州之木瓜，鎮江之苦露，邵寶之百花，苕溪之下若。而其甜膩，則又過之，此真醉鄉之魔道也。其中矯矯獨出者，則有松江之三白，色微黄，極清，香沁肌骨，惟稍烈耳。某年游蕭山，梧里主人周鎮祁極款洽，作平原十日之留。一日，出一種酒，曰梨花春，俗名酒做酒曰梨花，蓋三套矣。飲一杯，主人卽將杯奪去。主人量甚巨，亦止飲二小杯。是日，余竟沈醉一日。因思古人所謂千日九醞者，亦卽此類。特其一年三年之醉，則未免神奇其說耳。余居廣東始與一年有餘，彼處有所謂冬酒者，味雖薄而不甚甜，故尚可入口。中秋以後方有，來年二三月便不可得。詢之土人，曰：「此煮酒也。今日入甕，第三日即可飲，半月壞矣。」一日，有曾某邀余山中小酌，舉杯相勸。視之，淺緑色，飲之，清而極鮮，淡而彌旨，香味之妙，其來皆有遠致。詫以爲得未曾有，急詢何酒，曰：「冬酒也。」問那得如許佳，曰：「陳六年矣。」余又叩以鄉人不能久藏之言，曰：「鄉人貪飲而惜費，夫安得有佳者！此酒始釀，須璺江某山前一里内之水，不可雜以他流，再選名麴佳糵，合而成之，何患其不能陳耶。余家釀此五十餘年，他族省嗇，不肯效之。」此余生平所嘗第三次好酒也。余三十年來沈湎於酒，臟腑之地，受病已深，近日損之又損以至於無，而結習所存，不能忘也，因歷憶生平飲境而一紀之。」

張雲騫以買米錢買醉

張雲騫刺史年少豪邁，不問家人生産作業。好飲酒，一石亦不醉，然時有斷炊之患。一日，其妻拔釵，質錢三百文，將以買米，置於几。張見之，即以質券裹錢，持之出，買醉於酒家矣。夜半，酩酊歸，錢罄而券亦失，不可蹤跡矣。

屠修伯寒夜獨飲

道光某歲春，杭人陳季竹與程拜五同讀書於西湖靈隱之白衲庵，屠修伯鹺尹秉亦詣焉。與拜五初未相識，居既久，因得與之寄情觴詠，放浪乎龍泓、鷲峯之間。季竹故不善飲，而性好人飲。拜五飲甚豪，而爲人樸厚有真趣，至醉不亂，始識其爲酒人也。修五未入山之前數日，有李蔭人者，亦以遊山至庵，與拜五痛飲而去。及夕，修伯歸，寒夜獨飲，乃作詩以懷之。

陳鐵橋攜酒大醉

錢塘陳鐵橋脅事憲曾好劇飲，醉則於生計事無所省録，故時致匱乏。梅伯言曾亮，其同年也，嘗爲飯會，無酒人闌入。鐵橋曰：「幸入我會以止酒。」比入，則先自攜酒，大醉而歸。

金右泉嗜酒

金淇，字右泉，道光時之錢塘諸生也。中年後貧甚，惟破屋數椽，書數千卷，梅花一樹，坐對而已。性嗜酒，嘗自武林門至豐儲倉基，醉誦《離騷》，行人以爲顛。

許幼蘭頌酒

海寧許幼蘭司馬光濟琉詩頌酒，授讀里中，垂五十年，有祖孫父子同出門下者。脩羊所入，日向爐頭博醉。醉則狂走山水間，以賦詩寫畫自樂。

妓以金盞飲盛心壺

布衣盛心壺性倜宕，工詩善書。有某名妓慕其名，以秋柳畫扇索題。題二句云：「腰瘦那堪迎送苦，眼枯都爲別離多。」妓大歎賞，願以終身許之。是夕，留髡暢飲，杯盞皆金製。酒酣眼熱，以一盞置於懷。妓覺之，太息良久，爲之惋惜者再三，終身之願乃寢。

蔣芸軒嗜酒

道、咸間，富陽蔣芸軒茂才琴山性豪邁，嗜酒。一日，大醉而爲歌曰：「彭澤我爲師，供奉我爲友。得魚且忘筌，一杯時在手。天空地闊何悠悠，人生百年三萬六千餘春秋。華屋兮山邱，妻孥兮馬牛。馬牛奔走朝復暮，秋月春花等閒度。身家念重性命輕，草亡木卒驚朝露。朝露唏，試回首，不如意事常八九。人生行樂須及時，何如尊前一杯酒。君不見屈靈均，世濁懷獨清，世醉懷獨醒。屈願獨醒，我願長醉，醉來嘗擁花月睡。醉時歡樂醒時愁，何必矯矯與世相怨懟。世事顛倒如轉蓬，庸耳俗目豈有真，是非在其中。天無私覆，地無私載，達人如命，何論窮通。窮兮通兮樂陶然，開尊把酒問青天。不知莽莽天地，始於何代，終於何年？我欲乘槎日月邊，日月遠望遮雲烟。我欲垂釣廣漠淵，淵深魚伏難鉤連。今朝有人射獵北山前，驅鷹逐犬招我隨執鞭。爲我謝曰，我今倦矣醉欲眠。」

洪大全嗜酒

粤寇洪大全之父母早世，家鉅富，少聰穎，讀書過目成誦。稍長，即工詩詞。性豪邁，嗜酒，樂與販夫、走卒、流丐、小偷飲。酒罷，輒助以貲。座有貴客，則謾罵之。

其里人張紳，曾任湖南衡永郴桂道，以年老告歸。值八旬稱壽，設盛筵，洪贈物爲賀，值百金。洪赴宴，乃挈其夙與同飲之人往，則皆短褐敝裩，見踵露肘者。及門，閽納洪，而摽諸人於門外。洪厲聲叱之，挾以俱入。登堂一揖，即指同飲諸人曰：「此皆我之至友也。承主人招飲，不敢違命。然非得若輩同飲，不足盡歡。恐負主人盛意，故與之俱來。」言畢，即與諸人同入席，暢飲歡呼，聲震屋宇。時賓客滿堂，咸衣冠濟楚，見洪而大詫之。既盡醉，皆踉蹌而出。及金田事起，洪悉以家財助軍食。至桂林，被擒，誅於京師。

夏薪卿自放於酒

錢塘夏薪卿通守曾傳箴仕吳門，以方心淡面，弗諧俗好，益頹然自放於酒。偶還里門，入鐵花吟社。未幾，歿於吳中。生平善飲。吳興金彥翹亦大戶，多蓄酒器，有犀角鼎，極精妙。嘗會飲，薪卿已醉，彥翹謂之曰：「能再盡三鼎，即以鼎贈君。」遂引滿者三，懷之以歸，因自號醉犀生。

薛慰農與酒人拇戰

同治丙寅，譚復堂以全椒薛慰農觀察時雨將去杭州，與同人觴之於湖舫，風日清佳，吟嘯甚適。至孤山放鶴亭，有酒人張坐，薛不通名氏，徑與拇戰，同人繼之，脫略形骸，想見晉、宋間人風致，亦僅爾爾。

劉武愼好汾酒

劉武愼公長佑在官勤慎，治事接賓客，未嘗有倦容。而好飲，且必汾酒。嘗獨酌，一飲可盡十餘斤。左手執杯，右手執筆，判公牘，無或訛。或與客會飲，雖不拇戰，而殷勤勸盞。讌畢客退，仍揖讓如儀也。

吳南屏嗜酒

吳南屏廣文敏樹嗜酒。嘗客江寧，夜半，忽思飲，以有藏醞在，不必求之市也。命僕啓甕，則甕泥堅，猝不可啓，而渴甚，叱僕走，自以杖擊甕。甕破，滿地皆酒矣，乃伏地飲之。

南屏性不耐俗，座有山僧、田父，輒顧而樂之。與顯者共杯杓，恒鬱鬱，幾坐立不安矣。然其投契如曾文正及劉霞仙中丞者，與之把酒情話，亦未嘗不歡。

金粟香陸武園飲猿酒

粵西平樂等府山中多猿，善採百花釀酒。樵子入山，得其巢穴者，其酒多至數百石。飲之，香美異常，名曰猿酒。灕江兩岸間猿尤多，粵寇時，沿江礮火震驚，猿遷越深山邃谷間，罕有至江岸者。江陰金粟香、平湖陸武園皆嘗飲之。粟香有句云：「巖暖猨搜花釀酒，林深貍攫果爲糧。」武園亦有句云：「猨入深山爲避亂，桃源何地屬秦人？」

姚春蓬雄於酒

浙人姚春蓬，名慶恩，張勤果公妹壻也。以諸生宫河南知府，旋從勤果於塞上。雄於酒，量可一石。有贈妓句云：「江東無我誰能酒，香國除卿不算花。」

洪文卿醉而踽踽行

光緒中，蘇州洪文卿學士鈞既以狀元通籍，乞假歸，微服作狹邪遊。夜闌，飲醉，返家踽踽行。路遇巡邏者，詰其何故中宵躑躅。洪怒，掌其頰。巡邏者出繩，縛之去。洪倒卧地甲家，黎明始醒，大駭而呼。地甲識爲洪，叩頭請罪，洪無言出。

張文襄戒酒

張文襄少時，耽麴糵，醉後好爲狂言，聞者卻走。醉甚，則和衣而卧，笠屐之屬，往往發見於枕隅。某年，其族兄文達公之萬以第一人及第，文襄大恚，慨然曰：「時不我待矣。」自此遂戒酒不飲。

方漁村以酒壺爲友

方漁村孑身獨處，生平未嘗近女色。所居茅屋三椽，不蔽風雨，吟詠其中，怡然自得。性嗜飲，得錢，輒沽酒。遇途人，即拉與共醉，不問誰何也。又喜拇戰，或以不能辭，必強嬲之。固辭，則怒。人畏其怒，相率遠避。見無人與共，即以酒壺爲友，而與之猜拳行令，人遂謂之方癡子。年八十餘，無疾而終，姻戚經紀其喪。

林希村結酒社

侯官林希村大令㝡家居時，與林怡庵、林枳懷、葉與恪、梁開萬諸人結酒社。日高睡起，即登酒樓，終日痛飲。醉則歌呼笑罵，必夜深乃扶醉而歸。歸則寢，明日又往矣。希村爲勿村中丞之仲子，怡庵爲鄭蘇庵方伯之舅氏，皆能不事事而沈飲，殆晉七賢、八達之流也。

王步光飲後寡言

王步光，名琮輿，常寧人，豪於飲。飲後，輒慎訥寡言。

弟勸兄節飲

南樂西鄉某村，距元村集至近。有嗜酒者，十日中常四至集，以集日一三六八爲期也。每至必醉，醉仍攜一瓶歸，以爲餘日之需。其弟力農，日勤作苦，涓滴不入口。一日，兄醉歸，踉蹌欲傾跌。弟曰：「少飲數杯可也，何苦醉乃爾！」兄曰：「嫌吾飲酒費錢耶？吾自有酒祿耳。吾非不令爾飲，奈爾不能何！」弟曰：「兄自費錢可矣，吾不忍再費也，何不能飲之有！」兄置瓶院中甎臺上，曰：「試看爾飲。爾果能飲，則不飲誠爲家計，吾之飲乃荒唐矣，自此當戒酒。」弟曰：「吾方將汲水去，何暇坐飲。」乃取一大碗，傾酒斤許，冷飲之，一吸而盡，擔桶去。汲回，則又傾一碗，飲如前，復出汲。再回，又傾一碗，飲如前而罄矣，曰：「此何難。」出汲如故。兄愕然曰：「吾誣矣，吾誣矣。」由是亦涓滴不入口。弟曰：「飲不至醉，何妨飲。強斷之，亦何苦。」兄曰：「吾見酒，便思爾。思及爾，則不能再飲矣。」

李文忠飲世界第一古酒

李文忠公負中外重名，西人稱之曰東方俾士麥。晚年歷聘各國，使節所涖，人摩肩，車擊轂，雖販夫牧豎，莫不輟業聚觀，争以一見顏色爲快。任北洋大臣最久。嘗有德國海軍大臣，至津投謁，語文忠曰：「某所乘軍艦，於世界海軍中稱巨擘。中堂，手搬貴國海軍者也。某請糞除敝艦，敬迓使節，倘亦中堂所樂觀乎？」文忠喜諾，訂期而别。至日，颶風驟作，巨雨如注。德艦寄碇處，距大沽口二十餘里。文忠既至大沽，舶爲颶風所阻，不獲駛傍德艦，乃以無線電達德帥。德帥覆電云：「已遣舢板奉迓，但中堂高位耆年，不畏涉險否？」幕府諸人有尼其行者。文忠不欲示外人以餒，偕繙譯一人，毅然登舟。舟以水兵八人擊槳，一人執舵，雖巨浪山湧，而舢板出入風濤，疾於飛隼。俄頃，已抵德艦。艦中鳴礮如雷，軍樂驟作，德帥握手致敬曰：「中堂信人哉！以中堂耆英重鎮，而冒險精神邁越青年，尤爲欽佩。」文忠遜謝。坐既定，德帥執缾酒親注於杯，爲文忠晉頌辭畢，曰：「中堂冒涉風濤，惠臨敝艦，鄙人絳灌無文，不足以娱樂嘉賓。」乃以餘酒貢文忠前曰：「不腆敝産，敬效野人獻曝之忱，祝中堂歸途餘福。」文忠雖起謝，頗異德帥以殘酒相餉。歸署，譯其文，始知此酒釀於西歷十五世紀，已閱四百餘歲，值英金二百鎊，約我國銀幣二千餘圓，爲世界第一古酒，宜德帥以之作縞紵也。

吴趼人縱酒自放

南海吴趼人，年四十，浪跡燕、齊。既鬱鬱不得志，迺縱酒自放。每獨酌大醉，則引吭高誦《史記·游俠傳》，鄰舍婦孺恒竊窺而笑之。卒以沉湎致肺疾。返滬三年，日從事於學務，心力交瘁，病益劇，而縱飲如故也。一日，遨游市上，途遇其友某，遽語之曰：「吾殆將死乎？吾向飲汾酒，醰醰有味。今晨飲，頓覺棘喉刺舌，何也？吾渌其不永矣。」某慰藉之。掉臂不顧，徑回舍，趺坐榻上，微吟陶靖節詩「浮沉大化中，不戀亦不懼」二句，聲未終而目瞑矣。

陳石遺飲酒

光緒丙申，陳石遺戲作《飲酒和陶》詩十章。其一云：「使我身後名，不如一杯酒。況能飲酒者，身後名多有。劉伶頌一篇，阮籍詩幾首。李白與杜甫，嘖嘖滿人口。試問客何能？頗能杯在手。」其二云：「憶昔里中遊，陳王日周旋。橋東有酒樓，酒債動萬錢。當時不云樂，局促憎鄉闕。一朝星雲散，各各隔山川。僅免寒與飢，塊然年復年。」其三云：「少小抱奢願，廣廈與大裘。不貴坐客滿，所貴皆名流。

蹉跎遂至今，栖栖猶道周。不見今稷契，飢溺非己憂。」其四云：「故人憐我貧，勸我聊絃歌。不爲三徑謀，奈此十口何？曰諾吾將仕，躊躇又蹉跎。吾美不如朝，吾佞不如鮀。果如朝與鮀，不仕寧轗軻。」其五云：「昌黎稱大儒，道德亦彌縫。賞識徧寒畯，大名日隆隆。賈島棄浮屠，孟郊爲雲龍。攫金任劉叉，家祭助盧仝。高軒過李賀，贈言及張童。唐衢倿喜輩，遽數不能終。豈獨皇甫李，奇正師宗工。所以張文昌，哭祭悲無窮。」其六云：「無事日苦長，有事日苦短。造物如人意，千變猶恐緩。何如逢酒人，相對但引滿。日長醉亦休，事大未挂眼。」其七云：「阮籍號達人，胸中有磊塊。有如趙州土，濁酒日與酹。生逢混濁世，俯仰天地隘。非與身命讐，黽勉對時輩。母喪一嘔血，胸鬲稍以快。」其八云：「昔時所與游，纍纍皆黄土。去年故園去，鄰笛極悽苦。當其一息存，名利鋭進取。可憐蓋棺後，寂寂與終古。九泉寧有知，酒到亦何補。」其九云：「文章勞我神，酒脯以祭禱。相如家四壁，悒悒文君惱。作賦得黄金，取酒召傭保。海濱有一士，抱膝見懷抱。豈無賣文錢，提壺足傾倒。誰與同襟期，樗散若鄭老。」其十云：「旬月困塵事，清坐值兹晨。借問何時歟？門前柳色新。呼兒移柳樹，趁此雨如塵。雖無佳客來，且沽梨花春。」

石遺好飲，嘗以佳釀不易得，乃作《放言向茹真乞酒》，其詩云：「公館歸休沐，村路穿河柳。我名同犀首，無事合飲酒。村沽非不廉，水淡不可口。因思君牀下，對坐兩瓿甎。君面不肯赤，此酒爲誰守？巧偷與豪奪，人世幾妙手。海物朝十瓶，葡萄暮百斗。寧須殺賊奴，金印乃繫肘。長者久不來，牆頭散鄰叟。呼兒送此詩，或者歲在酉。」

石遺既得酒，再得一絶句云：「柴門佇立不教關，乞酒家兒遠遠還。籬落幾根鴉舅樹，行看秋色遜酡顏。」

吸煙

煙草，初來自吕宋國，名淡巴菰，明季始入内地，又名金絲薰，或曰相思草。辛温有毒，治風寒痺濕、滯氣停積、山嵐瘴霧。其氣入口，不循常度，頃刻而周一身，令人通體俱快。《續本草》云：「醒能使醉，醉能使醒。飢能使飽，飽能使飢。人以代酒代茶，終身不厭，與檳榔同功。然火氣薰灼，耗血損年，人每不覺。」第一數閩産，浦城最著。康熙時，彼土之酷嗜者，連吸不過一二筒，筒不過三四呼吸。或先含涼水，口然後吸之，云可解毒。

吴江陸朗夫中丞燿嘗論吸煙之宜忌，曰：「煙有宜者八事，睡起也，飯後也，對客也，作文也，觀書欲倦也，待好友不至也，胸有煩悶也，案無酒肴也。忌者七事，聽琴也，飼鶴也，對幽蘭也，看梅花也，祭祀也，朝會也，與美人昵枕也。宜節者亦七事，馬上也，被中也，事忙也，囊慳也，踏落葉也，坐蘆篷船也，近故紙堆也。可憎者五事，吐痰也，呼吸有聲也，主人吝惜也，惡客貪饕也，取火而火久不至也。」

吸水煙

水煙有皮絲、净絲、青條之别。皮絲産福建，净絲産廣東，青條産陝西。吸煙之具，截銅爲壺，長其嘴，虛其腹，鑿孔如井，插小管中，使之隔煙，若古錢樣，中盛以水，燃火而吸之。吸時水作聲，汩汩然，以殺火氣。吸者以上中社會之人爲多，非若旱煙之人人皆吸也。光緒中葉，都會商埠盛行雪茄煙與捲煙，遂鮮有吸水煙者矣。

吸水煙用紙煤

吸水煙者必捲紙引火，使之灼煙，俗謂之紙煤，一曰煤頭，又曰紙吹。程子大嘗與姚壽慈聯句爲詞以詠之，調寄《一萼紅》詞云：「捻春纖，爇芳心半點，紅得到儂邊。子大藕臂初擡，蘭魂乍瞥，茜絲低裊微烟。壽慈記壁向阿娘雙手，凭玉案搓作並頭圓。子大拈傍櫻脣，噓從檀口，兩意相憐。壽慈走近碧紗㕑裏，有銀荷未上，還倩伊然。子大捲欲同蕉，化還如粉，未須分裂蠻箋。壽慈笑郎心較渠還熱，裏相思一寸一纏綿。子大卻怕尖風損燄，背過簾前。壽慈易實甫、叔由亦聯句和之云：「一痕纖，費春尖幾個，捲向鏡臺邊。實甫釧響偎燈，衫紋疊袖，和玉先種秋烟。叔由算終是成灰化粉，又底用搓到十分圓。實甫束比蔥多，裏同蕉小，身世堪憐。叔由曾惹卿卿膽嚇，記檀郎狡獪，口內能然。實甫一寸相思，幾重心事，誰耐焚著吟箋。叔由看銷盡殘紅半霎，化香霧雙縷細如綿。實甫最是蘭魂易冷，偏在花前。叔由」

紙煤之製，捲徑寸紙作長條，紙相屬成側理，如筋稍細，中通外直，吸時用以爇火。大約有淡巴菰，即有紙煤，託始於明末，盛行於國初，多出閨人纖手。吳門柴瓊嘗以紙煤三條爲游戲，其一原式無變，其一曲其一端約寸許，其一曲其兩端各寸許，集合成乃字。原式無變之紙煤爲第一筆，曲其一端者爲第二筆，曲其兩端者爲第三筆，離神得似，極見慧心。

舒鐵雲吸水煙

舒鐵雲喜吸水煙，有《蘭州水煙》篇云：「蘭州水煙天下無，五泉所產尤絶殊。居民業此利三倍，耕煙絶勝耕田夫。有時官禁不能止，賈舶捆載行江湖。鹽官酒胡各有税，此獨無吏來摧租。南人食煙别其品，風味乃出淡巴菰。邇來兼得供賓客，千錢争買青銅壺。貯以清水及扶寸，有聲隱隱相吸呼。不知嗜者作何味，酸鹹之外雲模糊。吁嗟世人溺所好，寧食無肉此不疎。青霞一口吐深夜，那知屋底炊煙孤。且勿呼龍耕瑶草，轉緣南畝勤春鋤。」

黄菊人吸水煙

道光時，錢塘黄菊人大令亦好吸水煙，詠以詩云：「蜀青滇白出鎔時，也比湘筠截幾枝。三字相需金水火，一窗留伴酒茶詩。垂來象鼻彎真肖，篆作龍紋潤可知。晨夕簾櫳借消遣，鑪煙攙破碧絲絲。時勤拂拭發精華，冰雪玲瓏製器誇。趣好未除炎氣息，癖耽愛結冷煙霞。紙和蕉捲頻頻引，香作蘭燒屑屑加。擶向春風對紅碧，年來消受霧中花。棐几無塵位置平，文囊鈿合配逾精。氤氳常覺彌壺谷，灌注何愁没管城。入手略如燃井法，迴腸中有轉珠聲。朝來换取泉清冽，催得蓮花舌底生。高齋留客試周遣，袺漏猶煩冶匠勞。犀點圓靈通暗穴，鯨分呿吸走輕濤。流芬氣帶微辛好，畫字形鉤曲乙高。那得有人親炙奉，可見覓個鄭櫻桃。濃澹相思小草憑，蘭州嘉種近時稱。宛填錢孔疑無底，密積膏腴轉不澄。個個心熏銅臭味，番番性變水淄澠。深防損肺同椒麝，一例删除得未能。」

吸旱煙

旱煙裝於斗，以竹木所製之管吸之。其種類甚多，約言之，有元奇、呈奇、紫玉秋等。杭州宓大昌所售者，吸時香透鼻觀，爲最有名。

康熙時，士大夫無不嗜吸旱煙，乃至婦人孺子，亦皆手執一管，酒食可闕也，而煙決不可闕。賓主酬酢，先以此爲敬。光緒以前，北方婦女吸者尤多，且有步行於市，而口啣煙管者。

尤西堂有《詠美人吸旱煙》之詩六截句，頗極形容之致。詩云：「起捲珠簾怯曉寒，侍兒吹火鏡臺前。朝雲暮雨尋常事，又化巫山一段煙。」「烏絲金縷賽香荃，細口櫻桃紅欲然。生小妝樓誰教得，前身合是步非煙。」「蒻結同心花可憐，玉脣含吐亦嫣然。分明樓上吹簫女，彩鳳聲中引紫煙。」「天生小草醉嬋娟，低暈春山髻半偏。還倩檀郎輕約住，祇愁紫玉去如煙。」「斗帳薰篝薄雪天，泥郎同醉伴郎眠。殷勤寄信天台女，莫種桃花只種煙。」「彤管題殘銀管然，香奩破碎薛濤箋。更教婢學夫人慣，伏侍雲鬟有鼻煙。」

陳文江吸旱煙

仁和陳瀾，字文江，好吸旱煙之曰金絲薰者。乾隆末，嘗爲詩以詠之曰：「霏霏湘竹管，呼吸起雲濤。嗜不因飢渴，清能散鬱陶。含香勝雞舌，取醉敵醇醪。千縷千絲細，非同澗沚毛。」

紀文達嗜旱煙

河間紀文達公昀嗜旱煙，斗最大，能容煙葉一兩許。煙草之中，有黄煙者，產於閩，文達亦嗜之。其味香而韻，惟不易燃，呼吸稍緩即息。諺以「紅」「鬆」「通」三字爲吸煙訣。嘉慶以前，有所謂大號、抖絲、抖絨者，每斤價一二百文，繼有頂高、上高、超高之别，後又易爲頭印、二印、三印、四印，最貴之價，每斤至錢一千六百文。

文達有戚王某，喜吸蘭花煙。蘭花煙者，入珠蘭花於中，吸時甚香。然王之煙斗甚小。一日，訪文達，自詡煙量之宏，文達笑而語之曰：「吾之斗與君之斗奚若？」乃以一小時賽吸，於是文達吸七斗，王亦僅得九斗也。

彭剛直吸旱煙

彭剛直公玉麐喜吸旱煙而痛惡鴉片煙，部下有犯此者，立死。有一親信奴頗好之，懼死，遂潛於剛直所吸旱煙中，雜以鴉片煙膏，後遂成癮，煙非此奴所置不合意。後覺之，欲殺奴，奴求救於人，始釋。

張文襄嗜旱煙

張文襄素嗜旱煙，其煙管粗而且巨。每見客，一僕侍於旁，爲之裝煙，隨吸隨裝，煙雲噴薄，滿室氤氳，而文襄之談興因以愈暢。

吸鴉片

鴉片，藥名，卽罌粟，其名稱至多，而曰阿片，曰阿扁，曰阿芙蓉，曰芙蓉，曰蒼玉粟，曰藕賓，曰烏香，曰烏煙，曰藥煙，曰亞榮，曰合甫融，曰洋藥膏，曰洋藥土，曰膏土，曰公班煙，曰公煙，曰公膏，曰菰煙，曰大土，曰白皮，曰紅皮，曰小土，曰洋藥，曰洋煙者皆是也。

鴉片爲鹼類植物，刺取罌粟果實之汁，候乾，製爲褐色之塊，謂之曰土。熬成釃汁，曰膏，一曰漿。味苦，有異臭，內含嗎啡等質，性毒，爲定痛安眠之藥品。相傳乾隆時，英人自印度傳入我國，久之而我國亦自植之。吸者久服成癮，爲近百年民族之大患。官吏以吸煙癮大被劾，見於彈章者，曰嗜好太深。嗜好太深者，吸膏之重量多至數兩，俾晝作夜，失業廢時。且其告人，必飾多爲少，形容憔悴，面目黧黑，俗呼之曰鴉片鬼，以此故也。

凡粵洋載運鴉片之船，曰躉船。其往來交土之船，曰快蟹艇，亦曰扒龍艇。廣州包賣之户，曰窰口。

鴉片來自印度者爲大宗，亦有產自法蘭西、波斯者。而我國所製亦甚多，約舉之，有雲土、川土、碭土、建漿、葵漿、台漿、象漿之別。

販夫走卒之吸鴉片者，率爲我國自製之槳。其尤貧者，則吞土皮飲籠頭水以代之。土皮者，土之外皮，切爲片，咀嚼之。籠頭水者，熬膏時所濾下之水也。

范春船詠吸鴉片煙

錢塘范春船廣文元偉，嘉慶時人，嘗有詩詠鴉片曰：「有鬼有鬼日之夕，兩肩高聳骨如腊。倒身徑上榻旁眠，袖中管竹横三尺。一燈熒然大如粒，挑煙入管向燈吸。是煙非墨亦非漆，如塗之附膩而濕。大口小口妃呼豨，覆手翻手身交敧。不知白日是何樣，俾晝作夜天旋移。可憐萬錢一兩土，令人食之如食蠱。始則精力頓充盈，繼乃形神日消沮。如潮之信來有期，如痁之作候無差。否則其死可立致，請看涕泗先横頤。屋梁有鼠環而伺，每遇燈開亦吸氣。昨宵此處無人來，早起開門鼠墜地。不識何人作俑者，於今流毒徧朝野。聞道台州罌粟花，家家種取逾桑麻。」

林文忠惡吸鴉片煙

林文忠公則徐深惡鴉片煙，道光戊戌，奉命爲廣東欽差大臣，嚴禁之，悉燒英商所有者，遂啓戰釁。其初盛時，僅行於閩、廣，繼而各省並皆漸染。其公班土出明雅喇，白皮出孟買，紅皮出曼達喇薩。烏土爲上，卽公班白皮次之，紅皮又次之。紅皮則以花紅爲上，油紅次之。出嗎喇及盎叽哩者，名鴨屎紅。文忠有和鄧嶰筠制軍韻《高陽臺》詞，蓋卽燒鴉片煙時所作也。詞云：「玉粟收餘，金絲種後，蕃航别有鐙煙。雙管横陳，何人對擁無眠？不知呼吸成滋味，愛挑鐙夜永如年。最堪憐，是一泥丸，捐萬緡錢。春雷欻破零丁穴，笑蜃樓氣盡，無復灰然。沙角臺高，亂帆收向天邊。浮槎漫許陪霓節，看澂波似鏡長圓。更應傳絶島重洋，取次迴舷。」

鴉片成癮

鴉片之害，流毒全國。按時而吸，名之曰癮。癮有絶奇者。初吸之時，在煙館，必須敝帷破席而始過癮，引至潔室，雖倍吸之，亦無益。他如解衣脱襪而成癮，或止卧一邊而成癮，或左一口右一口而成癮，千奇百態，必如其式，始克過癮。如欲改易，非竭力抑制不可。道光時，吉安有妓混名金字招牌者，狎之者，當其吸煙時，褪其衵服，自後淫之，遂成痼疾，自是非如此不能過癮。年漸老，無與往來者，則出資傭健男數人，每日三次過癮時，必竭其力以悦之而後已。

彭剛直有弟吸鴉片煙

彭剛直公剛介絶俗，然至性過人。其弟某游客秦豫，遭亂，隔絶二十年。及剛直授安徽巡撫，見邸鈔，識其名，始間關至軍中，相見，哭失聲，愛護甚篤，與共寢食。弟久客，吸鴉片煙成癮。而軍中方嚴禁煙，以情告，剛直大怒，立予杖四十，斥出之，曰：「不斷煙癮，死無相見。」弟感愧自恨，卧三日夜，瀕死，竟絶不更服，復爲兄弟如初。剛直以其習商業，令行鹽，致資巨萬。

勒少仲嗜鴉片煙

新建勒少仲方伯方錡未達時，癖嗜阿芙蓉甚深，率竟日卧不起，於枕邊稍進飲食，亦不少溲，且不轉側。如是者，或三五日以爲常。一日，有友過訪，值委卧三晝夜矣。呼之，不起，彊拉之，直其躬，懷中有物墮地，厥聲嗤然。亟視之，一巨鼠驚而跳踉，數乳鼠蠢蠢動，蓋鼠免身於其懷而不知也。及後仕宦，早起早眠，不若是矣。

蘇子熙吸鴉片煙

劉忠誠與廣西提督蘇子熙宫保元春皆以大癮著於時，而皆不奪其治事之日力。蘇煙癮尤大，其所用煙燈大而高，視常人所用者倍之，日吸膏四兩有奇。兩僮侍左右，蘇卧廣榻，榻置已裝膏之五槍，一僮持五槍，更替進吸，一僮裝膏於槍，置之榻，每就卧而吸，輒罄十槍。既罄，起坐，則吸水煙或捲煙，又佐之以鼻煙。俟一僮五槍裝成，復卧而吸，又如前。

吸鴉片煙者之巧計

光、宣之交，厲行禁煙，官吏亦須調驗。宣統己酉秋，福州鼓樓前某鞋肆出售新履，其底空，爲中藏煙泡嗎啡之用，冀調驗時，不至爲所搜及也。值奇昂，每雙銀三十圓。旋製售夾袋靴，則附一小囊於靴之騎縫處以藏嗎啡。閩縣令葉新第被察破案，總督松壽奏革其職。

江寧設立禁煙公所，以候補知府某主其事。某欲見好於上官，爲他日調劑優差地，乃日伺調驗者之隙。適有某巡檢入所，冀有所得以邀功。一夜，漏三下矣，躡足入其室，則巡檢方酣睡，揭衾，以鼻近其股嗅之。會巡檢下氣泄，中有煙氣，某大喜，意必挾煙以俱，潛自過癮也，亟稟知江督張安圃制軍人驗。張獎其辦事認真，而巡檢執言被誣，勢洶洶，將當衆解褲，請某覆驗。衆力解之，始已。其後果有某同知肛門吸煙事之敗露。蓋同知癮甚大，口吸不足以濟，復以煙塗於肛門也。

有人餽京師西城新街口鐵匠營胡同德宅節禮兩匣，其門丁啓視，均臘腸也，乃私竊一串，預備午觴佐酒。熟而剖之，中皆墨汁，臭之，有異味，細察之，知爲大土煙膏，復出以獻主人。主人大慚，給以銀幣數圓，戒勿聲張。

吸捲煙

捲煙爲歐美運至之舶來品，亦有産於我國者。以紙裹於外也，故又曰紙煙。以吸時有香也，故又曰香煙。中含尼古丁質，有毒。可啣於口以吸之，自王公貴人以至販夫走卒，無不嗜之，以其便也。有用管者，其材爲金、銀、牙、晶、竹、木，吾國能自製之。至所謂海沫、蜜蠟者，則亦至自歐美也。光、宣間，婦女亦起而效尤，出行且吸之，不顧西人之誚爲行同泰西之娼妓也。

吸雪茄煙

雪茄煙之值，較捲煙爲昂，雖亦有尼古丁毒質，於飯後吸之，能助消化，吾國之富貴者類嗜之，而上海則吸者甚多。宣統時，有傾脚頭溲糞曰脚頭，見宋《夢粱録》。者曰楊阿寶，口中時啣此煙。人問之，則曰：「取以卻臭。」值雖較捲煙爲昂，而耐久不易燼也。

吸鼻煙

鼻煙，以鼻吸取之煙也。屑葉爲末，雜以花露，一器值數十金，貴人餽遺以爲重禮。置於小缾，取之以匙。入鼻，則嚏輒隨之，久則相習矣。有紅色者，玫瑰露所和也。有緑色者，葡萄露所和也。有白色者，梅花露所和也。來自歐洲之意大里亞國。明萬曆辛巳，利瑪竇汎海入廣東，旋至京師獻方物，始通我國。國初，西洋人屢以入貢，朝廷頒賜大臣率用此。其品以飛煙爲上，鴨頭緑次之。舊傳有明目去疾之功，故嗜之者頗多。亦謂之士拿。

以足跟爲煙碟

同治時，有裕某者，由粵督調兩江，所役女僕，以粵東順德之梳頭媽爲多，常侍左右。梳頭媽貌姣好，且柔婉解人意。其脚之後跟，日用細石浄水相磨擦，以是潔白而光潤。平時惟趿拖鞋，露其水磨之脚跟，以爲勾引之具。行路時，玉痕宛宛，略如纖月，至粤者每謂見此令人之意也消，有過於柳眉櫻脣者。裕素嗜鼻煙，其聞煙時，必以各婦之脚羅列於前，以其脚跟爲盛煙之碟，謂其遠勝於象牙、翡翠之各碟也。有人微譏其近穢者，裕笑曰：「昔楊鐵崖鞋杯行酒，千古美談。吾之此事，風流藴藉，開千古未有之創舉。想鐵崖聞之，猶當欣羨。爾輩俗人，不足以語此」云云。言者謂係聞之恩厚也。

王步雲嗜鼻煙

光緒中葉，雪茄煙、捲煙盛行，而鼻煙一物，勢將處於消極之極點矣。然煙愈貴，而講求之者逾專，往往有以百金千緡購一甑半甕者。禾人王步雲大令甲榮酷嗜之，見之者每謂其鼻觀中常日如積塵也。

李文忠飲雞湯

李文忠督直時，嘗以閱兵出巡，過某地，某官供張甚謹。上食時，某官恐不得當，肴膳咸自驗，方敢進。猶恐味未醲厚，每湯一碗，輒殺雞三五。不意撤膳時，僕人輒傳語曰：「汝等所進之肴，中堂實不能食，已受餓矣。」某官大惶悚，乃傳廚人至，呵斥之，復殷殷告戒。乃更加醲厚，五雞而一湯，餘率類是，自謂可告無罪矣。不意又命將所進肴撤出，且厲聲斥曰：「實不足食，中堂愈受餓矣。」令大恐，無可爲計。或教之曰：「中堂出，必自挈庖人，盍令其代辦而以重金饋之，必諧矣。」令大悟，使人輾轉託之，並先饋以重金，再三言，始可。令因思彼有何祕方，自往覘之。但見以一雞煮湯，甫羹訖，廚子即舉碗飲之盡，乃攙水入釜中，取其湯入他肴中。令大駭曰：「吾三五雞製一湯，中堂猶曰不可食，汝乃以此進耶？」廚人睨視，哈之曰：「如汝言，彼在外得飲如此佳湯，將來回署時，我更以何物供給之耶？」令始悟前之作難，悉僕與庖人串通爲之也。

雞汁浸布以爲湯

同、光間，杭城有潘廚子者，以烹調著。其初溧陽姚季眉爲仁和令時，實獎拔之。楊石泉制軍昌濬時爲杭州守，亦甚賞之。已而楊擢陝撫，潘乃持粗布數疋及冬菇爲獻。楊問之曰：「冬菇，吾知浸醬油其中，甚善也。布何爲者？」潘曰：「小人非獻布也，蓋沁雞汁於布中，乾之。大人至北地，或止頓荒僻處，不能時得佳肴，試翦此方寸入沸水，無殊雞湯矣。」楊試之，果然，大稱賞。

雞血湯

雞血細切成絲，以雞湯、醬油、絳粉又名索粉。和之作湯，柔軟滑澤，老年最宜。

蛋湯

製蛋湯有二法，一專用卵白，一並黃而用之。專用卵白者，亦稱碎玉湯。取熟雞蛋之白，切方圓長短尖角等各式小塊，入雞湯中，加香菌、筍片，煑滾起鍋，下鹽少許。並黃白而用之者，亦稱蛋花湯，傾蛋於碗中，調勻，入鮮美之沸湯，略加鹽及火腿絲、蝦米，用鏇刀截開，使不凝合，再煑一滚，卽熟。二者並宜寬湯。

朱竹垞飲蛤湯

蛤有圓而白者，有花而白者，炒之醉之，不如蒸作湯之味雋也。朱竹垞嘗以《雙鸂鶒》詞詠之，詞云：「俊味鹽官稠疊，一種小如瓜瓞。最愛蘭湯渟雪，卯酒欲醒時節。雲母乍分瓊屑，玉楮刻成風葉。拾取黏雙蝴蝶，驚飛鬢影奇絶。」又作《湘江靜》詞云：「獱轂深絨潭底並，任吹殘老楓誰省？房同蘆雉，花輪石蛙，占魚牀清冷。網灑兩笴竿，橛頭響青泥成餅。西風古木，斜陽野田，壽啅雀更無影。甲卸初湯沸定，一痕纖嫩黄逾净。不知許事，相逢且食，把膏脂都屏。犯卯未醒時，唤金鈒小盤須飣。幾番爲爾勾留，住了早春歸興。」

蛤蜊鯽魚湯

蛤蜊鯽魚湯者，揚州人善製之。取極大鯽魚，加大蛤蜊數枚，清燉白湯，味清醇，其湯瑩潔，無纖毫油沫。《燕京雜記》所謂「湯可注硯」者，彷彿似之。此魚肉用醋蘸食，絶似蟹螯。

玉蘭片瑶柱湯

取玉蘭片浸久切片，以江瑶柱若干入碗中，加水及紹興酒少許，蒸透，取出撕碎，與玉蘭片同盛一鍋，加入浸玉蘭片之清湯及鹽一撮，煮透即成。

捲蘑湯

捲蘑湯之製法，以蘑菇、香蕈在清水中浸透，去泥沙及蒂，隨意撕碎，略加鹽花，其浸剩之湯，濾去沙泥待用。再用新鮮豆腐皮切小塊，將蘑菇、香蕈包入，捲成小筒形，至蘑菇、香蕈包完爲止。入鍋，加豬油熬透，取出，即以原湯在他鍋煮沸，加入蘑菇小捲筒，及鹽少許，略煮即成。

豆腐皮湯

豆腐皮泡軟，加紫菜、蝦肉作湯。又法，加蘑菇、筍煨湯，以爛爲度。

焯菜湯

焯菜者，以菜用沸水焯熟，入麻油、椒鹽同燜，貯之罐，可泡湯。

寧古塔人飲黃虀湯

寧古塔俗尚黃虀湯，每飲用匙。箸曰叉不哈，碗曰麽樂。

酸梅湯

酸梅湯，夏日所飲，京、津有之。以冰爲原料，屑梅乾於中，其味酸。京師賣酸梅湯者，輒手二銅盞，顛倒簸弄之，聲鏘鏘然，謂之敲冰盞，行道之人輒止而飲之。

羊羹

羊羹者，切熟羊肉成小塊，如骰子大，雞湯煨，加筍丁、香蕈丁、山藥丁。

羊肚羹

羊肚羹者，洗净煮爛切絲，用本湯煨之，加胡椒及醋。

海參羹

切海參，使成碎丁，以筍、蕈入雞湯，作羹。

魚羹

魚羹亦有塊、整之别。整魚以白腮鱸魚爲上品，其次鯽魚。塊魚以青魚爲上品，其次鯉魚。佐以冬筍、香菌，水宜寬，不宜緊；湯宜白，不宜紅；味宜淡，不宜鹹；調和宜薄鹽重酒，不宜用油糖。臨食宜麻油、椒末，則不腥，不宜葱蒜。蓋煎魚取其濃，魚羹取其清，性質不同，故製法大異也。

黄魚羹

黄魚羹者，以黄魚拆碎，入雞湯作羹，微用甜醬水、絳粉收之。

鱔絲羹

作鱔絲羹者，煮鱔至半熟時，劃絲去骨，以酒與醬油煨之，微用絳粉，加金針菜、冬瓜、長葱。

蝦羹

蝦羹者，去頭尾足殼，取肉，切片，加雞蛋、菉粉、香圓絲、香蕈絲、瓜子仁，和豆油、酒調勻，乃將頭尾足殼用寬水煮數滚，去渣滓，再用豬油同微蒜炙滚，去蒜，將清湯傾入油中，煮滚，乃下和勻之蝦肉等料，再煮滚，取起，勿太老。

蚶羹

蚶羹者，以蚶肉加豬肉、火腿、筍、木耳等丁而爲之。

蟹羹

蟹羹者，剥蟹肉，以原湯煨之，不加雞汁。現剥現炒，尤佳，過二小時，則肉乾而味失矣。

朱竹垞食河豚羹

河豚，江淮河海均有之。腹白，背有赤道如印，目能開闔。觸之，即嗔怒，腹脹如氣球。漁者以物撩而取之。春暮雲游水上，食飛絮而肥。食之者多與荻芽爲羹，最美。朱竹垞亦嘗食之，紀以《探春慢》詞。詞云：「曉日孤帆，腥風一翦，販鮮江市船小。滌徧寒泉，烹來深院，不許纖塵舞到。聽説西施乳，惹賓坐垂涎多少。阿誰犀箸翻停，莫是生年逢卯。　閒把食經品第，量雀鮓蟹胥，輸與風調。荻筍將芽，蔞蒿未葉，此際故園真好。鬬鴨闌邊路，猛記憶谿頭春早。竹外桃花，三枝兩枝開了。」

陸二婁嘗西施舌羹

西施舌爲閩産，以之爲羹，甚鮮腴。錢塘陸二婁茂才養和嘗西施舌羹而甘之，有詩曰：「此是佳人玉雪肌，羹材第一願傾貲。卻當越網搜奇後，想見蘇臺輭語時。碧海波摇冰作骨，瓊筵夏賞滑流匙。若教比作楊家乳，不羨閩中進荔支。」

碎玉羹

碎玉羹者，雞卵煮熟，去殼，去黄，以卵白切成三角形、五角形、方形、圓形各小塊，入雞湯中，加火腿片、雞片、筍片煮之，待滾，加以適宜之鹽，即起鍋。

蓴羹鱸膾

蓴菜調羹，佐以火腿絲、雞絲、筍蕈絲、小肉圓。鱸魚作膾，佐以鮮筍。吴中風味，自昔豔傳。製法與普通之調羹作膾，無大區别。如能兩美合一，尤佳。法將鱸魚蒸熟，去骨存肉，摘蓴菜之嫩者煮湯，益以鱸肉，輔以筍屑，和以上好醬油，厥味之佳，不可言喻。

左文襄嗜蓴羹

左文襄在浙時，最嗜蓴羹。其後至新疆，胡雪巖嘗以蓴餽之。時尚無罐詰也，萬里間關，郵致不易。然胡所餽，至疆後，瀹以爲羹，仍如新摘。蓋蓴多滑涎，捲之於紡綢也。

黄培之詠扁豆羹

仁和黄樹穀，字培之，雍正時人。嘗旅京師，於客齋種扁豆，摘取爲羹，詩以詠之。詩曰："負郭無農課，他鄉學圃能。短牆堪種豆，枯樹借沿藤。帶雨繁花重，垂條翠莢增。烹調滋味美，慚似在家僧。穀雨方攜子，梅天已發秧。枝枝盤作蓋，葉葉暗遮房。伏日炎風減，秋晨露氣涼。連朝僮僕喜，採摘報盈筐。」

孫漁笙啜豆腐羹

羅定州之豆腐羹極精美，細膩潔白，其滑如脂，製以爲羹尤佳。孫漁笙客粵時，時啜之。漁笙，名瑛，光緒時之定海名士也。

盛杏蓀以晚香玉竹蓀爲羹

盛杏蓀尚書宣懷之宴客，有鼎烹，蓋掇晚香玉雜竹蓀以爲羹也，香味美絶。

煮石羹

桃源産白石，可煑羹。法以水煑石，俟沸而易其水，入青豆苗少許，味絶佳。

北人食奶酪

奶酪者，製牛乳，和以糖，使成漿也，俗呼奶茶，北人恒飲之。

蒙人所食之奶酪，曰奶茶，與京師之麪茶相類，沖炒米食之，卽朝餐矣。平時亦飲之。

鮑酪

乾隆時，有以牛乳煑令百沸，點以青鹽滷，使凝結成餠，佐以香秔米粥，食之，絕佳。復有以蔗餳法製如螺形，甘潔異常。始於鮑氏，故名鮑螺，亦名鮑酪。

蒙人飲牛乳

蒙古依克明安之婦女，晨起，輒就母牛取乳，以木桶置其腹下，半蹲牛胯旁，兩手擠之，乳汁乃湧出。每牛可得乳半桶，然不盡取。盛乳之桶，積垢且分許。以乳入鍋煮之，其浮出鍋面之第一層曰烏魯膜，提出，卽曬乾，譯其名爲牛奶豆腐，味微酸。不曬者，卽以之泡蜜子米飯。第二層爲黃油。第三層爲牛奶皮子，厚二分許，圓徑尺餘，乃以之出售於人，不自食。若摻以白糖，烤以炭火，其味最腴美。既取奶皮之後，所餘乳汁，則爲尋常日用之飲料。

煎牛乳皮

取牛乳皮之法，以乳漿入缽，滚以熱水，以扇扇之，使迎風而結皮，取起，再扇再起。棄其清乳不用，將皮再用滚水置火中煎化，加好茶滷一大盃，芝蔴、胡桃仁各研極細，篩過調勻。若欲其鹹，加鹽滷少許。

文宗飲鹿血

文宗御宇時，體多疾，面常黄，時問醫者以療疾法，醫謂鹿血可飲。於是養鹿百數十，日命取血以進。迨咸豐庚申，英法聯軍入京，焚圓明園，徇協辦大學士肅順等之請，幸熱河。肅順輩導之出遊，益溺於聲色。辛酉，咯疾大作，令取鹿血以供，倉卒不可得，遂崩。

閩人飲蘭蠶汁

閩山多蘭花，花多處産蟲，俗稱之曰蘭蠶，狀似蠶，飲蘭花間之露，色淡碧，畏鹽。得之，俟食時點白鹽少許，即化爲清露。一滴入口，香溢齒牙，爲山中無上上品。

南北人飲杏酪

以果實煮之成漿者，曰酪，杏酪其一也，俗亦名杏仁茶。所用爲甜杏仁，然必攙入苦杏仁數枚，以發其香。筵席備之，輒隨八寶飯以進，以其皆加糖於中，味皆甜也。南北人皆飲之，或佐以蓮子羹。

杏仁中含有一種物質，曰青酸，有大毒。幸所含不多，故食之無害，轉有止咳之功效。杏酪之製也，用先去皮之杏仁，入石臼打爛，盛於布袋，用沸水沖之，濾去其渣，加入冰糖，即成。

假杏酪

假杏酪者，不用杏仁露，以化學中一種藥品，曰苦扁桃油者製成，苦扁桃油有大毒，苟如法實驗，不增加分量，亦不過度服用，則性能止咳，並無危險。香味與杏仁無別，功用亦同。法以苦扁桃油十六滴，滴於炭酸鎂一種白色之粉末。六十英釐中，入研缽研和，再傾入冷沸水三十二安士，一安士即一英兩。用濾紙濾净，去滓。其濾净之水，即名杏仁水，香甜異常。入玻璃瓶塞緊，以免洩氣。用時，取杏仁水一二匙，與温水半茶杯調和，再加白糖，即成。若嫌太清，可先用藕粉少許，與沸水半茶杯調匀，然後傾入杏仁水一二匙亦可。

橘酪

各種橘實，味香而甜，能增進食慾，輔助消化。若製成橘酪，自成一種風味。法用蜜橘或廣橘二三枚，剥其皮，再將內皮撕下，去核待用。先將熱水一大碗，在鍋煮沸，傾入與冷水調和之藕粉適宜，過多則太厚，味因不佳。用箸不停手調和之，徐加入剥净之橘肉。待略沸，即取起。復用剥下之橘皮，以手擠緊，使皮中所含之香油射入酪中，香味更濃。

施石友好莧酪

仁和施石友上舍安好莧酪，嘗用歐陽修《初食雞頭》詩韻以詠之，詩云：「吾鄉六月雞頭肥，青葉田田滿沙觜。風味最數錢塘湖，蓮房菰米差可擬。樓中煮酒快嘗新，赤手森然出波底。誰傳方法自廚娘，作糜乃與防風比。初看遠磨卷飛雪，忽訝輕綃漉清醴。琉璃碗盛白玉光，和以蜜味甘冰齒。此時合眼卽江湖，十宿漁船紅藕裏。不須遠憶會靈園，劈破明珠定誰美。吾儕說食繼歐陽，詩味清虛聊可喜。定知舌本戀餘甘，一杯漫飲雞蘇水。」

奕譞以溺飲其傅

淳郡王奕譞，宣宗子也。性傲，不喜讀書。一日，傅督之急，忽不知所往，傅遣內侍大索。久之，則自正大光明殿出。又一日，手茶一杯進傅曰：「某頑鈍，屢蒙訓誨，至感，故有所獻。」傅飲之，茶中有溺也，大恚。宣宗適至，曰：「得毋爲五阿哥廢學乎？」傅曰：「非也。五阿哥賜臣茶一杯，頗有異味，請上嗅之。」宣宗嗅之，大怒，王坐是貶。

粥飯之次數

粥，和水於米，煮之使糜者也。飯，五穀之炊熟者也，南人專以米爲飯者誤。炊米爲飯時，欲其潔白，可入檸檬汁少許於水中，且鬆散。俗有一日三餐之諺，謂早中晚三次，大抵早粥而中晚皆飯也。然有中爲飯而早晚爲粥者，有早爲粥中爲飯而晚則飯粥並進者，有早不餐而中晚爲飯。惟中餐在午前十時，晚餐在午後四時者，此皆就普通人而言也。若從事勞役之人，則以消化力強，易致飢餓，而又早起作事，故有一日而五餐者。蓋通常之所謂早者，恒在八九時，此則於黎明爲第一次，至晚而五次矣。

粥

粥有普通、特殊之别。普通之粥，爲南人所常食者，曰粳米粥，曰糯米粥，曰大麥粥，曰菉豆粥，曰紅棗粥。爲北人所常食者，曰小米粥。其特殊者，或以燕窩入之，或以雞屑入之，或以鴨片入之，或以魚塊入之，或以牛肉入之，或以火腿入之。粤人製粥尤精，有曰滑肉雞粥、燒鴨粥、魚生肉粥者。三者之中，皆雜有豬肝、雞蛋等物。别有所謂冬菇鴨粥者，則以冬菇煨鴨與粥皆别置一器也。

羊山粥

羊山粥，以羊肉四兩、山藥一合研細，先將羊肉煮爛，入山藥末一合，加鹽少許、粳米三合，煮之。

肉米粥

肉米粥，以白米三合，煮成軟飯，將豬肉汁或雞汁、蝦汁調和，過清，用熟肉碎切，加豆餅、松子仁、香蕈丁、筍丁等同飯下湯，一滾即起。

茯苓粉粥

茯苓粉粥，以白茯苓一斤，切片，用水洗去赤汁，又换水浸一日，搗爛，絞汁，加水攪和，待澄去水，取粉曬乾，拌米煮粥。

茯苓粥

茯苓粥，以白茯苓末一兩、粳米三合先煮，粥熟，下茯苓末同煮起食。

枸杞粥

枸杞粥，以甘枸杞一合，生者研如泥，乾者爲末，每粥一甌，加入半盞，并白蜜一二匙，和匀食之。

百合粥

百合粥，用生百合一升、白蜜一兩，將百合切碎，同蜜窨熟煮，米粥將起，入百合三合同煮。

山藥粥

山藥粥，以淮山藥四六分配，煮粥食之。

荼蘼粥

荼蘼粥者，採荼蘼花片，用甘草湯焯過，候熟同煮。

梅粥

梅粥者，以落英之梅浄洗，用雪水煮白粥，候熟同煮。

菉豆粥

菉豆粥者，淘浄下鍋，多水煮爛，次下米，以緊火同熬成粥。

芡實粥

芡實粥者，芡實三合，新者研成膏，陳者作粉，和粳米三合，煮粥食之。

蓮子粥

蓮子粥者，蓮肉一兩，去皮煮爛，細搗，入糯米三合煮之。

薏米粥

薏米粥者，米仁三合，淘浄，入白米，煮粥，加白糖一二匙。

洛陽産婦飲小米粥湯

洛陽婦人生産，百日之内，僅飲小米粥湯，此外概不敢食。

俞蒼石食豆粥

仁和俞蒼石茂才葆寅，乾隆時人，喜食豆粥。一日食畢而飽，有詩示其從姪炯，詩曰：「筠籃小摘新雨後，糜粥晚炊雜以豆。江鄉風味絶可憐，菰飯蒓羹此其又。暖香鬱發氣浮浮，兒女歡呼抵蒸餾。較如白傅詠防風，舌本清甘得餘潄。儒生自奉原菲薄，詎必豐肴佐醲酎。月來戴勝鳴桑陰，緑莢垂垂繞畦繡。登庖劇喜乍開園，采過三番猶暢茂。釜中未聞然其泣。籬下且自擷裾走。縱慚每夕具雙弓，食肉之譏當我有。説與同餐阿買知，山田幾畝須勤守。」

諸鄧門食白米粥

乾隆時，錢塘諸鄧門明經以淳自杭北上，遵陸以行。既上車，日食必餅。一日亭午，過山東之東平野店，忽得白米粥二盂，自謂旅中得此，勝葠蓍矣。

餬粥生薑炒米茶

餬粥爲常州食品。蓋他處食粥，皆以米粒煮之，故一名稀飯。惟常州則屑米爲粉，名曰餬粥，俗遂有「餬粥生薑炒米茶」之諺。高宗南巡時，駐蹕常州，垂詢食品，劉文定公綸以里諺「餬粥生薑炒米茶」對，帝嘉其土風之儉焉。

臘八粥

臘八粥始於宋，十二月初八日，東京諸大寺以七寶五味和糯米而熬成粥，相沿至今，人家亦仿行之。乾隆時，仁和顧寸田之麟嘗作《臘八粥歌》云：「飽飫不思食肉糜，清淨恆願披緇衣。雲寒雪凍了無悦，轉用佛節相娛嬉。䴬牙之稻粲如玉，法喜曉來炊作粥。取材七寶合初成，甘苦辛酸五味足。稽首獻物仰佛慈，曰汝大衆共啜之。人分一器各滿腹，如優婆塞優婆夷。嗚呼！此日曾名與慶節，冬青樹冷無人說。何如佛節永今朝，歲歲年年有臘八。」

黄九烟爲徐昭法作糜

黄九烟嘗往吴門訪徐昭法。昭法名枋，明舉人。父汧，崇禎時官至詹事。江南潰，汧殉節，昭法將從死，汧止之曰：「汝可不死，姑爲徐𣏌之薦飯人。」昭法遵命。喪葬訖，託迹茅屋，伏處荒村中。九烟及潘鐵廬至，叩其扉。時昭法未老，幾失明矣，又飢，不能出户庭，強起謁客。既相見，則抱持大哭。時日已暮，昭法不能具燈燭，盎中絶粒已三日矣。九烟解囊買米數升，鹽少許，共炊作糜。

米麥滋養料之比較

米麥中之滋養料，其成分可比較之。糙米有小粉七四·〇，蛋白質八·二，脂肪一·〇，灰一·八。光米有小粉七八·〇，蛋白質七·五，脂肪·四，灰·七。全麥即連皮者。有小粉七一·四，蛋白質一三·三，脂肪二·二，灰一·八。白麵有小粉七五·一，蛋白質一一·四，脂肪一·〇，灰·五。雀麥去殼，或已輾。有小粉六六·五，蛋白質一六·五，脂肪七·三，灰一·九。

南北之飯

南人之飯，主要品爲米，蓋炊熟而顆粒完整者，次要則爲成糜之粥。北人之飯，主要品爲麥，屑之爲饝，次要則爲成條之麪。

食麥者較食米者爲健，而覩於蘇州、紹興之鄉女，則不盡然。蓋皆同爲食米之人，蘇女且以啜粥時爲多，而蘇鄉健婦乃多於浙，凡耘田、打魚、蕩舟、舁輿、擔物諸力役，無不任之，不惟勝於紹，且突過於北方之婦女。懷獻侯曰：「蘇之所以多健婦者，天足故也。」

北人之飯，以麥爲主要品。若不食饝而食麪，亦皆陳列肴饌，藉以佐餐。惟其麪率爲白水所煮，將進麪時，即有生蔬如豆芽、黃瓜絲之類數小碟陳於几，曰麪馬，意以此爲前馬之導也。餐時，即和以調料而加於麪。食竟，乃各飲煮麪之原汁，謂可不至飽脹也。若患口渴，可飲白開水少許以解之，惟不可飲茶，飲茶則愈飲愈渴也。

各地均有飯肆，然有普通、特别之分。特别飯肆價較昂，肴饌亦極豐腆。普通飯肆則不必具肴，僅食飯一盂，或以一湯佐之者，爲火腿蛋炒飯、蝦仁蛋炒飯、蛋炒飯三種。粤亦有之，則曰冬菇鴨飯，爲冬菇煨鴨而別具白飯也；曰臘味飯，爲臘腸、臘肝、臘鴨撒布於飯之上也。

飯有十二合

桐城張文端公英嘗著飯有十二合説，其説如下。

一之稻　古稱飯之美者，則有元山之禾，精鑿白粲，昔人所重。吾鄉稻有三種，有早熟者，有中熟者，有晚熟者。早晚所熟，皆不及中熟之佳。蔡邕《月令章句》云：「時在季秋，謂之半夏稻，滋味清淑，頤養爲宜。」頌曰：詩稱香稻，如雪流匙。辨種嘗味，遲熟攸宜。益脾健胃，百福所基。

二之炊　朝鮮人善炊飯，顆粒朗然，而柔膩香澤，倘所謂中邊皆腴者耶？又聞之靜海勵先生，炊米汁勿傾去，留以蘊釀，則氣味全，火宜緩，水宜減，蓋有道焉。鹵莽滅裂，是與暴殄天物者等也。頌曰：釋之溲溲，蒸之浮浮。炊我長腰，質粹香留。謹視火候，丹鼎功侔。

三之肴　《禮》曰：「居山不以魚鼈爲禮，居澤不以麋鹿爲禮。」食地之所產，則滋味鮮而物力省。近見人家宴會，每以珍錯爲奇，不知雞豚魚蝦，本有至味。《内則》所載，養老人八珍，皆尋常羊豕，特烹炮異耳，何嘗廣搜異味哉。且每食一葷，則腸胃不雜，而得以盡其滋味之美。山海羅列，腥葷雜進，既爲傷生侈費，亦乖頤養之道，所當深戒者也。頌曰：甘毳芳鮮，是爲侯鯖。脾寬則化，腹虛則靈。戒爾饕餮，視此鼎銘。

四之蔬　古人稱早韭晚菘，山廚珍味。城中鬻蔬者摘採非時，復爲風日所損，真味漓矣。自種一畝蔬，時其老稺而取之，含露負霜，甘芳脆美，詩人所謂有道在葵藿耶？頌曰：蔓菁蘆菔，其甘如飴。美勝粱肉，晚食益奇。菜根不厭，百事可爲。

五之脩　古稱脯脩，亦所以佐匕箸。山雉澤鳧，鹿脯魚鯗，昔人往往見之篇什。但取一種，可以侑食，毋爲侈靡奇巧。頌曰：飽嘗世味，如彼雞肋。聊資醢脯，以妥家食。炮炙肥甘，腑胃之賊。

六之葅　鹽豉寒葅，古人所謂旨畜以禦冬也，以清脆甘芬爲貴。食既而嚼，口吻爽雋，爲益多矣。頌曰：甫里幽居，爰賦杞菊。紅薑紫茄，青筍黄獨。告我婦子，儲備宜夙。

七之羹　古人每飯，羹左食右。又曰，若作和羹，爾爲鹽梅。羹之爲用，宜備五味以宣洩補益，由來尚矣。古人飯而以湯沃之曰飡，言取飽也。老者易於哽咽，於羹尤宜。頌曰：新婦執饋，爰作羹湯。和以芍藥，椒芬飶香。以代祝哽，祇奉高堂。

八之茗　食畢而茗，所以解葷腥，滌齒頰，以通利腸胃也。茗以温醇爲貴，岕片、武夷、六安三種最良。石泉佳茗，最是清福。頌曰：松風既鳴，蟹眼將沸。月團手烹，以滌滯鬱。丹田紫闕，香氣騰拂。

九之時　人所最重者，食也。食所最重者，時也。山梁雌雉，子曰時哉時哉。固有珍膳當前而困於酒食者，失其時也。有葵藿而欣然一飽者，得其時也。樊籠之鳥，飼以稻粱，而羽毛鎩敝。山谿之鳥，五步一飲，十步一啄，而飛鳴自得者，時與不時之異也。當飽而食曰非時，當飢而不食曰非時，適當其可謂之時。噫！難爲名利中人言哉。頌曰：晨起腹虛，載游樊圃。容與花間，香生肺腑。思食而食，奚羨華膴。

十之器　器以瓷爲宜，但取精潔，毋尚細巧。瓷太佳，則脆薄易於傷損，心反爲其所役，而無自適之趣矣。予但取其中者。頌曰：繩牀棐几，浄掃無塵。花瓷瑩潤，參伍以陳。陋彼金玉，縈擾心神。

十一之地　吁，食豈易言哉！冬則温密之室，焚名香，然獸炭；春則柳堂花榭；夏則或臨水，或依竹，或蔭喬林之陰，或坐片石之上；秋則晴窗高閣，皆所以順四時之序。又必遠塵埃，避風日。簾幙當施，則圍坐斗室；軒窗當啓，則遠見林壑。斯飧香飲翠，可以助吾藜藿雞黍之趣。食豈易言哉！頌曰：食以養生，以暢爲福。相彼陰陽，時其涼燠。以適我情，以果我腹。

十二之侶　獨酌太寂，羣餐太囂。雖然，非其人，則移牀遠客，不如其寂也。或良友同餐，或妻子共食，但取三四人，毋多而囂。頌曰：肅然以敬，雍然以和。不淫不侈，不煩不苛。式飲式食，受福孔多。

蟠桃飯

蟠桃飯者，以山桃用米泔煮熟，漉置水中，去核，候飯鍋滚，投入，與飯同熟。

玉井飯

玉井飯者，削藕，截作塊，採新蓮去皮，候飯少沸，投之，飯熟同食。

薏苡飯

薏苡飯者，薏苡舂熟，炊爲飯，氣味須如麥飯乃佳。

野葛飯

野葛飯者，羅定州人常食之。羅定多山田，輒蒔野葛，大如拳，味甘而性寒。採後，刀斷之，如骰子狀，漚之水，兩晝夜發白沫，更以清水淘之，去其寒毒，曝令乾，煮時與穀參半。

以雜糧爲飯

糧，穀食也，凡五穀皆是。南人以米爲食之主要品，心目中遂專以米爲糧，而於其他，乃皆名之爲雜糧。

客至不留飯

浙東之寧波、紹興，有客至，適在將飯時，必留膳，且每飯必先以酒。倉猝客至，雖無特肴，亦必堅留進食，殷勤勸進。意謂客既果腹，可任所之。杭州城外之人亦如是。城市則不然，客至談話，而時適屆午、夜兩餐也，其家中人必曰：「時至矣，將飯。」高聲呼之，取瑟而歌之之意也。客至是，自即與辭而出。然主人送之出門，猶必曰：「盍不就餐於此。」客亦知其意，必謙言道謝而徑去。

畲客喫

處州畲客多善食，故土人呼食量大者曰畲客喫。每月必三次入山，取一種黑色木之汁，與米同炊，謂之喫黑飯，以示不忘祖先。蓋自言其祖盤瓠爲龍犬，曾喫黑飯也。

董小宛以茶淘飯

董小宛性澹泊，於肥甘食物，一無所好。每飯，以岕茶一小壺溫而淘之，佐以水菜數莖、香豉數粒，便足一餐。

王嘉祿以石爲飯

仙人煮石，但傳其語。順、康間，淄川丁家傭人王嘉祿者，少居勞山中，獨坐數年，遂絶烟火，惟啖石爲飯，渴即飲溪澗中水，遍身生毛寸許。後以母老歸家，漸火食，毛遂脱落。然時時以石爲飯。每取一石，映日視之，即知其味之甘鹹辛苦。及母終，不知所往。

邱邦士忘借米

邱邦士家貧，娶於魏，爲叔子之女兄。一日，斷炊，其夫人令貸米於戚串。邦士出，徙倚中途，觀市景。久之，乃垂橐而歸，則夫人已自他處乞米炊之矣。飯成，邦士亦不問米所從來，據案大嚼而已。

謝方山食蜀秫米飯

蜀秫米飯，昔人無詠之者。德州謝方山郎中重輝嘗食之，詠以詩云：「浮椀渾如琥珀光，豐年人每號粗糧。相如渴後曾逢否？方朔饑時那易嘗。真味惟堪同紫莧，補中詎止勝黄粱。大官精膳無由見，一飽何妨此下腸。」

徐昭法款湯文正以粗糲

湯文正公撫蘇時，徐昭法隱於支硎山中，乃屏除騶從，徒步訪之。昭法辭以疾。文正徘徊門外，久之，始延入，待以粗糲，爲之醉飽。

某孝廉飯於蔣文恪邸

蔣文恪公溥爲裘文達公之房師，禮賢下士，設館授餐。一日，文達遇文恪於朝房，薦一在都候選之孝廉，曰：「某所學極優，師能留之乎？」文恪允之。而文達固先已薦一人在文恪邸掌書記也。

明日，文達遣一僕徑送孝廉入文恪邸，屬僕曰：「第送詣某書記廳，云昨已面語相公，相公屬留客耳。」僕致文達命出。書記某卽挈孝廉巡歷廳事側兩廊，見屋櫛比，悉客館。內一室，門獨啓，遂徑入。見榻上有卧具，遽命僕撤出，貯廳事中，語孝廉曰：「君行李至，卽安置此。但出必鍵户，愼勿啓也。又有一要語相屬，君雖館此，實無一事，不妨日出游衍，然必須飯畢始出。日兩飯，亦無邀客者，但聞長廊口有高喚者，曰飯具矣，卽速詣廳事食，遲則不及。」孝廉遵其約，每日飯畢，卽鍵户出遊。約計復當飯，則又歸。歲值端午、中秋日，及歲盡前數日，卽有老僕從三四輩挾巨囊至，徧入客館。見一卧榻，卽置朱提一封，標其函曰歲脩，爲數五十。若旁有卧榻，則貯一小封，爲數四，以犒從者。孝廉居文恪邸二年，選湖北一縣令始去。在邸日，未嘗一爲事，亦未嘗一面文恪也。

余古田喫芹菜飯

乾隆丁丑，福建余古田在京，應庶吉士散館之試。以無力賃屋，移寓翰林院東廡，僅庇風雨，惟以讀書爲事。每日，僕買值錢三文之芹菜以佐餐，堅謝一切饋物。及服闋，高宗起之爲祭酒，令充江南學政，故舊滿朝，從無竿牘之及。嘗語華亭蔡顯云：「予之所以幸全素履者，得力於十年之芹菜飯也。」

林瀹亭羅粲臣善飯

光緒朝，杭州有林淪亭孝廉元濬、羅渠臣優貢渠者，皆以善飯著稱。雖宴會，酒肴紛陳，可恣飲啖，將飯，他人已紛紛引去，而此二人者，猶手持飯甌，迭進不已，僮僕非笑之，不顧也。

湯公館

上海之飯店，中流社會以下之人，午晡就餐，冀得一飽而已，非宴客之所也。上流社會間有往啖者，然亦諱莫如深。南京路、九江路之間，山東路之西，有正興館焉，雖亦家常便飯，而烹飪獨精。仁和高邕之司馬邕時往小飲，且謂將爲書一斗大「飯」字市招並自署款以榮之。山陰湯蟄仙廉訪壽潛與高有同嗜，曾於總理浙江鐵路時，宴工程師於此。自是而上流社會始知正興館，且有呼之曰湯公館者。肴以紅燒水雞、生煎鹹菜黄魚、湯糟、炒圈子、家常菜湯爲最著。

麪

麪，磨麥爲粉也。凡以麥粉製成之食品，皆曰麪食，而世俗則以麪粉製成細縷者，始謂之麪。通常所食之麪，有湯麪、炒麪、拌麪三大别，皆以火雞、火腿、雞絲、蝦仁、醋魚、黄魚、蟹肉爲佐料。湯者，煮之以湯。炒者，無汁而油重。拌者，以麪本已熟，不再煮，但以加料和之而已。其作法，於麪熟時，多用涼水激之，滚起再激。冷水激過，其性微熱，另用醋、蒜、醬油、香油、韭菜拌之，再加湯和之。

長壽麪

凡壽誕及湯餅筵，宴客必用麪，南北皆然。南人至是，亦以麪爲正餐矣。而呼之曰長壽麪者，則本於宋馬永卿《懶真子》所載「湯餅即今長壽麪」之語也。

八珍麪

八珍麪，以雞、魚、蝦肉曬極乾，加鮮筍、香蕈、芝蔴、花椒爲極細末，和入麪，將鮮汁焯筍煮蕈及煑蝦之汁均可。及醬油、醋和勻拌麪，勿用水，捍薄切細，滚水下之，爲閩人所嗜。

鰻麪

鰻麪者，以大鰻一條，蒸爛，拆肉去骨，和入麪，加雞湯清揉之，桿成麪皮，以小刀劃成細條，入雞汁、火腿汁、蘑菇汁煨之。

滷子麪

以細麪下湯，瀝乾置於碗，加雞肉、豬肉、香蕈、筍等濃滷，食時取瓢加之，謂之曰滷子麪。

鱔麪

鱔麪者，熬鱔成滷，加鱔再滾。

裙帶麪

裙帶麪者，以小刀截麪成條，微寬。

素麪

素麪者，先一日將蘑菇蓬熬汁澄清，次日將筍熬汁，加麪滾之。

五香麪

五香麪者，先以椒末、芝麻屑拌入麪，後以醬、醋及鮮汁和勻拌之，勿用水。

麪老鼠

麪老鼠者，以熱水和麪，雞汁滾時，以箸夾入，不分大小，加鮮菜心。曰老鼠，以其形似也。

麪拖玉簪花

採半開之玉簪花，分作二片或四片，或少加鹽、白糖，入麪調勻，拖之。

僧食麪致命

道光時，蘇州寒山寺僧之老者、弱者、住持者、掛單者，凡一百四十餘人。一日，忽盡死於寺。鄉保爲之報縣，縣令往驗。適一竈下養死而復蘇，令問僧食何物，對曰：「食麪。」令復詳詢煮麪之人，與澆麪之湯，竈下養對曰：「今日爲主僧生日，特設素麪，以供諸僧。我適見後園有二蕈，紫色鮮豔，其大逕尺，因擷以調羹澆湯。但覺其香味鮮美，未及親嘗，忽然頭暈倒地，不省人事。今甫醒而始知諸僧食麪死矣。」令使導至後園採蕈處，復見有蕈二枚，大如扇，鮮豔無匹。命役摘蕈，蕈下有兩大穴。令復集夫役持鍬钁，循其穴而發掘之，丈餘以下，見有赤練蛇大小數百尾，有長至數丈者，有頭大如巨盌者。蓋兩穴口爲衆蛇出入之所，蕈乃蛇之毒氣所噓以成者。諸僧既皆食之，遂無一生。竈下養僅嗅其香味，故幸而復蘇。縣令乃命儲火種，發鳥槍，一舉焚之，蛇之種類盡滅。

左文襄喜左家麪

揚州新城校場街，有左家麪鋪者，自咸、同以來，開兩世矣。蓋左文襄初爲孝廉時，北上道揚州，嘗之，美不能忘也。及督兩江，閱兵至揚郡，地方官之備供張者，問左右以所好。左右云：「公嘗言揚州左麪佳耳。」時郡城麪館如林，而無此肆，地方官乃令庖人假其名以進。文襄雖未面揭其僞，而退言非真也。繇是左麪之名膾炙人口。

先得樓有羊肉麪

羊有山羊、湖羊之别。湖羊者，綿羊也。上海有先得樓者，售羊肉麪，有名於時，蓋綿羊之肉也。兼賣羊膏，亦大佳。

宣宗思片兒湯

宣宗最崇儉德，故道光時内務府歲出之額，不過二十萬，堂司各官皆有臣朔欲死之歎。一日，上思片兒湯，令膳房進之。次晨，内務府即奏請設置御膳房一所，專供此物，尚須設專官管理，計開辦費若干萬金，常年經費又數千金。上乃曰：「毋爾，前門外某飯館，製此最佳，一盌值四十文耳，可令内監往購之。」半日復奏曰：「某飯館已關閉多年矣。」上無如何，但太息曰：「朕不以口腹之故妄費一錢也。」

小食

世以非正餐所食而以消閒者，如餅餌糖果之類，曰小食。蓋源於《搜神記》所載：「管輅謂趙顔曰：

「吾卯日小食時必至君家。」「小食時者，猶俗所稱點心時也。蘇、杭、嘉、湖人多嗜之。

點心

米麥所製之物，不以時食者，俗謂之點心，唐時已有此語。蓋唐傪爲江淮留後，家人備夫人晨饌，夫人顧其弟曰：「治妝未畢，我未及餐，爾可且點心。」今世之食點心者，非富貴之人，即勞働者也。

杭人重點心

杭州城市之人重點心，距午餐四小時必進之，然有遲至日晡者，雖時已上燈，亦必強啖。意謂非有此點綴，不足以昭示其爲大户也，以是而晚餐在夜八時矣。有妨衞生，不之顧。

京都點心

京都點心之著名者，以麪裹榆莢，蒸之爲糕，和糖而食之。以豌豆研泥，間以棗肉，曰豌豆黃。以黃米粉合小豆、棗肉蒸而切之，曰切糕。以糯米飯夾芝麻糖爲涼糕，丸而餡之爲窩。窩，即古之不落夾是也。

賒旱點

買物而緩償其值曰賒。賒早點，京師貧家往往有之。賣者輒晨至付物，而以粉筆記銀數於其家之牆，以備遺忘，他日可向索也。丁脩甫有詩詠之云：「環樣油條盤樣餅，日送清晨不嫌冷。無錢償爾聊暫賒，粉畫牆陰自記省。國家洋債千萬多，九十九年期限拕。華洋文押字簽定，飢不擇食無如何，四分默誦燒餅歌。」

茶食

俗於熱點心之外，稱餅餌之屬爲茶食。蓋源於金代舊俗，壻納幣皆先期拜門，戚屬偕行，男女異行而坐，進大軟脂、小軟脂蜜糕人一盤，曰茶食。

乾隆末葉，江寧茶食店以利涉橋之陽春齋、淮清橋之四美齋爲上，遊畫舫者爭相貨買，曲中諸妓款客餽人，亦必需此。兩齋皆嘉興人所設，製造裝潢，較之江寧，倍加精美。

韭合

韭合者，以韭菜切末，加作料，包以麪皮，入油灼之，麪中加酥更妙。

菱糒

自寧夏以來黄河北岸蒙古部落，無牛羊畜牧之利，夏秋之交，率就河濱採野菱以自給，冬春則乾以爲糒而食之。

水苊糍

水苊生田隴畔，湘衡之俗，以和稉爲糍，清明節物也。湘潭王壬秋編修闓運家，每從上冢采歸，供饋食加籩。同治丙寅，祠祭，其妻妾自出田間采之，壬秋因感憶爲詩，詩云：「淑氣回青甸，傾筐采綠茸。年年傍丘隴，惻惻憶兒童。晴雨新春色，流傳舊土風。粉餈叨薦廟，還與澗蘋同。」

巧果

巧果，點心也，以粉條作花勝形，炸以油。

糉

糉，食品，大率以爲點心，以箬葉裹糯米，煮熟之，形如三角。古用黏黍，故謂之角黍。其中所實之物，火腿、鮮豬肉者味鹹，蓮子、夾沙者味甜。

饊子

以糯粉和麪，牽索紐捻，成環釧之形，油煎食之，謂之饊子。古曰寒具，亦曰環餅。

油灼檜

油灼檜，點心也，或以爲肴之饌附屬品。長可一尺，捶麪使薄，以兩條絞之爲一，如繩，以油灼之。其初則肖人形，上二手，下二足，略如乂字。蓋宋人惡秦檜之誤國，故象形以誅之也。

點心之餡

餡，點心中所實之物也。或爲菜、筍、菰、茭白也。蕈，或爲牛、羊、豕、雞、鴨、魚、蝦之肉，味皆鹹。或爲豬油雞油而加以果實，則甜。

藤花作餡

採藤花洗浄，洒以鹽湯，拌勻，入甑，蒸熟曬乾，可作點心之餡。

玫瑰花作餡

去玫瑰花橐蕊，並白色者，取純紫花瓣，搗成膏，以白梅水浸少時，研細，細布絞去澁汁，加白糖，再研極勻，瓷器收貯，最香甜，可爲點心之餡。

扁食

北方俗語，凡餌之屬，水餃、鍋貼之屬，統稱爲扁食，蓋始於明時也。

麥餅麥片麥筋

北麥花晝開，南麥花夜開，故南麥發病而北麥養病。簾子棍、韭菜邊、一窩絲，皆麥名也。或攤作餅，或削作片，或洗作筋，食之皆妙。桐鄉嚴緇生太史辰在京時，晨必食麪半斤，但以白水漉之，加白醬油一杯，越酒三杯，不佐以肴，其味獨絕。

餑餑

餑餑，餅餌之屬。北人讀如波波，不讀作勃字之本音也。中有餡。一作饝饝。

饅頭

饅頭，一曰饅首，屑麪發酵，蒸熟隆起成圓形者。無餡，食時必以肴佐之。後漢諸葛亮南征，將渡瀘水時，土俗殺人首祭神，亮令以羊豕代之，取麪畫人頭祭之。饅頭名始此。

山藥饅頭

山藥饅頭者，以山藥十兩去皮，粳米粉二合、白糖十兩，同入擂盆研和，以水濕手，捏成饅頭之坯，內包以豆沙或棗泥之餡，乃以水濕清潔之布，平鋪蒸籠，置饅頭於上而蒸之。至饅頭無黏氣時，則已熟透，即可食。

蕎麥饅頭

河套之人，每磨蕎麥爲麪，先以沸水沖之，蒸爲饅首，俟冷乃食，最耐饑。塞外作苦之人，非此不飽也。

包子

南方之所謂饅頭者，亦屑麪發酵蒸熟，隆起成圓形，然實爲包子。包子者，宋已有之。《鶴林玉露》曰："有士人於京師買一妾，自言是蔡太師府包子廚中人。一日，令其作包子，辭以不能，曰：『妾乃包子廚中縷葱絲者也。』"蓋其中亦有餡，爲各種肉，爲菜，爲果，味亦鹹甜各異，惟以之爲點心，不視爲常餐之飯。

燒賣

燒賣亦以麪爲之，上開口有襞積，形略如荷包，屑豬肉、蝦、蟹、筍、蕈以爲餡，蒸之即熟。

餛飩

餛飩，點心也，漢代已有之。以薄麪爲皮，有襞積，人呼之曰縐紗餛飩，取其形似也。中裹以餡，鹹甜均有之。其熟之之法，則爲蒸，爲煮，爲煎。粵肆售此者，寫作雲吞。

餃

餃，點心也，屑米或麪，皆可爲之，中有餡，或謂之粉角。北音讀角爲矯，故呼爲餃。蒸食、煎食皆可。蒸食者曰湯麪餃，其以水煮之而有湯者曰水餃。

椴木餃

宮中於五月食椴木餃。《爾雅·釋草》：「椴，木槿。」《方言》：「燕之東北、朝鮮冽水之間謂之椴。」此關外舊俗，尚沿古時名稱也。又有蘇造糕、蘇造醬諸物。相傳孝全后生長吳中，親自仿造，故以名之。

餈

凡炊米既爛，擣之成餅者曰餈。

炒米

炒米，古之火米也。或曰米花，或曰米泡。蓋以米雜砂炒之，粳米、糯米則不拘，極鬆脆，以之作點心，或乾嚼或水沖，皆可，有視爲珍品以享客者。李百藥曾有詩詠之，有句曰：「豈異羣兒嗜，堆盤焦穀芽。乾餱吾不憾，火米浪爭誇。」

湯圓

湯圓，一曰湯糰。北人謂之曰元宵，以上元之夕必食之也。然實常年有之。屑米爲粉以製之。粉入水，沈澱之使滑而製成者，爲掛粉湯圓，有甜鹹各餡。亦有無餡者，曰實心湯圓。

蘿蔔湯圓

蘿蔔湯圓者，以蘿蔔刨絲，滾熟，去臭氣，微乾，加葱、醬拌之，作餡，再用麻油灼之，湯滾亦可。

孝欽后賜德宗湯圓

德宗嘗謁孝欽后，一日，孝欽方食湯圓，問：「汝已食乎？」德宗不敢以已食對，因曰：「尚未。」即賜食若干枚。問：「已飽乎？」曰：「尚未。」乃更賜食。如此者數四，腹脹不能盡食，乃私匿之於袖中。歸而湯圓滿袖，汁淋漓滿身，乃命太監換小衫。而其私服，盡爲孝欽搜去，因狼藉而著之。後内監輾轉以外間小衫進，乃得易衣。

芋粉團

芋粉團者，磨芋粉曬乾，和米粉用之。

神糕

坤寧宮祭神之糕，以糯米爲之。祭畢，頒賜内廷諸大臣，曰神糕。

年糕

年糕擣糯米而成，本爲饋歲之品。至光、宣時，則以爲普通之點心，常年有之矣。有以菜、肉煮爲湯者，有以火腿、筍、菜炒之者，味皆鹹。其甜者，則爲豬油夾沙而加以桂花、玫瑰花，可蒸食。錢塘程訥齋有詩詠之曰：「人心多好高，諧聲製食品。義取年勝年，藉以祈歲稔。粤稽所由來，餌餈名既泯。沿久遂失真，劉郎詩料窘。我本卑棲人，麤糲餐堪哂。欲更上層樓，翹首待挈引。」

雲英糕

雲英糕以菱、芋、鮮蓮、雞豆、荸薺、慈菇、百合之浄肉蒸爛，風前吹㬠少時，擣於石臼，使極細，入糖蒸熟，再擣，取出作一團，停冷使堅，以浄刀隨意切食，糖多爲佳。

三層玉帶糕

三層玉帶糕者，以純糯米作糕，分作三層。加粉、豬油、白糖蒸之，蒸熟切開。

沙糕

沙糕者，糯粉蒸糕，中夾芝麻糖屑。

脂油糕

脂油糕，以純糯粉拌脂油，在盤蒸熟，加冰糖捶碎，和粉蒸之，以刀切開。

雪花糕

雪花糕，以蒸糯飯擣爛，加芝麻屑與糖爲餡，打成一餅，再切方塊。

雪蒸糕

雪蒸糕者，先磨細粉，以糯米二分、粳米八分拌之，將粉置於盤，用涼水細洒之，以捏則如團、撒則如砂爲度，將粗麻篩篩出。其剩下之塊搓碎，仍於篩上盡出之，前後和勻，以巾覆之，勿令風乾日燥。

白雪糕

白雪糕，以米及糯米各一升，炒山藥去心、蓮肉、芡實各四兩，爲細末，入白糖一斤半，攪之令勻，入籠蒸熟。

豆沙糕

豆沙糕者，以赤豆以色白者爲佳。一合，煮熟研爛，濾去其皮，復以白糖八兩、冰糖二兩、洋粉若干和水煮沸。少間，加豆沙及清水一合，盡力攪和，以不文不武之火再煮，經一小時。冬日須二小時。及息火，盛以方器，經一夜，凝結成糕。

廣寒糕

廣寒糕者，採桂英，去青蒂，洒以甘草水，舂粉，炊作糕。

栗糕

栗糕，以栗去殼，切片曬乾，磨成細粉三分之一，加糯米粉拌勻，蜜水拌潤，蒸熟食之，和入白糖。

閔糕

張芭堂嘗至吳江之平望，市閔糕一甑，以餽龍泓丁敬身徵君。敬身以奉其母，乃作歌云：「閔姓名糕深雪色，到眼團團秋半月。只少迷離玉兔兒，桂露猶凝昨宵溼。惟春魯望識香秔，不用淵明村酒秫。浮三浙九法方好，堪譬難委素交節。賣處曾游漁釣僊，噉來頻見雞蘇佛。鬆甘軟淡宜老齒，易慰貧兒供潔白。酒客操戈或偶然，茶人把盞宜三益。韋龍謝鳳競雕藻，徒衒華筵一金直。虹橋誇目雙暈花，烟絲播詠加澆蜜。何如此糕平且淡，似水相與情轉出。張生攜餽登我堂，徑尺淺淺疎筠筐。鑱花絳紙相掩映，招人膀子看幾行。蘭餘齋專殊勝寺，專久此齋無別房。老夫一笑爲庋置，朝籑范甑騰馨香。燕顏倚桯見莞爾，婆娑鶴髮神揚揚。淡然無味天人糧，黄庭有語義允臧。老人食之壽而康，感生之餽足慨慷。攬筆作歌嗟學荒，一雪忽霽開朝陽。歌成轉覺情蒼茫，獨立矯首風吹裳，慈烏啞啞青天長。」芭堂録歌一通，壽諸梓，蓋欲令市糕者人人得讀此歌，以風世勸孝，不獨爲閔糕紀事也。敬身見之，書跋於後云：「余作此歌，有愧昔人多矣，字亦漫浪過甚。張生芭堂便爾裝治，蓋其至性不在詩與字耳，可敬可重。海内有心人定識其人，蓋吾芭堂亦未易遽識者。」

麪起餅

麪起餅，卽俗所言發麪餅，俟麪發酵製成之者也。

宫筆花餅

中秋節屆，粤俗饋贈品於月餅而外，有所謂宫筆花餅者，塗以花草人物，燦染以五彩，以錦匣裝潢之。

燒餅

餅，麪餈也，溲麪使合併也。有曰燒餅者，最普通，南北皆有之，而又最古。蓋見於《齊民要術》，所引《食經》有作燒餅法也。或有餡，或無餡。無餡者亦鹹。其表皆有芝麻，烘於火，略焦。

德宗食燒餅

德宗喜食燒餅，太監爲購之以進，一枚須銀一兩。

家常餅

家常餅者，北人以之爲飯。食時，置肴於上，捲而啖之，大率爲炒裏肌絲或攤黄菜。炒裏肌絲者，縷精豬肉成絲，加以韭芽、木耳而炒之也。攤黄菜者，以雞蛋之黄白攪和而炒之，其色黄，盛於盤，略如荷葉。

春餅

春餅，唐已有之。捶麪使極薄，熯熟，即置炒肉絲於中，卷而食之，亦有置於油中以煎之者。初爲春盤所設，故曰春餅，後則至冬即有之。

松花餅

松至三月而花，以杖扣其枝，則紛紛墜落，調以蜜，作餅，曰松花餅。

甘菊花餅

以甘菊花拌糖霜，擣成膏，和麥粉作餅。

玉蘭花餅

玉蘭花餅者，取花瓣，拖糖麪，油煎食之。

百合餅

百合餅，以百合根曝乾擣篩，和麪作餅。

蓬蒿餅

蓬蒿餅者，採蓬蒿之嫩者洗淨，加鹽，略醃，和粉作餅，油灼之。

簑衣餅

簑衣餅，以冷水調乾麪，不可多揉，桿薄，捲攏再桿，使薄，用豬油、白糖鋪勻，再捲攏桿成薄餅，用豬油煎黄。如欲其鹹，加葱、椒、鹽亦可。

糖餅

糖餅，糖水溲麪，起油鍋，令熱，用箸夾入。

盲公餅

盲公餅出廣州，以昔有一瞽者，製餅以致大富，後人因取「盲公」二字以爲之名。

老婆餅

廣州有餅，人呼之爲老婆餅。蓋昔有一人，好食此餅，至傾其家，後復鬻其妻購餅以食之也。以梁廣濟餅店所售者爲尤佳。

西湖藕粉

藕粉以產自杭州之西湖者爲佳，湖上茶肆、寺院悉售之，游客必就嘗，以其調之得法也。仁和吳我鷗觀察珩有詠藕粉詩云：「銀芽揉碎碎，石臼擣團團。淘以霜泉潔，凝成雪片乾。調冰雙箸急，屑玉一甌寒。雲母何須錬，清心此妙丹。」

八仙藕粉

八仙藕粉者，以白花藕粉、白茯苓、炒白扁豆、川貝母、山藥、白蜜各等分，另入人乳，入開水，沖食之。

蓮粉

以蓮洗浄，不必定去皮，細磨作粉，食時加糖，以開水調之。

栗粉

以風栗一斤，切片曬乾，磨細粉，食時以開水加糖調之。

菱角粉

菱角粉者，以老菱角四五斤，去殼，洗浄，擣如泥，絞汁去渣，水澄取粉，曬乾。食時加糖，以開水調之。

百合粉

以百合置礬水中，洗浄苦味，然後擣爛，絞汁，澄粉，曬收細磨，食時以開水調之。惟以本味苦，須多加糖。

涼粉

廣東羅浮山有涼粉草，莖葉秀麗，香猶檀藿。以汁和米粉煮之，爲涼粉，名仙人凍。當暑出售，食之沁人心脾。然涼粉所在皆有，蓋以鬼木蓮及他物爲之也。

麪包

麪包，歐美人普通之食品也，有白黑兩種。白麪包以小麥粉爲之，黑麪包以燕麥粉爲之。其製法，入水於麥粉，加酵母，使之發酵，置於鑪，熱之，待其膨脹，則鬆如海綿。較之米飯，滋養料爲富，黑者尤多。較之麪飯，亦易於消化。國人亦能自製之。且有終年餐之而不粒食者，如張菊生、朱志侯是也。聖餐，基督教徒所行之教禮也。其意謂麪包爲耶穌基督之肉所化，葡萄酒爲其血所化，故謂麪包曰聖肉，謂葡萄酒曰聖血。我國之基督教徒皆食之。

布丁

布丁爲歐美人食品，以麪粉和百果、雞蛋、油糖，蒸而食之，略如吾國之糕。近頗有以之爲點心者。

肴饌

家常肴饌，分葷素兩類。今先言其葷者。海鮮非時時所有、處處可得之物，乾者則價多貴重，通行者，豬、羊、雞、鴨、魚、蝦耳。北方雞賤，豬羊亦不昂，鴨貴，魚、蝦亦貴。鐵道所達，魚蝦亦不貴。南方魚、蝦賤，豬、羊、雞、鴨亦不甚貴。總之葷素四肴，兩葷雜用豬羊、魚、蝦、醃肉、乾肉、醃魚、乾魚、雞鴨蛋諸物，間用少許雞鴨，若風乾雞鴨、滷雞鴨、醃雞鴨之類，及豬、羊、雞、鴨腹中之物，豬、羊頭部之物尤便。再佐以蔬菜、瓜瓠、莢生、各種豆類，皆莢生者。實根芋、蘿蔔、落花生之類。及豆製各物，如豆腐、豆乾之類。加以各種烹調，參互變換，已可得數十品之多。視其物品之衰旺，物價之低昂，或數日一易，或間日一易，亦可時出不窮矣。

葷肴有單純用葷者，有不單純用葷者。單純者，紅燒雞鴨、豬羊肉之類，俗稱爲燜。白煮雞鴨、豬羊肉之類，白切雞鴨、豬羊肉之類。紅燒、白煮者帶湯，白切者無湯。不單純者，雜以他物，如葷則雜以海參、蟶乾、淡菜、魚鮝之類，素則雜以筍、菜、豆莢、瓜瓠、蘿蔔、小芋之類，或紅燒，或白煮，或炒，或炸。配搭得法，則葷肴沾素肴氣味，減其肥膩；素肴吸葷肴膏脂，變爲清腴，其可口，有過於單純之葷者。其葷肴又雜以他物之葷者，亦以單純葷肴，厭其味之一於肥膩，雜以乾肴之近腥者，則一味中含有兩味，亦以減其肥膩之意。其宜用乾肴者，取其日乾、風乾之別有風味。若鮮魚與鮮肉相雜，則兩味相犯而不可食矣。

素肴亦有單純用素者，有素肴爲主而稍雜葷肴者。古人云：「春初早韭，秋末晚菘。」即大白菜，南方呼黄芽菜。又云：「千里蓴羹，末下鹽豉。」相傳千里爲蓴菜之名。末下或云地名，出鹽豉處，或云細末摻下而已。又云：「菜重芥薑。」皆生菜之美者。大抵食生菜有四法，一宜炒，一宜拌，一宜清煮，一宜紅燒。烹飪得宜，甘芳清脆，可口不下於葷肴。至於菰、筍、蒲、北方甚多，其質在竹筍、茭白之間，味甚清美。椒青椒、紅椒。之類，有特別風味。生菜四種食法，皆可斟酌加入，倍覺可口。其稍雜以葷物者，如大白菜、冬瓜最宜用蝦米，即小乾蝦，壺瓜即壺子。最宜丁香魺，海濱一種小魚，如丁香。燒筍、燒茄、炒蠶豆、豌豆宜用蝦米、肉丁、冬菰丁之類是也。

有素肴之中加以葷肴之汁者，僅用流質，如雞肉汁、豬肉汁、雞油、豬油之類。食之者惟覺其味之鮮美，而仍目之曰素菜也。

葷菜素菜

俗稱肴爲菜，不專指植物而言也。而又以肉食爲葷，蔬食爲素，曰葷菜，曰素菜。葷菜之中，雖雜以素菜，亦仍呼之曰葷菜也。

克食

世言上賜餅餌，皆曰克食。長洲吕蘭衍則曰：「滿洲以恩澤爲克什，凡頒賜之食物，出自上恩者，皆謂之克什，即賜肴一桌及餅餌果品皆然。俗專以餅餌爲克食者誤。」而得食御廚之餕餘者，輒以爲苦。蓋天廚餘饌，經宿輒不可下咽，且内監婪索陋規。長洲沈文慤公德潛曾以賜克食致腹疾，「寧甘家食供藜藿，不向天廚餟糜飦」，鄂昌詩固已言之矣。

各省特色之肴饌

肴饌之有特色者，爲京師、山東、四川、廣東、福建、江寧、蘇州、鎮江、揚州、淮安。

卽以江寧言之，乾隆初，泰源、德源、太和、來儀各酒樓之肴饌，盛稱於時。至末葉，則以利涉橋之便意館、淮清橋河沿之新順館爲最著。別有金翠河亭一品軒諸處，則大半傖劣，不足下箸。新順盤饌極豐腆，而扣肉、徽圓、荷包蛋、鹹魚、燜肉、煮麪筋、螺羹及菜碟之鮮潔，酒味之醇厚，則便意所製爲尤美。每日暮靄將沈，夕餐伊邇，畫舫屯集於闌干外。某船某人需肴若干，酒若干，碟若干，萬聲齊沸，應接不暇。但一呼酒保李司務者，噭然而應，俄頃胥致，不爽分毫也。而秦淮畫舫之舟子亦善烹調。舫之小者，火艙之地僅容一人，踞蹲而焐鴨，燒魚，調羹，炊飯，不聞聲息，以次而陳。小泛清遊，行廚可免。另買菽乳皮，以沸湯瀹之，待瀹擠去其汁，加緑筍乾、蝦米、米醋、醬油、芝麻拌之，尤爲素食之美品，家庖爲之，皆不能及。

五香

五香者，一株五根，一莖五枝，一枝五葉，一葉間五節，五節相對，故名。五香之木，燒之十日，上徹九天，卽青木香也。近俗以茴香等香料燒煮食物，亦多以五香爲名，如五香醬兔、五香醬鴨、五香燻雞等是也。

罐頭食物

罐頭食物所裝爲肉食、果物，可佐餐，可消閒，家居旅行，足備不時之需。惟開罐後不能過久，蓋空氣侵入，易致損壞也。

在理教徒之食

凡禁絶烟酒之在理教徒，於初入教時，先食茶膏，久之則食量倍增，而心廣體胖，不至如侏儒之飽欲死矣。季子仁者，天津之在理教徒也。何芷汀嘗與之會食，見其盡飯一盂、豚蹄二枚，更雜以魚、蝦、雞、鴨也。

張南村胎性不納葷血

張南村，名愡，字僧持。凡東南之古錐宿德，禮謁殆徧，以故生平多方外交，齏盂粥缽，宛然頭陀，蹤跡恆在僧寺中。口腹之奉，不過鹽豉、菽乳。蓋其家世奉佛，胎性不納葷血。初猶食蟹。八歲，父將攜之見博山禪師，前一夕，方持螯，父見之，驚曰：「兒將見博師，可食此乎？」南村聞言，卽置不食。

尹文端平章肴饌

尹文端公督兩江時，好平章肴饌之事。嘗命袁子才徧嘗諸家食單，時有所稱引。至倪春巖治具，則攢眉而已。春巖以書抵之，末署「菜榜劉賁」四字，聞者大笑。後子才撰詩話，未及春巖，喈曰：「豈詩榜亦作劉賁耶？」子才索觀其詩，驚曰：「此護世城中美膳也，過人遠矣。」春巖，名廷謨，錢塘人，乾隆時，官安慶府同知。

松文清撤饌與人

松文清公筠督兩廣時，一日宴客，肴饌甚豐，幕賓某因屬目焉。文清見之，意其人之垂涎也，曰：「汝愛食吾肴乎？」取二簋與之。小僕詫其事，自座後翹足而望。文清回首見之，意小僕亦垂涎也，曰：「汝亦愛食此肴乎？」復取二簋與之，存其餘以食客。客頗怏怏，文清不之顧也，盡醉而罷。

魁母督視塾師饌品

魁時若將軍玉在家塾時，實受業於李某。魁之母夫人日必自入庖，督視庖人治饌。暑日供西瓜，紅瓤者承以綠瓷碟，黃瓤者承以白瓷碟，必以顏色相配也。

胜

閩、粵人嘗師古人食譜所膾之遺法而爲胜，音星。以雞、鴨、豬、魚、螺、蚌之屬，生切爲絲，加胡椒、桂皮諸香料而食之。滇人亦然，且爲常餐之品。

喫齋

茹素，謂菜食無肉也。世人於諸神佛誕日及斗降、三八、庚申、甲子、本命日茹素，謂之喫齋，婦女尤多。

開葷

今人茹素，而親鄰設酒殺以相煖熱，名曰開葷。於理宜曰開素，唐白居易詩「月終齋滿誰開素」是也。

王夢樓不茹葷

王夢樓太守以淡墨探花蜚聲宇内，其平生不喜茹葷。

池州守進素饌於曾文正

粤寇搆難，朝廷起曾文正公於籍，使治軍。一日，提兵至池州。池守某迓之，餽酒筵甚豐。蓋其人頗風雅，而性好奢侈也。文正誡之曰：「此何時，當以崇儉爲勗，吾願茹素耳。」守唯唯。明日，進素饌，文正大悦，以語從者。從者曰：「聞此筵費八十金，三倍於正席矣。」文正以其奢也，卽具疏劾罷之。

孝欽后思素饌

孝欽后嘗召見伍秩庸侍郎，語及飲食。秩庸請以素饌進御，孝欽俞之。而左右以孝欽春秋高，謂非食肉不飽，遂罷。其後，孝欽寢疾，念秩庸之言，因又命以素饌進，旋以腹疾而止。

寺廟庵觀之素饌

寺廟庵觀素饌之著稱於時者，京師爲法源寺，鎮江爲定慧寺，上海爲白雲觀，杭州爲烟霞洞。烟霞洞之席價特昂，最上者需銀幣五十圓。陳六笙方伯璚、馮夢華中丞煦皆曾飫之，每以其品之多且旨，味之清而腴，娓娓告人，贊不絶口。其極廉者亦需十六圓。

法海寺精治肴饌

揚州南門外法海寺，大叢林也，以精治肴饌聞。宣統己酉夏，林重夫嘗至寺，留啖點心，佐以素食之肴核，甚精，然亦有葷品。設盛席時，亦八大八小，類於酒樓，且咄嗟立辦。其所製焖豬頭，尤有特色，味絶濃厚，清潔無比，惟必須豫定。焖熟，以整者上，擭以箸，肉已融化，隨箸而上。食之者當於全席資費之外，别酬以銀幣四圓。李淡吾嘗食之，越歲告重夫，謂尚齒頰留香，言時猶津津有餘味也。

李鴻章雜碎

光緒庚子，拳亂既平，李文忠公鴻章奉使歐美。其在美時，以久厭羶腥，令華人所設餐館進饌數次。西人問其名，難於具對，統名之曰雜碎。自此雜碎之名大噪，僅美之紐約一埠，已有雜碎館三四百家。此外東方各埠，如費爾特費、波士頓、華盛頓、芝加高、必珠卜等，亦無不有之。全美華僑衣食於是者，凡三千餘人，所入可銀數百萬。凡雜碎館之食單，莫不大書曰李鴻章雜碎、李鴻章飯、李鴻章麪等名。

胡桃肉炙腰

胡桃肉炙腰者，用羊腰或豬腰數枚，入鍋，加水煮熟，取出，去其外包之膜，切薄片，另以胡桃肉數枚，入石臼打爛，與腰片拌勻，入鍋炒炙，俟胡桃油滲透腰片，再加鹽、醬油、紹興酒、香料，烹至熟透，味極佳。

南雄飲皮

粵東南雄州遇女子有淫奔事，親屬從而捉奸。其奸夫窮無資者，則張聲勢以嚇之，或言投諸海，或言削骨煎膠。卒之略無可獻，則施以鞭撻之刑。富有資者，則稱家行罰。既罰，則無事矣。其款所入，則歸諸祖祠，以購豬、牛，自行宰割，佐以雜品。資薄者，則采買豬、牛等肉，并配以薯、芋之類。其赴飲者，無論衿者及淫婦之翁長暨夫兄弟，皆侈然自得，名曰飲皮。

賈鬼

貴州夷人每以牛、馬骨漬之經年，俟其柔脆如筍，其氣逆於人鼻，以爲上品供客，謂之賈鬼。

煮牛肉

牛肉以不精不肥爲上，宜選購腿筋夾肉處者，去皮膜，重酒清煮，不用配搭，最後加醬油收湯，火候須至極爛而止。

煨牛舌

以牛舌去皮，撕膜切片，入豬肉中同煨。

燒羊肉

燒羊肉，切大塊重五七斤者，於鐵叉火上燒之。

紅煨羊肉

紅煨羊肉者，與紅煨豬肉同，加刺眼核桃放入，去羶。

炒羊肉絲

炒羊肉絲，可用縴，愈細愈佳，葱絲拌之。

黄羊肉鮮脆

青海產黄羊，其角尖如錐，尾蓬而短，肉鮮脆。食之之法，煎炒皆宜，炰之尤美。

煮羊頭

煮羊頭，毛去淨，切開煮爛去骨，其口内老皮俱去盡，切成碎丁，取老肥母雞湯煮之，加香蕈、筍丁、甜酒四兩、醬油一杯，如嗜辣，加小胡椒十二顆、葱花二十段，嗜酸，則加好米醋一杯。

煨羊蹄

煨羊蹄，依煨豬蹄法，分紅、白二色。大抵用醬油者紅，用鹽者白。宜以山藥配之。

志文貞食蘑菇炒羊肉

烏里雅蘇臺產食品絶少，志文貞公鋭嘗官其地，每作書與人，輒曰佐餐之饌，午爲蘑菇炒羊肉，晚爲羊肉炒蘑菇而已。

喫肉

滿洲貴家有大祭祀或喜慶，則設食肉之會。無論旗、漢，無論識與不識，皆可往，初不發簡延請也。是日，院建高過於屋之蘆席棚，地置席，席鋪紅毡，毡設坐墊無數。主客皆衣冠。客至，向主人半跪道賀，卽就坐墊盤膝坐，主人不讓坐也。或十人一圍，或八九人一圍。坐定，庖人以約十斤之肉一方置於二尺徑之銅盤以獻之。更一大銅碗，滿盛肉汁。碗有大銅勺。客座前各有徑八九寸之小銅盤一，無醯醬。高粱酒傾大瓷碗中，客以次輪飲，捧碗呷之。自備醬煮高麗紙、解手刀等，自切自食。食愈多，則主人愈樂。若連聲高呼添肉，則主人必致敬稱謝。肉皆白煮，無鹽醬，甚嫩美。量大者，可喫十斤。主人不陪食，但巡視各座所食之多寡而已。食畢卽行，不謝，不拭口，謂此乃享神之餕餘，不謝也，拭口則不敬神矣。

嚴鐵橋喜食肉

烏程嚴鐵橋，名可均，博綜羣籍，精讎校，輯書甚富。顧性跌蕩，少時家居殊落拓。喜食肉，逋肉資甚多，屠催索甚急。一夜，嚴過屠肆，屠又向索錢。嚴怒，遽奪屠刀砍之，屠踣。嚴懼，擲刀隻身走京師，卽匿姚文僖公宅中。姚閉諸室，不使出，因發積書讀之，遂成大名。

燉豬肉

豬肉斬極細，加醬、酒、鹽、油及筍屑、菌末，於飯鍋燉之。上覆以碟，慮原味之走失，省柴而味美也。

白片肉

白片肉者，以豬肉爲之，不用一切調料也。入鍋煮八分熟，泡湯中二小時，取起，切薄片，以温爲度，卽以小快刀切爲片，宜肥瘦相參，横斜碎雜爲佳。食時，以醬油、麻油蘸之。

福康安喜白片肉

福文襄王康安行邊，所過州縣，牧令以其喜食白片肉，肉須用全豬煮爛而味始佳，故必設大鑊煮之。一日，將至四川某驛，而豬猶未熟，前騶已至，傳呼備餐。司供張者方窘甚，一庖人忽登竈而溺於鑊中。守令皆大驚，詢其故，曰：「忘帶皮硝，以此代之。」比至，上食。食未畢，忽傳呼某縣辦差者，人咸惴惴懼獲罪。不意文襄以一路豬肉無若此之美者，特賞辦差者寧綢袍褂料一副。

四喜肉

四喜肉，一名紅肉，切豬肉成方形，煮之，無輔佐品，重用醬油、酒、糖，色紅如琥珀。割肉雖方，火候既至，則不見鋒稜，入口而化矣。

八寶肉

八寶肉者，以肥瘦豬肉各半斤，白煮一二十滾，切如柳葉片，加小淡菜一兩、筍乾二兩、香蕈一兩、海蜇二兩、胡桃肉四個、去皮筍片四兩、好火腿二兩、麻油一兩，使與肉同入鍋，醬油、酒煨至五分熟，再加餘物，海蜇則最後下之。

東坡肉

東坡集有食豬肉詩云：「黃州好豬肉，價賤如糞土。富者不肯喫，貧者不解煮。慢著火，少著水，火候足時他自美。每日起來打一碗，飽得自家君莫愛。」今膳中有所謂東坡肉者，卽本此。蓋以豬肉切爲長大方塊，加醬油及酒，煮至極融化，雖老年之無齒者亦可食。

芙蓉肉

芙蓉肉者，瘦豬肉切片，浸於醬油，風乾二小時，用大蝦肉四十個、豬油二兩，切如骰子大，將蝦置豬肉上，一隻蝦一塊肉，敲扁，滾水煮熟，撩起。熬菜油半斤，置肉片於有眼銅勺中，將滾油灌熟，再用醬油半小杯、酒一杯、雞湯一大杯，熬滾，澆肉片，加蒸粉、葱、椒糝之，起鍋。

荔枝肉

荔枝肉者，以豬肉切如大骨牌片，白水煮二三十滾，撩起。熬菜油半斤，將肉放入，泡透，撩起。以冷水激之，肉皺撩起，入鍋，用酒半斤、醬油一小杯、水半斤煮爛。

薹菜心煮豬肉

有所謂醃薹菜心者，取春日薹菜心醃之，搾其滷，裝小瓶中，乾其花，卽名菜花頭，可煮豬肉。

霉菜肉

霉菜肉者，取車前子草數斤洗凈，在鹽水中煮爛，撈出曬乾，切碎，蒸透，取出，曝於日中。再蒸再曬，乃入石灰甕存貯，隔年取出，蒸曬數遍，以菜變黑色，面上有白霜爲度。用時，加水蒸軟，與切成方塊之豬肉同煮，另加鹽、醬油、冰糖屑等調和。須重用冰糖屑，少用則味不佳。俟煮至極爛，然後起鍋。此肉最宜於夏日食之，因煮成後，雖隔數日，味不變也。

西瓜煮豬肉

西瓜煮猪肉有二法。一瀝西瓜之汁以代水，此外照煮肉普通法，惟重用冰糖，其味與蜜炙肉相伯仲。一法去瓜蓋及瓤與子，置肉於中，煮之，續加酒醬之屬，熟後傾肉於碗中，則味腴而清。

炸猪排

以豬脊排去骨，純用精肉，切成長三寸、闊二寸、厚半寸許之塊，外用麪包粉蘸滿，入大油鑊炸之。食時自用刀叉切成小塊，蘸胡椒、醬油，各取適口。

薰煨豬肉

薰煨豬肉者，先用醬油、酒將肉煨之，帶汁上木屑略薰之，勿太久。

煨豬裹肉

以豬裹肉切片，用縴粉團成小㧊，入蝦湯，加香蕈、紫菜清煨，一熟便起。

紅煨豬肉

紅煨豬肉，或用甜醬，或用醬油。或皆不用，每一斤用鹽三錢，純酒煨之。亦有用水者，但須熬乾水氣。三種治法皆紅如琥珀，早起鍋則黄，遲則紅色變紫，而精肉轉硬。常啓鍋蓋，則油走而味在油中矣。

白煨豬肉

白煨豬肉，每豬肉一斤，用白水煮至八分，起出，去湯，加酒半斤、鹽二錢半，煨二小時。用原湯一半，加入滾乾，湯膩爲度，再加葱、椒、木耳、韭菜之類，火先武後文。又法，每一斤用糖一錢、酒半斤、水一斤、醬油半杯，先以酒滾肉一二十次，加茴香一錢，放水燜爛。

菜花煨豬肉

菜花頭煨豬肉者，選薹心菜嫩蕊，微醃，曬乾用之。

煨豬肉絲

油泡豬肉絲，加醬、酒、水畧煨之，紅色，入韭菜更香。

乾鍋蒸肉

乾鍋蒸肉者，豬肉也。用小瓷鉢，肉切方塊，加甜酒、醬油裝入大鉢，封口，置於鍋，用文火乾蒸兩炷香時。不用水，醬油與酒之多寡，相肉而行，以高於肉面爲度。

粉蒸肉

粉蒸豬肉者，以肥瘦參半之肉，敷以炒米粉，拌麪醬蒸之，下墊白菜。又法，切薄片，以醬油、酒浸半小時，再撮乾粉少許，細搓肉片，俟乾粉落盡，僅留薄粉一層，乃疊入蒸籠，上蓋荷葉，溫水蒸二小時。於出籠前五分鐘，略加香料、冰糖，味甚美。

荷葉粉蒸肉

荷葉粉蒸肉者，以五花淨豬肉浸於極美之醬油及黃酒中，半日取出，拌以松仁末、炒米粉等料，以新荷葉包之，上籠蒸熟。食時去葉，入口則荷香沁齒，別有風味。蓋豬肉之油，各料之味，爲葉所包，不洩，而新荷葉之清香，被蒸入內，以故其味之厚，氣之芳，爲饕餮者流所嘖嘖不置者也。

黃芽菜包豬肉

黃芽菜包豬肉者，細切鮮肉，和以油、醬，用黃芽菜嫩葉，略泡鹽水中，逐個包之，蒸熟供食。

炒豬肉片

炒豬肉片，必使肥瘦各半，切薄片，醬油拌之，入鍋油炒。聞響，即加醬水、葱花、冬筍、韭芽，起鍋，火須猛烈。

炒豬肉絲

炒豬肉絲者，切細絲，去筋、皮、骨，以醬油、酒浸片時，用菜油熬之，俟白烟變青，下肉炒之，炒時不可停手。加蒸粉、醋一滴、糖一撮及葱白、韭蒜。惟僅可炒半斤之量，文火不用水。

韭黄炒豬肉絲

韭根名韭黄。韭之美在黄，豪貴皆珍之。宋陸游詩「雞跖宜菰白，豚肩雜韭黄」是也。以之炒豬肉絲，並加冬筍絲，最佳。

瓜薑炒豬肉絲

醬瓜、醬薑切細絲，先用豬油入鍋，加作料與肉絲同炒，有異味，曰瓜薑炒肉絲。

炒肉生

肉生者，以瘦豬肉切薄片，加醬油，入火燒紅鍋炒之，去血水，微白即好。取出，切成絲，再加醬瓜、糟蘿蔔、大蒜、砂仁、草果、花椒、橘絲、香油拌炒肉絲。臨食，加醋和勻。

年羹堯食小炒肉

年羹堯由大將軍貶杭州防禦，姬妾星散。有杭州秀才某得其一姬，聞在府中司飲饌者，自云：「專司小炒肉一味。大將軍每飯，必於前一日呈進菜單。若點小炒肉，則須忙半日。惟月僅遇一二次。此非他手所能辦，而我亦不問他事也。」秀才曰：「曷爲我試之。」姬哂曰：「府中一盤肉，須用一頭肥豬，取其最精之一塊耳。今君家市肉，輒僅斤許，從何下手！」秀才爲之嗒然。

游彤卣食小炒肉

梁茝林在京師，嘗主游彤卣侍御家，同居者有葉蓮山太史，黄星巖、陳研農二邑侯，王虛谷、陳德羽二孝廉。談次，各舉所嗜之饌品。侍御謂小炒肉最佳，蓋以豬肉炒之也。衆皆笑之。然侍御家廚之小炒肉，則實可口，宜其自侈爲雋味，而誹之者雖呼之爲寸炒鐵繩，非實録也。未幾，林樾亭至京，飲讌間，有以此語告者。茝林曰：「彤卣尚是講究家。若我，則所嗜惟肉。生平行縢所經，無論天涯地角，但是有酒可傾，有肉可飽，便足陶然。酒不論精粗，肉不論煮法也。」

炙肉

炙肉者，炙豬肉也。以芝麻花爲末，敷於肉，則油不流。

絲竹何如

乾、嘉間，有宰夫楊某工宰肉，得炙肉之法，謂之燻燒。肆有額云，「絲竹何如」。人皆不得其解。或以「雖無絲竹管絃之盛」語解之，謂其意在觴詠。或以「絲不如竹，竹不如肉語」解之，謂其意在於肉。

油灼肉

油灼肉者，以豬肉之俗謂硬短勒者切方塊，去筋，酒、醬油浸之，入滾油炮炙。將起鍋，加葱蒜，微噴以醋。

燒豬肉

製燒豬肉者，須耐性，先炙裏面肉，使油膏走入皮內，則皮鬆脆而味不走。若先炙皮，則肉上之油盡落於火，皮既焦硬，味亦不佳。燒小豬亦然。

喫燒肉

廣東東莞縣陳姓村，族人不滿五百，而鄉規肅然。阿芙蓉一物，村人視若讐寇。有染之者，族長必嚴懲，令自革除。屢戒不悛，則迸之出族。犯奸者，必將男女雙雙縛於樹上，男一絲不掛，女裸其上體，村人得指摘而辱駡之。已，乃鞭撻數十，令遊村示衆一週，並罰男女多金，盡購燒肉，分各户食之，遂逐男女出境。村人目此事爲喫燒肉。

鍋燒肉

鍋燒肉者，以豬肉爲之，煮熟，不去皮，灼以麻油，切塊，加鹽或醬油。

獅子頭

獅子頭者，以形似而得名，豬肉圓也。豬肉肥瘦各半，細切粗斬，乃和以蛋白，使易凝固，或加蝦仁、蟹粉。以黄沙罐一，底置黄芽菜或竹筍，略和以水及鹽，以肉作極大之圓，置其上，上覆菜葉，以罐蓋蓋之，乃入鐵鍋，撒鹽少許，以防鍋裂，然後以文火乾燒之。每燒數柴把一停，約越五分時更燒之，候熟取出。

八寶肉圓

八寶肉圓者，以豬肉肥瘦各半，斬爲細醬，並以松仁、香蕈、筍乾、荸薺、瓜薑爲屑，調以縴粉，和成團，入盤，加甜酒、醬油蒸之。

空心肉圓

空心肉圓者，以豬肉搥碎，用凍豬油入團中蒸之，則油流出而團中空矣。

雞蛋肉圓

雞蛋肉圓者，於生雞蛋之一端鑿一孔，傾出其黄白，乃以已和糖、酒、醬油之豬肉屑納入殼中，將蛋白灌入，以皮紙封口而摇之，投沸水中，沸二十分鐘，即成雞蛋肉圓。

肉燕

肉燕者，閩人特殊之肴也。取豬肉之至精者，以木擊之，使糜爛如泥，和以米粉，搯之成薄皮，色甚白，曰肉燕。復切碎之，裹以豬肉，煮食。

家鄉肉

家鄉肉，一作加香，又作佳香，鹽漬之豬肉也。出金華者良。冬日上市，杭人每煮而片切之。以其汁煮白菜亦甚佳，亦有加筍煨之者。

煮鮮豬蹄

鮮豬蹄煮法有二，曰白蹄，曰紅蹄。煮紅蹄時，用醬油、冰糖，而白蹄無之。食白蹄時，用葱、椒、麻醬油，而紅蹄無之。其他作料，如酒如鹽，則並同。約四五小時煮好，以箸試之，驗其爛熟與否而後起鍋。火候須文武並用，硬柴最宜。又法，將豬蹄去爪，白水煮爛，去湯，加酒、醬油及陳皮一錢、紅棗四五個，煨爛。起鍋時，用葱、椒、酒潑入，去陳皮、紅棗。又法，先用蝦米煎湯代水，加酒及醬油煨之。

神仙肉

以豬蹄一個，合以兩缽，加酒與醬油隔水蒸之，至燒盡二炷香爲度，曰神仙肉。

走油豬蹄

豬蹄加水、鹽，煮一滾，入沸油炸之，以皮皺色黃爲度，再加鹽、酒、醬油煮之，曰走油蹄。其皮不油而鬆，頗適口。

水晶蹄餚

水晶蹄餚，擇豬前腿肉精者，切開，每一斤，以硝用力擦之，更以鹽揉之，捲緊，包精肉於內，束以繩，和胡椒、酒、薑、葱、鹽煮之。候熟，以石壓之。越一宿，取過，解束，切之。

丁蹄

嘉善楓涇聖堂橋堍，有丁義興者，百年老店也，以善製醬蹄、蹄筋名於時，而醬蹄尤著，人呼之曰丁蹄，上有長方鉛模所印「丁義興製」四字。其烹製時，不用硝滷。相傳爲百年相承之原汁者，諺語也。味至佳，載入郡志，膾炙人口。

煨豬爪

豬爪去大骨，以雞肉湯清煨之。筋味與爪相同，可搭配。有好火腿爪，可攙入。

煨豬蹄筋

浸豬蹄筋於冷水中，較熱水浸爲鮮。一二日，煨之極爛。將葷油熬熟，入蹄筋畧炒之，後加蝦仁、香蕈、冬筍及適當之油醬同炒，至起鍋，不加蓋。

汆豬肉皮

豬肉皮鮮宿均可。略泡，入沸油汆之，至色黄皮鬆，乃起鍋，藏以待用，不易腐壞，可爲煎炒各物之輔助品。且形似魚肚，幾可亂眞。

炒排骨

排骨者，取豬之肋條排骨精肥各半者，不去骨，加醋及醬油炒之，更切葱加於其上。

煮豬頭

豬頭洗淨，五斤重者，用甜酒三斤，七八斤者，用甜酒五斤，先下鍋，以酒煮之，加葱三十根、八角三錢，煮二百餘滾，加醬油一大杯、糖一兩。候熟，再將醬油加減，添開水，使高於豬頭一寸，上壓重物，大火燒一炷香時，用文火細煨收乾，以膩爲度。爛後卽開鍋蓋，遲則走油。袁子才嘗於其弟香亭家食而甘之，卽此法所製者也。又法，以木桶一，用銅簾隔開，將豬頭洗淨，加作料燜桶中，用文火隔湯蒸之，豬頭熟爛，其膩垢悉從桶外流出。

杭州市中有九薫攤，物凡九，皆炙品，以豬頭肉爲最佳。道光時，大東門有綽號蔡豬頭者，所售尤美。仁和姚小荷茂才思壽爲作詩云：「長鬣大耳肥含臕，嫩荷葉破青青包。市脯不食戒不牢，出其東門凡幾遭。下蔡羣迷快飲酒，大嚼屠門開笑口。鵝生四掌鼈兩裙，我願亥眞有二首。」

八寶肚

八寶肚者，豬肚也。先翻轉，用醃菜滷洗去其穢惡，煮一滚。復出鍋，取切細之豬肉、栗子、芡實、糯米，用酒醬油拌匀，塞其中。既滿，以線密縫。寬湯，略加油醬。酥後，切片食之，味香美。如嫌味淡，尚可外蘸醬油也。

清湯花生豬肚

閩人重視落花生，不若他處之僅視爲下酒之果物也。筵宴時，每與豬肚同薦，曰清湯花生豬肚，謂爲極有補益之品。意謂豬肚爲豬全身最佳之品，花生佐之，大益脾胃也。

煨豬肺

洗豬肺最難，以冽盡肺管血水、剔去包衣爲第一著。敲之仆之，挂之倒之，抽管割膜，工夫最細。用酒、水滚一晝夜，則肺縮小浮於湯面，再加作料，上口加泥。或將肺拆碎，入雞湯煨之。得野雞湯更佳。

煨豬腰

豬腰煨爛，蘸椒鹽食之，或加作料亦可。宜手摘，不宜刀切。煨三刻則老，煨一日則嫩。

豬肝油

切豬之肝、油成塊，略浸於水，再出水洗淨，將肝、油分開，先傾肝於油中炒之，時不過久則嫩。輔助之菜蔬及鹽、酒、醬油之屬，以次加入，末將切碎之油放入，閉蓋略燜，起鍋，加寸許長大蒜葉十餘根以取香。

肉鬆

肉鬆者，炒豬肉使成末也。以肩肉爲佳，切長方塊，加醬油、酒，紅燒至爛，加白糖收滷，檢去肥肉，略加水，以小火熬至極爛，滷汁全入肉内，用箸攪融成絲，旋攪旋熬。至極乾無滷時，再分數鍋，用文火，以鍋鏟揉炒，焙至乾脆卽成。此蘇人製法也。閩中所製，則色紅而粒粗，炒時加油，食時無渣滓。

太倉肉鬆

光緒初，太倉富室王某事母至孝。母酷嗜肉鬆，終不得佳品，爲之不歡。會有居其院後之蘇媪率其女來乞施與，聞之，以善製肉鬆自薦。命試之，則謂非得全豬不可，從之。又乞歸治，蓋祕其法也。製成進獻，嘗之，固爲特味。遂給其衣食，令隨時供製無缺。媪出其餘，提筐鬻於市。積久，獲資頗豐，乃贅貨郎子爲壻，壻爲媪治棚購豬畜之。是時肉鬆蘇媪之名已大噪，購者趨之若鶩，媪復購地建屋設門市焉。外埠來購者絡繹不絕，媪遂製筒，以便遠道之採購。肉鬆之外，復製醬骨，卽以製肉鬆所餘之骨製之。

蒸煮醃豬肉

夏月可醃豬肉，每斤以炒熱鹽一兩擦之，令軟，置缸中，以石壓之一夜，懸於簷下。如見水痕，即以大石壓乾。挂當風處不敗，至冬取食時，蒸、煮均可。

冬日之醃豬肉也，先以小麥煎滚湯，淋過使乾，每斤用鹽一兩，擦醃三兩日，翻一次，經半月，入糟醃之。一二宿出甕，用原醃汁水洗浄，懸靜室無烟處。二十日後半乾濕，以故紙封裹，用淋過汁浄乾灰於大甕中，灰肉相間，裝滿蓋密，置凉處，經歲如新。煮時用米泔水浸一小時，刷盡下鍋，以文火煮之。

蒸煮暴醃豬肉

暴醃豬肉者，以肥瘦參半之豬肉爲之，微鹽擦揉，三日可食，加葱末，蒸、煮皆可。

蒸煮風肉

風肉者，以全豬斬八塊，每塊以炒鹽四錢，細細揉擦，高掛有風無日處。設有蟲蝕，以香油塗之。夏日取用，先放水中泡一夜再煮，水以能蓋肉面爲度。削片時，用快刀横切，不可順肉絲而斬也。蒸食、煮食皆可。

煮臘肉

以鹽漬豬肉，乾而食之，曰臘肉。或煮熟切片，或加筍煮之。

蒸糟肉

糟肉者，糟豬肉也。先以鹽微漬之，再加米糟，可蒸食。

火腿

火腿者，以豬腿漬以醬油，熬於火而爲之，古所謂火脯者是也。產浙江之金華者爲良，上者爲茶腿，久者爲陳腿。以蔣姓所製爲更佳，人皆珍之，稱曰南腿。杭人視之爲常品，非數米爲炊者，月必數食之。北腿首稱如皋。食之之法，或清蒸，或片切，或蜜炙，皆專食，亦可爲一切肴饌之輔助品。

筍煨火腿

筍煨火腿者，以冬筍與火腿各切方塊，同煨，撤去鹽水二次，再入冰糖煨之。若留至次日用者，須留原湯，待次日將火腿投入湯中滚熱。若離湯，則風燥而肉枯，用白水則味淡。

西瓜皮煨火腿

西瓜皮，賤物也，然以之與火腿同煨，則別有風味。由此知廢物均可利用，特粗心人不足以語此耳。法先去瓤，切皮成寸許長方形之小塊，再去外層青皮，加蘑菇、香蕈、水、鹽，與火腿同煨二三小時取出，味鮮而甘，不知者必疑其爲冬瓜也。

火腿煨豬肉

火腿煨豬肉者，以火腿切方塊，冷水滾三次，去湯，瀝乾，豬肉亦切方塊，冷水滾二次，去湯瀝乾，加清水及酒四兩，並葱、椒、筍、香蕈煨之。

火腿煨豬爪

火腿煨豬爪者，以豬爪去大骨，斬小塊，與火腿同煨，用淡鹽、清水，而輔以木耳、香蕈、茶筍，味絕佳。

蜜炙火蹄

火蹄，火腿之蹄也。普通煮火蹄法，用清水及鹽、酒，與煮白蹄略同。其特別者曰蜜炙火蹄，加蜜或冰糖，久燜之，使甜質浸淫肉中，以爛熟爲度，味尤美。

蜜炙火方

切火腿成大方塊，而煮法同於蜜炙火蹄者，曰蜜炙火方。

火腿醬

火腿醬者，以火腿煮熟，切碎丁，去皮取瘦肉，用火將鍋燒熱，先下香油，次下甜醬、白糖、甜酒，同滾煉好，然後下火腿丁及松子、核桃、瓜子等仁，速炒翻取起，瓷罐收貯。

崇雨鈴欲得金華火腿

崇恩，號雨鈴，精飲饌。撫東日，令庖人先以大黃、蒼朮飼豬。豬作瀉，則用糯米拌棗泥與食。或曾嘗一臠，謂其香甘不可名狀。罷官後，窘迫萬狀，寓書某守，並作條幅相贈，楷法逼近鍾、王，但云欲得金華火腿，而苦無餽者。某知其意，乃覓得金華火腿四肘，媵以百金，齎送入都。崇復以書報謝。光緒庚子拳匪之變，及於難。

盛杏蓀食宣腿

火腿之産於雲南宣威者，較金華所産爲肥。宣統時，有自滇至滬者，賫以餽盛杏蓀，禮單有「宣腿」二字。盛不悦，蓋觸其名也。然盛喜食此腿，幾於每飯必具。

平陽人食竹豚

竹豚，略似鼠，産浙江之平陽，南雁山有之。山多竹，居竹林中，以筍爲食，不食他葉。得之者沃以沸水，毛盡脱，煮之、炒之均可，清腴爽口，潤肺消痰。徐印香舍人在平陽時，嘗以爲常餐。

豪豬

青海産豪豬，尾長而脊毛硬如鍼，肉味勝家豬，製以爲腊，甚香美。

鱸香館烹驢

太原之城外，有地名晉祠者，人烟輻輳，商賈雲集。其地有酒館，所烹驢肉，最香美，遠近聞名，往者日以千計，羣呼曰鱸香館，蓋借鱸之音爲驢也。其法以草驢一頭，豢之極肥，先醉以酒，滿身排打。欲割其肉，先釘四樁，將足捆縛，而以木一根横於背，繫其頭尾，使不得動。初以百滚湯沃其身，將毛刮盡，再以快刀碎割。欲食前後腿，或肚，或背脊，或頭尾肉，各隨客便。當客下箸時，其驢尚未死絶也。此館相沿已十餘年，乾隆辛丑，長白巴延三爲山西方伯，聞其事，命地方官查拿，始知業是者十餘人，送按司治其獄，引謀財害命例，將爲首者論斬，餘俱發邊遠充軍，勒石永禁。

熊掌

熊，寒帶獸也，故東三省極多，其掌之價值亦不甚昂。汽車、汽船未通以前，南方之富貴者，或終身不得食。熊性不食活人，得人則餂其面，令人震嚇致死，然後食之。捕之者荷鎗匿樹間，置草人於樹下。熊至，餂之不動，便怒，騰擲碎裂。獵者伺其倦，乃鎗斃之。不然，力能拔樹殺人。其一掌以拭穢，味絶臭惡，一掌自舐之以潰面。掌得熊津液，故尤爲精華所在，烹者當先擇焉。惟烹飪甚難，須以泥封固，入火炙酥，然後敲去之，則皮毛皆隨泥脱落，白肉紅絲，腴美無比。或用石灰沸湯剥淨，布纏煮熟而食，或糟之則尤佳。

或見陳春暉邦彦故第牆外，有磚砌酒篅，高四五尺，上口僅容一碗，云是當日製熊掌處。以掌入碗，封固置口上，其下燃燭一枝，以微火熏一晝夜，湯汁不耗而掌已化矣。光、宣間，有張金坡者，名錫鑾，官奉天有年，其庖人治此甚精，飫之者且謂口作三日香也。

朱竹垞食山獐

獐，如小鹿而美，孫懋叔嘗以山獐贈朱竹垞，烹而食之，因紀以《木蘭花慢》詞，詞云：「孫郎真愛客，分異味，到寒庖。尚髣髴童時，鹿邊曾見，照影驚跑。弓鞘，餓鴟叫處，想風生耳後落飛髇。誰向原頭飲血，一鞭歸騎橫捎。毛炮，嫩滴瓷罌，漿乍洗，析成肴。任滿薦辛盤，椒花頌罷，荷葉堪包。西郊雪晴人日，擬重尋退谷半山坳。笑擘春前紅脯，醉吟小閣松梢。」

朱竹垞食黃鼠

黃鼠，産雲中，穴處，各有配匹。人掘其穴，見其中作小土窖，若牀榻之狀，則牡牝所居之處也。至秋，則蓄黍、菽、草木之實以禦冬。天氣晴和，出坐穴口，見人，則拱前腋如揖狀，即竄入穴。惟畏地猴，縱地猴入其穴，則以喙曳而出之。味極肥美，元時曾爲玉食之獻，置官守其處，人不得擅取也。康熙時，山右人甚珍之。朱竹垞遊大同，曾於讌會時食之，乃紀之以詞，調寄《催雪》，詞云：「倦擁癡牀，寒禦旨蓄，多事拱人嫳屑。惹花豹騰山，地猴臨穴。五技頓窮就掩，趁快馬攜歸，捎殘雪封肝驗膽，油蒸糝附，寸膏凝結。鏤切，俊味別。耐伴醉夜闌，引杯稠疊。更何用晶鹽，玉盤陳設。一種低徊舊事，想獨客三雲愁時節。喚小妓並坐教嘗，聽唱塞垣風月。」

粵人食鼠

粵肴有所謂蜜唧燒烤者，鼠也。豢鼠生子，白毛長分許，浸蜜中。食時，主人斟酒，侍者分送，入口之際，尚唧唧作聲。然非上賓，無此盛設也。其大者如貓，則乾之以爲脯。

青海人食鼩鼠

青海有鼩鼠，窟處土中，黄灰色，較家鼠身肥短，尾不及寸。土人有捕而炰啖者，加椒辣，味甚美。有遊青海者嘗食之，謂實勝於粤人所食之鼠也。

鮓虎

乾隆末，廣西有食虎事，舒鐵雲爲作《鮓虎行》，其辭曰：「鬼門關前人似海，猛虎捉人如捉鬼。人鮓甕中虎雜居，居民鮓虎如鮓魚。爲言前宵倀鬼來，悲風蕭蕭林木摧。山根舊有伏機弩，弩末不能穿虎股。不如左手提鐵叉，右手打銅鼓。虎聞鼓聲見叉影，竿尾箕精怒而舞。是時虎意已無人，人亦不復目有虎。劃然一嘯當一叉，一叉虎口開血花。抽叉摔虎四山響，月破風腥一虎仰。雙杖椎鼓雨點塵，沈沈九地追虎魂。天明曳虎歸茅屋，不寢其皮食其肉。生吞活剥呼巨觥，白酒黄粱一齊熟。我聞色變眉欲飛，是食人多毋乃肥。彼云食虎可避瘴，未下鹽豉敢相餉。摇頭謹謝阿羅漢，願君努力加餐飯。欣然就食甘如飴，風毛雨血忘朝飢。吁嗟乎！周處南山除一害，李廣北平官不拜。我如雞肋感曹公，爾自彘肩壯樊噲。歌成曠野良足豪，嚼過屠門亦稱快。慎勿消息傳入城，縣官來收虎皮税。官來收税尚猶可，吏食爾虎如食菜，爾有虎皮何處賣？」

某夫人喜食貓

乾隆時，閩中某夫人喜食貓。得貓，則先貯石灰於罌，以貓投之，灌以沸湯。貓爲灰所蝕，毛盡脱，不煩撏治，血盡歸於臟腑，肉瑩白如玉，其味勝雞雛十倍也。日張網設機，所捕殺者無算。

黄鶴樓食靈貓

靈貓，卽《山海經》所謂類也。自爲牝牡，又名不求人。狀如貓，力甚猛，性殊野。夏森圃觀察攝肇慶府篆時，市得其一，以《山海經》有食之不妬之説，命庖人烹之以進其夫人。不欲食，乃送書房佐餐。有黄鶴樓者，課其公子讀，食之，味似貓。

南人食牛尾貍

南方有白面而尾似牛者，爲牛尾貍，亦曰玉面貍。專升樹，食百果。冬月極肥，人多糟之爲珍品，能醒酒。或蒸以蜜而食之，使不走膏。

沈菱谿食龍肝

沈菱谿嘗於秋日舟經三白蕩，深颶起萍末，挾腥臭，味甚惡。聞舟子互語曰：「誰家死牛，棄此蘆葦中，令人觸鼻欲嘔？」沈故好奇，命刺舟近之，詳細察視，頭似牛而巨，角頗短，項下尚存二尺許鱗甲，斷處似被刀斫，知爲龍屬。傭二農人，出之蘆葦中，細加洗濯，頭殊完好，項以下已腐，不任攜取。剖之，得肝葉數斤，尚未盡餒，乃以小舟載之歸，取肝之完好者烹食之。沈恒自詫以得食龍肝爲口福，曰：「惜不得鳳肺一嘗耳。」其頭，後爲好奇者以五十金易之去。此同、光時事也。

曾文正食狐

曾文正嗜野味，山豚、野鹿之類，好之尤篤。軍人有射得封狐進獻者，令宰夫燔之。於是軍人慶得皮，文正慶得肉焉。即夕開筵，招幕賓同食。客低首大嚼，莫能辨味。文正笑曰：「此物媚，能惑主，其肉本不足食。以我之饕餮，污諸君齒頰，再飯當不設此。」舉座頓悟。

寄禪啖犬矢

寄禪和尚敬庵之初披剃於楊岐山也，奉堂頭之命，治食堂，兼司飼犬之役，無所省。偶見犬有餘食，而堂頭適至，懼責，亟取而啖之。旋入廚，瀝飯，瞥見出自溷之一犬，糞穢沾脣，乃憶及啖犬餘食之穢而嘔。因思物本無浄穢之可言，皆以業識妄生差別，至有捨受。遂欲與業習交戰而有以勝之，乃自澄其心，至溷，取矢食之，覺無異於果餌也。以是而遂悟入心地法門。

炒各鳥

炒各鳥肉，以茶油爲主。無茶油，則用麻油，慎勿用豬油。先將米飯粒一撮，置茶油中，以文火滚數次，撈出飯顆，下生薑絲，炙赤，將鳥肉配甜醬、瓜薑，切細絲同炒數次，取起，用甜酒、豆油和下，再炒至熟。

燕窩

燕窩，金絲燕所營之巢也，出暹邏，漳州海邊亦有之。巢既築成，嘗啣之以渡海，雙翮力倦，則置諸海面，浮之若杯，身坐其中。久之，復啣以飛，海風吹泊山澳。島人得之，居爲奇貨。一説，燕之大者如鳥，啖魚，輒吐涎沫於海山洞穴間，以備冬日退毛之食。土人皮衣皮帽，秉炬探之。燕驚而撲人，年老力弱者，或至墜崖死。一説，海濱石上有海粉，積結如苔，燕啄食之，吐出爲窩，纍纍巖壁間。島人俟其秋去，以修竿接鏟取之，我國人以爲貴重食品。有紅、白、黑三色，紅色最難得，益於小兒痘疹。色潔白者謂之官燕，能愈痰疾。黑色有血痕、羽毛交雜者爲下，謂之毛燕。南人皆呼曰燕窩，北人則曰燕菜。

某年，泰西某博士親至有燕窩之海島驗之，見其窩皆在懸崖峭壁，細心研考，始知燕窩之質料，乃取海邊之萍類黏結而成。燕作窩時，先取萍草，吞入腹中，經胃液醖釀，復吐出，遂成膠質，因以爲窩。

煨燕窩

煨燕窩者，每碗必二兩，先用滚水泡之，將銀針挑去黑絲，用嫩雞湯、好火腿湯、新蘑菇湯煨之，以玉色爲度，勿以肉絲、雞絲雜之，惟蘑菇絲、筍尖絲、鯽魚肚、野雞嫩片尚可用。

湘人食雞鴨

湘人之食雞鴨也，畏其寒，必佐以黄芪、當歸，取其寒温相劑也。

煨雞

煨雞者，雞去毛及腹中雜質，中實以豬肉餡，略如八寶鴨，密縫其口，外包荷葉，用水調酒甏蓋之泥，塗葉外，以炭火煨之，爛熟爲度。

蘑菇煨雞

蘑菇煨雞者，以蘑菇四兩，開水泡去沙，用冷水漂之，刷擦，再用清水漂數次，用菜油二兩泡透，加酒噴之。將雞斬塊，置於鍋，滚去沫，加甜酒、醬油，煨八分熟，下蘑菇，再煨二分時，加筍、葱、椒，起鍋。不用水，加冰糖三錢。

燜雞

燜雞肉者，以肥雞作四大塊，煉滚豬油烹之。少停取起，去油，用甜醬、花椒逐塊抹之，下鍋，加甜酒數滚，俟爛，加椒花、香蕈。

醬雞

以整雞用清醬浸一晝夜而風乾之，蒸之可食。

灼八塊

灼八塊者，以嫩雞斬八塊，滚油炮透，去油，加醬油一杯、酒半斤，煨熟卽起。不入水，用武火。

炒雞片

炒雞片，以雞胸肉去皮，切薄片，豆粉、麻油、醬油拌之，縴粉調之，雞蛋清拌。臨下鍋，加醬瓜、薑、葱花末。須用極旺之火炒之，一盤不過四兩，火方透。又法，切雞胸肉爲片，以豬油三兩，炒三四次，加麻油一大匙，縴粉、鹽、薑汁、花椒末各一匙，炒三四次，起鍋。

炒生雞絲

生雞絲，以醬油、芥末、醋拌之，加筍、芹，或用醬油、酒炒。拌者用熟，炒者用生。

炒雞丁

取雞之胸肉，切如骰子大，入滚油炮炒，用醬油、酒收起，加荸薺、筍、香蕈等丁拌之。湯以黑色爲佳。

栗子炒雞

栗子炒雞者，雞斬塊，用菜油二兩炮之，加酒一碗、醬油一小杯、水一碗，煨七分熟。先將栗子煮熟，與筍同下之，再煨三分起鍋，加糖一撮。

梨炒雞

以雛雞胸切片，用豬油三兩，熬熟，炒三四次，加麻油一瓢，縴粉、鹽花、薑汁、花椒末各一匙，雪梨薄片、香蕈小塊，炒三四次，起鍋。

黃芽菜炒雞

黃芽菜炒雞者，以雞切塊，起油鍋，生炒透，酒滾二三十次，加醬油後，滾二三十次，下水滾。俟雞七分熟，將切塊之菜下鍋，再滾三分，加糖、葱各料。惟菜須滾熟攙用。每一雞用油四兩。

蘑菇炒雞腿

蘑菇炒雞腿者，蘑菇先去沙，加醬油、酒而炒之。

西瓜蒸雞

於瓜頂切一片，去瓤，乃入切成整塊之嫩雞、蘑菇、水、鹽各物於中，或用雞湯及燉熟之雞肉、火腿亦可，如是則蒸半小時足矣。蓋上瓜片，將瓜盛於大碗，隔水蒸三小時，取出，去皮食之。

焦雞

焦雞者，以肥母雞洗凈，下鍋煮之，用豬油四兩、茴香四個，煮八分熟，用香油灼黃，還於原湯，熬濃，用醬油、酒、整葱收起。臨食切碎，並將原滷澆之。

爐焙雞

爐焙雞者，以雞一隻，水煮八分熟，剁小塊，鍋中置油少許，燒熱，置雞於中，略炒，以鏇子或碗蓋定，燒極熱，醋、酒各半，入鹽少許，烹之。候乾再烹，至十分酥爛而止。

蒸小雞

蒸小雞，以鹽四錢、醬油一匙、酒半杯、薑三大片，置於鍋，隔水蒸爛，去骨，不用水。

爆雞

爆雞者，雞一隻，約二三斤，如用二斤者，用酒一碗、水三碗，用三斤者酌添。先將雞切塊，用菜油二兩，候滾熟，爆雞要透，先用酒滾一二十滾，再下水，約二三百滾，用醬油一酒杯。起鍋時，加白糖一錢。

生炮雞

生炮雞者，以雛雞斬小方塊，醬油、酒拌之。臨食取起，灼以滾油。起鍋又灼，連灼三次，取出，用醋、酒、縴粉、葱花噴之。

松子雞

嫩雞連皮切薄方塊，加蝦仁、火腿屑、松子仁屑三味，及雞蛋白，拌和打爛，使作球形，黏於雞塊，雞皮在外。此數味須黏於雞肉上。盛於瓷盆，蒸熟。另用雞湯熬滾，入蒸熟之雞塊於中，略沸，即取出，曰松子雞。

雞圓

切雞胸肉爲圓，如酒杯大，鮮嫩如蝦圓，以豬油、蘿蔔、縴粉揉成，勿置餡。

燒野雞

以野雞胷肉浸於醬油，包以豬之網油，置鐵奩，燒之，作方片，或卷子。

拌野雞絲

野雞切成絲，灼以油，用醬油、酒、醋拌之。

白煮雞蛋

白煮雞蛋者，置沸水六七合於壺，將雞蛋徐徐放入，僅六分時，若雞蛋不大，五分鐘即可，若食者不欲太生，七分鐘亦可。食之絶佳，時蛋白雖凝結而尚未硬也。雞蛋煑沸過度，卽堅硬，可將煮蛋之器，立刻離火，急置水管中，放水沖之，則冷熱水之對流沖激，能使蛋回復軟性。

煮茶葉蛋

茶葉蛋者，以雞蛋百個，鹽一兩，粗茶葉煮至兩枝線香燃盡而止。

混套

混套者，以雞蛋外殼鑿一小孔，去黄用清，加入煨就濃雞滷打融，仍裝入殼中，用皮紙封固，飯上蒸熟。去外殼，仍渾然一蛋，味亦極鮮。

芙蓉蛋

芙蓉蛋者，以雞蛋三枚，去黄存白，入碗中，加水少許，攪勻，碗面以盆覆之，入飯鍋蒸熟，務使白嫩如水豆腐。若色青而厚，則爲加水過少之弊；若渾濁而不凝結，則爲加水過多之弊。待蛋白煮熟，另用蘑菇湯加雞絲、火腿絲，入以適宜之鹽，煮滚，用匙入煮熟之蛋白碗中，將蛋白劃碎，約盛滿半匙爲一塊。傾入蘑菇湯中，卽成。味既鮮美，且易消化。

八珍蛋

八珍蛋者，雞蛋外殼鑿小孔，使黄白流入碗中，調和，約七八枚，再將煨熟之火腿屑、筍屑、雞屑、蝦仁屑、蘑菇屑、香蕈屑、松子仁屑及鹽少許，同入蛋中調匀，裝蛋殼中，用紙封口，飯鍋蒸熟，剥食之。

燉蛋

燉蛋者，將蛋剖開，傾黄白於碗中，於蝦仁、蝦米、豬肉、筍屑，白燉蛋亦可。擇其一加入，和醬油、鹽調之，加水至八分滿，燉於飯鍋，上覆以碟。雞蛋最嫩，鴨蛋較遜。

三鮮蛋

用雞蛋三枚去殼，置碗中，加去油之火腿湯一茶杯、鹽少許，用箸極力調和，蒸熟形如極嫩之水豆腐，再加火腿屑兩匙、蘑菇屑兩匙、鮮蝦仁兩匙、生雞蛋去殼一枚，連蒸熟之蛋同入大碗，再加蘑菇湯一茶杯、鹽少許，極力調和，仍蒸透食之。以此法蒸成之蛋，碗面碗底，各料均匀，嫩而不硬，故爲可貴。若尋常燉蛋，雖加入火腿屑等珍貴之物，往往上清下渾，上嫩下老，碗底必爲堅硬之肉塊也。

跑蛋

雞蛋或鴨蛋數枚，破殼，傾黄白於碗中，以箸調匀，另將鮮豬肉、蝦仁、香菌、冬筍細切成丁，隨後加入，攪和之，傾入沸油鍋中，使平，成一大塊，略煎，以鏟刀翻轉。俟蛋熟色黄，則自香鬆鮮美矣。

蛋皮拌雞絲

蛋皮拌雞絲，爲極佳之食品。先以雞蛋數枚破殼，入黄白於一碗，加鹽少許，用箸十分調勻，在鍋上攤成蛋皮，鍋中須先熬菜油或豬油少許，否則蛋皮與鍋不易分開。取出，切爲長寸許之細絲待用。另以嫩雞切塊，煮爛候冷，用手撕碎成絲，揀去筋骨，與蛋絲同拌。拌時加入好醬油、麻油，倘用糟油或芥辣少許拌食，食味更自不同。

蛋餃

雞蛋拍碎入碗，略加鹽，而以箸調勻其黄白，再將精豬肉切碎，加葱頭、筍丁、香蕈、鹽，反覆斬細，置碗中，上澆酒、醬油，一再拌和。然後舉火熱鍋，灑油其中，略熬，取蛋一匙、肉一小團，用鏟刀裹於蛋肉，其形如餃，翻轉稍熬，取出。仍依前法，續續爲之。既畢，一同下鍋，加各種作料，蓋好煮熟，沸透爲度。

汪文端食雞蛋

旗員之任京秩者，以内務府爲至優厚。承平時，内務府堂郎中歲入可二百萬金。即以雞蛋言之，其開支之鉅，實駭聽聞。乾隆朝，大學士汪文端公由敦一日召見，高宗從容問曰：「卿味爽趨朝，在家曾喫點心否？」文端對曰：「臣家貧，晨餐不過雞蛋四枚而已。」上愕然曰：「雞蛋一枚需十金，四枚則四十金矣。朕尚不敢如此縱欲，卿乃自言貧乎？」文端不敢質言，則詭詞以對曰：「外間所售雞蛋，皆殘破不中上供者，臣故能以賤直得之，每枚不過數文而已。」上頷之。

翁叔平食雞蛋

德宗嘗問翁叔平相國曰：「南方肴饌極佳，師傅何所食？」翁以雞蛋對，帝深詫之。蓋御膳若進雞蛋，每枚須銀四兩，不常御也。較之乾隆朝，則廉矣。

清燉鴨

以大鴨一隻，用酒十二兩、鹽一兩二錢、滚水一大碗，沖化去渣末，再易冷水七碗，鮮薑四厚片，重約一兩，同入大瓦蓋缽，將皮紙封固口，用大火籠燒透大炭墼一個，外用套包一個，將火籠罩定，不可走氣。鴨破開時，以清水洗之，用潔凈無漿布拭乾入缽，並不可在湯中久沸，沸則取出，數次卽熟透矣。此清燉鴨也。

蒸鴨

蒸鴨者，以生肥鴨去骨，用糯米一杯、火腿、大頭菜、香蕈、筍丁、醬油、酒、麻油、葱花，裝入其腹，外用雞湯，置於盤，隔水蒸透。

乾蒸鴨

乾蒸鴨，先洗浄，斬八塊，加甜酒、醬油，使滿鴨面，封於瓷罐，置乾鍋蒸之。用文火，不用水，以焚蓋線香二枝爲度。

滷鴨

滷鴨，不用水，用酒煮，去骨，加作料。

鴨脯

斬鴨爲大方塊，用酒半斤、醬油一杯，以筍、蕈、葱燜之，收滷起鍋。此鴨脯也。

八寶鴨

八寶鴨者，浄去肥鴨之毛，於腿間剖一孔，去其内藏，清水洗濯，用糯米一酒杯，斬豬肉、火腿、栗、芡、蓮心、香蕈、冬筍、蘑菇成丁，和以葱、酒、醬油，灌鴨腹中，用線密縫，置於鍋，外加水、酒、醬油煮之。

新河鴨

同、光間，湖南有陳海鵬者，積軍功爲總兵，然不之官，仍在本鄉帶兵。其人喜談詩，又好交當世名公巨卿及一時名士，家居常燕客。湖南鴨瘦，陳屯軍新河，飼鴨頗肥，或戲爲句曰：「欲喫新河鴨，須交陳海鵬。」

薛叔耘食石鴨

無錫石獅子庵尼善烹飪，尤著稱者爲鴨。烹時，入鴨於瓦缽，酌加酒、鹽，無勺水，固封其口，隔水蒸之。俟其熟，則清湯盈盈，味至美矣。錫人呼之曰石鴨。薛叔耘在家時最喜食之。

周叔明食燒鴨

四川洪雅監生蕭開泰精算學，光緒甲午，由學政咨送總理衙門，奏留同文館差遣。蕭有上總理衙門王大臣書，皆言製器破敵之策，凡十款。中有製造鑑鏡，以焚燬敵艦一條，謂太陽爲天地真火，有光即有火，因按光學理推算，用厚一尺方八尺之鏡，引光發火，雖敵艦遠在三十里外，不難使之立成灰燒云云。一時都下盛傳，謂與駱狀元成驤之對策，張舉人羅澄之上書，同號爲蜀中三絕。後蕭以不得一試，鬱鬱歸蜀，因於成都市上設肆賣燒鴨，即用鑑鏡引火薰炙，以證其言之不妄。每值天晴，利市三倍，其味甚佳，與爐火所烤者無異。周叔明屢食之。

李倩爲食醃鴨尾

南海李孝廉楞，字倩爲，嗜食醃鴨尾，每膳必需。家人以鴨進者，輒割尾而棄其餘。遇戚友設筵，無鴨尾以爲不恭，則怫然謝去，雖珍錯盈前，不下筯。佛山鎮有一豪家，讌飲不時，烹飪狼藉，所用醃鴨，日以數十計。惡其尾羶，未下釜時，即命家人刲之以投牆外。倩爲聞而歎曰：「委明珠於糞壤，抵尺璧於汚泥，天下有拂人之性若此傖父者哉！世不貴寶，我不忍其棄於地也。」遂徙居，與之結鄰，日享其醃尾焉。

煮野鴨

以囫圇野鴨破腹，塞葱二十條，酒、醬油、茴香和之，外加水、醬油煮之，起鍋。若出葱，復以之煮豆腐，味絶佳。鴨則切塊供膳，香美適口。

炮野鴨

野鴨切厚片，浸以醬油，用兩片雪梨夾而炮之。

小八寶鴨

以茴香、桂皮煮野鴨，略如製八寶鴨之法，曰小八寶鴨。

野鴨團

野鴨團者，細斬胸肉，加豬油微縴，調揉成團，入雞湯滚之。或用本湯亦佳。

蒸鵝

將鵝洗净後，用鹽三錢擦其腹，以葱填實，外將蜜拌酒，滿塗之。鍋中一大碗酒，一大碗水，蒸之，用竹箸架之，不使近水。竈用山茅二束，以緩緩燒盡爲度。俟鍋蓋冷，揭開之，將鵝翻身，仍將鍋蓋封好蒸之，再用茅柴一束，燒盡爲度。柴俟其自盡，不可挑撥。鍋蓋用棉紙糊封，逼燥裂縫，以水潤之。起鍋時，鵝爛如泥，湯亦鮮美。以此法製鴨，味美亦同。每茅柴一束，重斤半。擦鹽時，攙入葱、椒末，以酒和勻。

鵝之老者，必就竈邊取瓦一片同煮，即爛如泥，或用櫻桃葉數片。

葉忠節食鵝掌

上海葉忠節公映榴好食鵝掌，以鵝置鐵楞上，文火烤炙，鵝跳號不已，以醬油、醋飲之。少焉鵝斃，僅存皮骨，掌大如扇，味美無倫。

煨鴿

鴿與火腿同煨，不用亦可，惟茴香、桂皮萬不可少。

煨麻雀

煨麻雀，以醬油、甜酒煨之，熟後，去爪脚，專取脅肉，連湯置於盤。

炒桃花鷚

桃花鷚，出儀徵，桃花盛開時，輒翔集。用以佐饌，略同鷰鶴。若炒而食之，味極鮮美。

王文簡食半翅

康熙戊辰春，王文簡公至京，朱竹垞招飲於古藤書屋，食一鳥，烹飪得宜，甚美。文簡當日不知是何鳥，蓋即產於盤山之半翅也。

金海住食巨鳥

京師之海淀人嘗捕得一巨鳥，狀類蒼鵝，而長喙利吻，目睛突出，耽耽可畏，非鶖非鸛，非鴇非鶻，莫能名之，無敢購者。金海住時寓澄懷園，買而烹之，味不甚佳。甫食一二臠，覺胸膈間冷如冰雪，堅如鐵石。沃以燒酒，亦無暖氣。坐是委頓者數日。海住，名甡，杭人。

嚴琅巖食秋風鳥

秋風鳥爲柳州產，相傳桃葉感秋風，化爲此鳥，諺語也。然其味甚佳。嚴琅巖嘗食之，而賦詩曰：「食指動奇絶，非卵而得鷇。徐知秋風禽，俊味奪秋候。雞雛一名秋侯。駢頭腦可鹽，入口髓成漱。吳黄漫多脂，燕鐵苦餂咮。吳中黄雀，京師鐵脚，大小與秋風埒。爲鼠昔可曾，化蛤今恐又。都如龍嗜燕，竟忘豺祭獸。氣漸臘甕香，狀仿春林秀。誰與遠寄此？清矣龍城守。秋風春物變，鳥聲桃葉後。糜軀報公門，忠出花果右。」琅巖，名烺，乾隆時之杭人。

煎魚

煎魚法之大要，洗浄略醃，先熬油，次下魚，次加油、鹽、酒、醬及木耳、香蕈。起鍋，加葱、椒、薑、桂，間用繂粉。至要之訣，湯不宜多，肉不宜老。末下鍋前，宜先洗以水。既下鍋，宜多澆以酒。兩面宜煎黄，滋味宜透達。此煎魚之通例。如用輔佐品，則油腐、粉皮、筍片皆可，惟慮侵其本味耳。

蒸醃魚

醃魚之味若過鹹，可以繩束魚頭，浸懸桶中一晝夜，次日取出，即能轉鹹爲淡。蒸食時加葱、酒。

蓮房魚包

蓮房魚包者，取蓮房，去柄截底，剜穰留其孔，以酒漿、香料及魚塊加入，仍以底坐甑中，蒸之。

魚圓

魚圓，以白魚、青魚之活者，破半，釘於板，刮肉，斬使極碎，和以豆粉、豬油，攪之，微加鹽水，不用醬油，加葱、薑汁作團。成後，煮以開水，俟熟，移置於冷水。臨食，入雞湯、紫菜煨之。

魚卷

大魚和酒蒸熟，去骨拆碎，加酒醬，以豆腐皮包之，成長條，切段，以葱、椒或甜麪醬蘸食，曰魚卷。

魚醬

魚醬者，以魚切碎洗淨，入炒鹽、花椒、茴香、乾薑一錢，加酒和勻，拌魚肉入瓷瓶，封固，十日可食。

食時，加葱少許。

凍魚

夏日製凍魚之法，煮時加洋粉，俟熟，盛於器，浸水中，則自冷而凝凍。

魚鬆

碎切魚肉爲屑，炒之，曰魚鬆。其法與製肉鬆相仿。

粵人食魚生

魚生，生魚膾也。粵俗嗜魚生，以嘉魚，以鰽魚，以黄魚，以青鰳，以雪鮯，以鮹，以鱸，以鰻，以鯇。鯇爲上，而鯇又以白鯇爲上。取出水潑刺者，去其皮，洗其血，細膾之爲片，紅肌白理，輕可吹起，薄如蟬翼，兩兩相比，沃以老醪，和以椒、芷，投沸湯中，少選卽入口，卽融，味至旨也。

今之食魚生者皆以鯶，先煮沸湯於鑪，間有以青魚、鯉魚代之者，其下燃火，湯中雜以菠菜。生魚鏤切爲片，盛之盤，食時投於湯。亦有以生豕肉片、生雞肉片、生山雞肉片、生野鴨肉片、生雞卵加入者。

蒙人食魚不語

蒙古人呼熟魚曰沖裏郭盧，其意蓋爲啞口菜。因其有刺，易傷喉，相戒臨食不語，故名。

清燉魚翅

魚翅難爛，須煮兩日。烹法有二。一用好火腿，好雞湯，加鮮筍、冰糖錢許，煨爛。一純用雞湯，細蘿蔔絲，拆碎鱗翅，攙和其中，令食者不能辨其爲蘿蔔絲爲魚翅也。用火腿者湯宜少，用蘿蔔絲者湯宜多，總以融洽柔膩爲佳。蘿蔔絲須出水二次，以去其臭。此皆清燉者也。

粵閩人食魚翅

粵東筵席之肴，最重者爲清燉荷包魚翅，價昂，每碗至十數金。閩人製者亞之。

魚肚

魚肚，以魚類之鰾製之，產於浙江之寧波及福建沿海。由外國輸入者，產於波斯海及印度羣島。爲動物膠質，略帶黃色。食之者或清燉，或紅燒。有假者，則以豬肉皮置沸油中灼之。

炒鱘魚

鱘魚，切片炒之，油炮，加酒、醬油滾三十次，下水再滾，起鍋加作料，重用瓜、薑、葱。

張瘦銅趙雲松食鱘鰉魚

邵闇谷太守之夫人善烹鱘鰉魚頭。張瘦銅中翰與趙雲松觀察嘗於夜半買魚，排闥喧呼。太守夫婦已寢，聞聲出視，不得已，屬夫人起而治庖。魚熟，命酒，東方明矣，三人爲之大笑。

蒸鰣魚

鰣魚去腸不去鱗，去血水，以花椒、砂仁醬擂碎，水、酒、葱拌勻，和蒸之，去鱗供食。或用蜜酒蒸之。惟不可去背而取肚，以至真味全失。

江浙閩人食鰣魚

鰣魚，江、浙四五月中之食品也。以火腿、豬油、筍、瓜、薑加水而蒸之，煎炒則無味。或醉以酒糟，亦佳。閩中則正月已有之，至八九月尚不絕。

江浙閩人食鰣

鰣魚，江、浙春盤中所薦也。以火腿、豬油、筍、瓜、薑加水清蒸之，油煎亦可。閩中則隆冬有之，春深轉無矣。

蒸白魚

以白魚及糟與鰣魚同蒸，或冬日微醃，加酒釀，糟二日，亦佳。

爆魚

爆魚者，青魚或鯉魚切塊洗淨，以好醬油及酒浸半日，置沸油中炙之，以皮黃肉鬆爲度，過遲則老且焦，過速則不透味。起鍋，略撒椒末、甘草屑於上，置碗中使冷，則魚燥而味佳。亦有以旁皮魚爲之者，則整而非碎，鬆脆香鮮，骨肉混和，亦甚美。

五香燻魚

五香燻魚者，以多脂肪之青魚或草魚，去鱗及雜碎，洗淨，橫切四分厚片，曬乾水氣，以花椒及炒細白鹽及白糖逐塊摩擦，醃半日，去滷，加酒、醬油浸之，時時翻動。過一日夜，曬半乾，用麻油煎之，撈起，摻以花椒及大小茴香之炒研細末，以細鐵絲罩罩之，炭鑪中用茶葉末少許，燒烟燻之，微有氣即得，但不宜太鹹。

糟魚

糟魚時，將鯉魚、青魚去鱗及雜碎，用炒鹽、花椒擦遍，置缸中，數日一翻，月餘起滷曬乾。至正月，截成塊，先以燒酒塗之，再將甜糟略和以鹽，糟與魚相間，盛於甕，封固。夏日蒸食之，味極甜美。如魚已乾透，至四五月，則不用甜糟，僅用燒酒，浸於甕，封之，且免生蛀、生霉等患。

炒青魚片

炒魚片者，取青魚爲片，醬油浸之，加縴粉、蛋清，於油鍋炮炒，葱、椒、瓜、薑不可太多，恐火不透也。

醋摟魚

醋摟魚者，以活青魚切大塊，油灼之，加醬、醋，噴以酒，湯多爲妙，熟即起鍋。魚勿大，大則味不入；亦不可小，小則刺多。

杭州醋魚

杭州西湖酒家，以醋魚著稱。康、雍時，有五柳居者，烹飪之術尤佳，遊杭者必以得食醋魚自誇於人。至乾隆時，烹調已失味，人多厭棄，然猶爲他處所不及。會稽陶篁村茂才元藻尤嗜之，嘗作詩云：「潑剌初聞柳岸傍，客樓已罷老饕嘗。如何宋嫂當壚後，猶論魚羹味短長。」膾魚時，以醋摟之。其膾法，相傳爲宋嫂所傳。陳子宣《西湖竹枝詞》有「不嫌酸法桃花醋，下箸爭嘗宋嫂魚」句是也。

醋魚帶柄

西湖酒家食品，有所謂醋魚帶柄者。醋魚膾成進獻時，别有一簋之所盛者，隨之以上。蓋以鮮魚切爲小片，不加醬油，惟以麻油、酒、鹽、薑、葱和之而食，亦曰魚生。呼之曰柄者，與醋魚有連帶之關係也。

蒸水醃鯉魚

水醃魚者，臘月以鯉魚切大塊，拭乾，每斤擦炒鹽四兩，醃一宿，洗浄曬乾，再用鹽二兩、糟一斤拌勻入甕，以紙箬泥封塗其上。春時可取出，蒸食之。

開封人食鯉

黄河之鯉甚佳，以開封爲最多。仿南中烹鰣魚法，味更鮮美。

寧夏人食鯉

寧夏之鯉，隆冬漁師鑿冰，取以致遠。然肉粗味劣，與南中産者無殊，非若豫省黄河中所産者，甘鮮肥嫩，可稱珍品也。

袁子才食秦淮鯉

乾隆時，秦淮漁者每以二人駕舴艋，一則扳槳，一則張網，順流捕魚。所得者，鯉居其半，得卽賣之於畫舫，曰秦淮鯉。汲淮水烹之，殊佳，爲袁子才所嗜。

食黄花魚

黄花魚，一名黄魚，每歲三月初，自天津運至京師，崇文門税局必先進御，然後市中始得售賣。都人呼爲黄花魚，卽石首魚也。當蘆漢鐵路未通時，至速須翌日可達。酒樓得之，居爲奇貨，居民飫之，視爲奇鮮。雖江、浙人士之在京師者，亦食而甘之。雖已餒而有惡臭，亦必詡於人而贊之曰佳，謂今日喫黃花魚也。

黃魚或醋摟，或酒蒸，或油炒，以之入饌，閩人皆呼之曰瓜。而濱海之地，終年皆有之。家常日食普通之法，爲煎黃魚，切小塊，醬油浸一小時，瀝乾入鍋煎之，使兩面黃，加豆豉一杯、甜酒一碗、醬油一小杯同滚，候滷乾色紅，加糖及瓜薑收起，則沈浸醲郁矣。

假蟹肉

假蟹肉者，以黃魚煮熟，取肉去骨，加生鹽鴨蛋四枚，調勻，先將魚肉起油鍋，泡以雞湯，將鹽蛋攪勻，加香蕈、薑汁及酒，食時酌用醋。

蒸煎鯽魚

鯽魚之身扁帶白色者，肉嫩而鬆，熟後一提，肉即卸骨而下。脊黑者槎枒。或照邊魚蒸法最佳，煎之亦可。拆其肉，可作羹，然究不如蒸食之得真味。蒸時，用酒不用水，略用糖以起其鮮。且以魚之大小，酌量醬油及酒之多寡。

冬芥煨鯽魚

冬芥，即雪裏紅，整醃，以淡爲佳。或取心，風乾，斬碎，醃入瓶，熟後雜魚羹中。以之煨鯽魚，尤佳。

酥鯽魚

酥鯽魚者，平鋪大葱於沙鍋底，葱上鋪魚，魚上鋪葱，遞鋪至半鍋而止，乃加以醋、酒、醬油、麻油、鹽，炙以細火，至盡湯爲度。

蒸風鯽魚

風魚者，冬以大鯽魚爲之，勿去鱗，腮下挖一孔，去雜碎，以生豬油塊、大小茴香、花椒末、炒鹽塞滿其腹，懸於當風處，使之陰乾。兩三月後可食，食時去鱗，加酒少許蒸之。或以青魚、鯉魚去腸胃，每斤用鹽四五錢，醃七日取起，洗浄拭乾，切破腮下，將川椒、茴香加炒鹽擦入，及腹内外，以紙包裹，外用麻皮纏之，懸於當風處。

煨刀魚

煨刀魚者，以火腿湯、雞湯、筍湯煨之。如慮刺多，可先以極快之刀刮爲片，用箝去其刺。

蒸刀魚

蒸刀魚者，以蜜酒釀、醬油置盤中，如鰣魚法蒸之，不必用水。

煎刀魚

煎刀魚者，先將魚背斜切，使碎骨盡斷，再下鍋煎黄，加作料，食時自不覺有骨矣。

燒鱖魚

燒鱖魚者，以其背之刺骨，插入楊枝編成鍋蓋之楊枝間，覆於鍋上。鍋中注水，經數小時，則魚肉盡入湯中，味極鮮美。

炒鱖魚

鱖魚炒片最佳，片宜薄，先用醬油浸之，後用縴粉、蛋清摟之，再加素油、作料炒之。

煨銀魚

銀魚以雞湯煨之，加火腿絲、肉絲、筍絲。

炒銀魚

銀魚炒食甚嫩。乾者泡軟，以醬水炒之，亦佳。或以雞蛋同炒之。

津人食銀魚

天津銀魚，長幾滿尺，向以産鹽政署前河中者爲最，卽後之北洋通商大臣署也。亦可裹致京師。津人每置之火鍋中以食之。

煎鱓魚

家常煎魚者，以鱓魚洗浄切塊，鹽醃壓扁，入油，兩面煎黄，多加酒及醬油，文火緩滚之，然後收湯作滷，使作料全入魚中。第此法指魚之不活者而言，如活者又以速起鍋爲炒。

瓠子煨鱓魚

鱓魚切片先炒，加瓠子與醬汁煨之。

津人食回網魚

天津有魚曰回網，蓋見網卽回，捕之不易。其味之美尤在舌，酒家輒割之，置魚背，以誇客也。

煨班魚

班魚最嫩，剥皮去穢，分肝、肉二種，以雞湯煨之，下酒三分、水二分、醬油一分。起鍋時，加薑汁一大碗，葱數莖，以去其腥。

蒸邊魚

邊魚之活者，加酒與醬油蒸之，玉色爲度。蒸時須加蓋，勿使受鍋蓋上之水氣。臨起，加香蕈、筍乾。

蒸炙鯖魚

以新出水之鯖魚置淨炭上炙乾，去頭尾，切爲段，油炙熟。每段間以箬，盛瓦罐，封以泥。欲食，取出蒸之。

連魚豆腐

連魚豆腐者，以大連魚煎熟，加豆腐，噴醬水、葱、酒滚之，俟湯色半紅起鍋，頭味尤美。

張玉書食河豚而死

上海名醫張玉書，爲同、光間傷寒大家，驤雲之尊人也。晚年以食河豚中其毒而斃。然烹飪得宜，亦可無慮。蓋必翦去其口腔、眼腔及上下鰭鬣之屬，而腹中尤必洗滌無餘，盡去血筋，且必煮之使極熟，尤勿墜入檐塵而後可也。川沙黃韌之家中人亦深嗜之。

孫雨蒼食鴿子魚

武進孫雨蒼文學掞嘗客蘭州，謂雖曾飯稻而不羹魚，惟嘗一食鴿子魚而已。魚清蒸，無細刺，味至腴美。登於盤，宛然魚也，而實爲鴿所化，産靖遠。鴿飛近黃河而欲越之，弱者翮不能振，則墜於河，爲土人所捕，致之蘭州。以不能多獲，酒樓中人聞之，輒購以充庖，居爲奇貨。居家者非入酒樓，不易染指也。

炒鱔

炒鱔者，拆鱔絲炒之，略焦，不可用水。

炙鱔

段鱔以寸爲段，先用油炙使堅，再以冬瓜、鮮筍、香蕈作配，微用醬水，重用薑汁。

淮安人食鱔

淮安庖人之治饌，以爓炒著。其於鱔，普通之製法有三。一曰虎尾，專取尾之長及寸者，去其尖，加醬油調食之。二曰軟兜，專用脊，俟油沸於鍋，投入之，似煮似炒。三曰小魚，則以其腸及血，煮之使熟，臨食則調以醬油。

蒸鰻魚

蒸鰻魚，不用水，必醬油多而酒少，務使湯浮於本身。起籠時，須到恰好地步，遲則皮皺味失。

清煨鰻魚

鰻魚最忌出骨，清煨者，但須洗去滑涎，斬爲寸段，入瓷罐，用酒、水煨爛，先以醬油起鍋，加冬醃新芥菜作湯，重用葱、薑，以殺其腥。

紅煨鰻魚

紅煨鰻者，以酒、水煨爛，加甜醬代醬油，入鍋收湯，待乾，加茴香起鍋。所宜注意者，一皮有皺紋，則不酥。一肉散碗中，箸夾不起。一早下鹽豉，入口不化。大抵以乾爲貴，則滷味始易收入肉中。

炸鰻魚

炸鰻魚者，大者去首尾，寸斷之，先用麻油炸熟取起，另將鮮蒿菜嫩尖入鍋，用原油炒透，即以鰻平鋪於上，加作料煨之。蒿菜分量較魚減半。

拌鼈裙

鼈魚斬成塊，洗極浄，入鍋，加水略煮，去連甲之塊，剔取其裙，所餘之肉，待其煨爛，再加作料，或清燉，或紅燒，均佳。用鑷子抉去裙邊之黑翳，再加豬油入鍋略炒，用薑、桂末拌食之。

帶骨甲魚

甲魚，鼈也。帶骨甲魚者，以約重半斤之鼈，斬四塊，加豬油三兩，起油鍋，煎之使兩面黃，加水、醬油、酒煨之，先武火，後文火，至八分熟，加蒜起鍋，以葱、薑、糖入之。

青鹽甲魚

青鹽甲魚者，斬四塊，起油鍋，炮透，每一斤用酒四兩、大茴香三錢、鹽一錢半。煨至半熟，加豬油二兩，切如小骰子塊，再煨，加蒜頭、筍乾。起時用葱、椒，若用醬油，則不用鹽。

湯煨甲魚

湯煨甲魚者，白煮去骨，拆碎，用雞湯、醬油、酒煨。湯二碗，收至一碗起鍋，以葱、椒、薑末糝之。

醬炒甲魚

醬炒甲魚者，煮之使半熟，去骨，起油鍋炮炒，加醬水、葱、椒，收湯成滷，然後起鍋。

生炒甲魚

生炒甲魚者，去骨，用麻油炮炒，加醬油、雞汁各一杯。

李秉裁食馬蹄鼈

鼈以小者爲貴，世所稱馬蹄鼈者是也。德清徐某嘗於梧州南薰門外見一鼈，大如車輪，市人臠割而售之。徐初以爲黿也，視其首，則非是。其友李秉裁買其裙一臠以歸，和豬肉煮之，邀友共食，咸以爲美。徐不敢嘗，然食者亦無恙，惟口燥耳。

慶年嗜鼈

慶年曾任粵督，最嗜鼈，幾於每飯必具，饋獻者絡繹於道。有縣令某知慶嗜鼈，一日，適漁人獻巨鼈，大逾恆，見之，大喜，乃以極大瓷盂鄭重封固，專人馳送。慶不知所饋爲何珍物，視其標題，大書「兩廣總督部堂慶」字樣，揭視，乃一鼈也。以爲慢己，大怒，嚴飭之。令惶怖無措，獻巨金，始獲免於罪。

炒淡菜

淡菜，蚌屬也，以曝乾時不加鹽，故名。炒時，須加蘿蔔片、金針菜、木耳及蒜。

煨淡菜

以淡菜煨豬肉，加湯，頗鮮。

醉蝦

醉蝦者，帶殼用酒炙黃，撈起，以醋、醬油、麻油浸之。進食時，盛於盤，以碟覆之。啓覆，蝦猶跳盪於盤中也。入口一嘬，殼去而肉至口矣。蘇、滬之人亦食此，然大率爲死蝦，且或以腐乳滷拌之。

酒醃蝦

酒醃蝦者，洗浄瀝乾，剪鬚尾，每斤用鹽五錢，醃半日，瀝乾入瓶。每蝦一層，花椒三十粒，以椒多爲妙。或用椒拌蝦，裝入瓶中。每斤用鹽三兩，好酒化開，澆入瓶中，封好泥頭。春秋僅需五日或七日，冬十日可食。

津人食蝦生

天津大沽之蝦，取諸海中，色白而鮮。他處之蝦，皆細碎不可食，惟用京法以酒澆而生嚼之，差有風味。

蝦球

用鮮蝦仁若干，加入雞蛋白二三枚，再加鹽、酒少許，入石臼打爛成醬，用匙盛之，略成球形，置大盆，再盛再捏。及球作完，卽蒸熟，或炒食，或製湯，均可。

蝦餅

蝦餅者，以蝦搥爛，團而煎之。

煨蝦圓

蝦圓以雞湯煨之，大概搥蝦時不宜過細，恐失真味。或以紫菜入其中亦可。

麪拖蝦

麫拖蝦者，以生蝦帶殼加花椒、葱、鹽、酒、水，和麫而灼之。

甘肅人不食蝦

甘肅無蝦，有南人攜蝦米以往，曝之於庭者，小兒見之，輒驚而卻走，謂爲蟲也。或赴南人宴，見肴中有蝦乾，則相戒不敢食。

食蟹重黄

古人食蟹，必曰持螯，殆以螯爲蟹中滋味之最雋腴者歟？今之食蟹者，則重黄。黄在殼中，味頗雋，勝於八跪。跪，足也。蓋深有味於《清異録》所載劉承勳之言「十萬白八敵一個黄大不得」也。

蟹生

蟹生者，以生蟹剁碎，將麻油先熬熟攤冷，并草果、茴香、砂仁、花椒末、水、薑、胡椒爲末，再加葱、鹽、醋與之拌勻，即時可食。

徐文敬遽思朶頤

王文簡公官刑部尚書時，一日，閲爰書，有名螃蟹者。徐文敬公潮方爲侍郎，因言今歲津門蟹多而價廉。文簡笑謂之曰：「公因紙上郭索，遽思朶頤耶？」

醉蟹

上海肥大之蟹，出横沔鎮。產吴淞江者爲清水蟹。蝨蟹較蟚蜞更小，每二三月間，隨海潮而至，近清明卽無，俗謂怕紙錢灰氣者是也。沃以鹽、醯，密貯之甕，越宿可食，俗呼醉蟹，用以佐酒，味殊雋。

汾湖蟹宜以酒醉之

汾湖蟹之臍紫，肉堅實而小，爲江南美品，不減松江鱸鱠也。宜以酒醉之，不宜登盤作新鮮味也。

吴桓生食沙裏鉤

沙裏鉤，蝤蛑類也。產於川沙，深藏穴中。捕之者以鉤鉤出之，因是以名。糟以泡酒，風味極佳。嘉慶時，有饒仁和吴桓生茂才克寬者，桓生乃作詩紀之，詩曰：「人來海上費搜求，不數蝤蛑擅越州。郭索無聲埋曲穴，爬沙有路落尖鉤。缸頭白下清糟醉，杯面黄隨熱酒浮。何事季鷹千里駕，祇思鱸膾故鄉秋。」

寧古塔人食刺姑

寧古塔有動物曰剌姑者，身如蝦，兩螯如蟹，大可盈寸。擣之成膏，如廣州、寧波人之食蝦醬也。

煨蜱螯

煨蜱螯者，先將五花豬肉切片，用作料燜爛，將蜱螯洗淨，麻油炒，仍將肉片連滷煨之，醬油要重，加豆腐亦可。有曬爲乾者，入雞湯烹之。捶爛作餅，如蝦餅樣，煎喫，加作料亦佳。

張船山喜食蠔油

香山有蠔油，以調食物，略如醬油。張船山太守問陶喜食之，嘗索之於温篔坡。篔坡曰：「君以詩來，蠔油可得也。」船山賦七古一篇。後伊墨卿守惠州，船山又致書索之。

周櫟園喜食江瑶柱

周櫟園侍郎官閩時，喜食江瑶柱，輒令蜑人取之於梅花厂石間以供饌。其甲上紋如瓦楞，映日視之，與緑玉相類，彩色爛熳。周語人曰：「即此膚理，便足鞭撻海族。惜其生育遐陬，不供玉食耳。」

鯉鮓

鯉鮓者，以鯉一斤、鹽一兩，醃一伏時，再洗淨，乾布包之，石壓，加熟油五錢、薑橘絲五錢、鹽一錢、葱絲五分、酒一大杯、飯粉一合，磨米拌勻，入瓶泥封，十日可食。

炒蛤蜊

蛤蜊，剥肉，加韭菜炒之。或爲湯，亦可。起遲便枯。

朱竹垞食西施舌

西施舌，一名沙蛤，大小似車螯，而殼自肉中突出，長可二寸，如舌。朱竹垞嘗食之，紀之以詞，調寄《清波引》，詞云：「越絲千縷，誰暗趁落潮網住？恁時看取，一錢底須與。悔逐扁舟去，亂水飄零良苦。自從歌罷吴宫，聽不到小脣語。鳴薑薦俎，此風味難得並數。島煙江雨，短篷醉曾煮。荔子香辭樹，一半勾留爲汝。試問舊日鴟夷，比儂饞否？」

醉蚶

蚶，以熱水噴之半熟，去蓋，加酒及醬油醉之。

炒香螺肉

以香螺肉，片而炒之。

宋荔裳食海蛳

宋荔裳嘗飲董閬石齋，適進海蛳，荔裳以齒嚼之，攢眉曰：「此不甚佳，半日止碎一枚耳。」坐客大笑。

灼田雞

蛙，俗呼田雞，去身存腿，油灼之，加醬油、甜酒、瓜薑。

炒茉莉響

炒茉莉響者，以肥嫩田雞兩脛之肉，加以蘑菇、冬菰、筍，投沸油中而炒之。謂之響者，狀其形也。田雞通體佳處，盡在兩小股。肉作花蕊狀者，最爲活潑潑地，耐咀嚼。

袁子才喜食蛙

袁子才喜食蛙，不去其皮，謂必若是而脂鮮畢具，方不走絲毫元味也。一日，庖丁剥去其皮，以純肉進，子才大罵曰：「劣傖真不曉事，如何將其錦襖剥去，致減鮮味！」

煨海參

海參須檢小而刺者，先去沙泥，用肉湯煨三次，然後以雞、肉兩汁紅煨之，使極爛。輔佐物則用香蕈、木耳，以其色黑相似也。

炒海參絲

炒海參絲者，以雞、筍、蕈絲炒煨之也。

拌海參絲

夏日食海參，須切成絲，以雞絲、芥末冷拌之。

李某食蛟

同、光間，蕭山李某館於高氏。主人高叟，博覽士也。一日，有鄉人於山上掘得一物，通體純黑，兩目皆閉，以示李，李不識。高曰：「此蛟也。幸兩目未開，故不爲患。烹而食之，亦一異味。然其身上不可著一滴水，得水即能變化，平地生波，廬舍爲墟矣。」乃攜至爨室，燒釜使紅，投之於中而蓋之。釜中礮然，黑水溢出可四五石。水盡，啓蓋，則已熟矣，色白如凝脂。取出，薄切之，湛諸美酒，調以醯醢，與

孥共食，味甚鮮腴。後以告人，謂食品之美，殆未有過之者也

鄖陽人食蛇

鄖陽山中，當暑月晴久將雨時，恆有巨蛇嘓嘓鳴於溪谷間，重或數十百斤。土人尋聲競至，殺食之，如羊豕然，或炙或炒，爲塊爲片爲絲，謂其味皆美甚也。

中州僧食蛇

康熙時，淄川人有客汴梁者，寄宿蛇佛寺。寺僧具晚餐，座客頗衆，肉湯甚美，而每段皆圓，類雞項。疑之，問寺僧殺雞幾何，遂得多項。僧曰：「此蛇段耳。」客大驚，有出門而哇者。既寢，覺胷上蠕蠕，摸之，則蛇也，頓起駭呼。僧起曰：「此常事，烏足怪！」因以火照壁間，大小滿牆，榻上下皆是也。次日，僧引入佛殿，佛坐下有巨井，井中蛇粗如巨甕，探首井邊而不出。爇火下視，則蛇子蛇孫以數百萬計，族居其中。

鄭才江食蠶蛹

蠶成繭後，脱穎而出，時尚未成蛾也，曰蛹。以油酒煼之，可食，頗香。乾隆時，鄭才江嘗以佐酒，詠以詩，詩曰：「繅餘蛹戔爛，詎堪備食單。底復蕩滌之，文火熨中乾。問聞《爾雅》注，煼用蟾蜍蘭。《爾

雅》：「茢甄，豕首。」郭氏云：「一名蟾蜍蘭，可以燭蠶蛹。」要知古先民，亦以佐夕餐。」

佘山人食蜈蚣

道光以前，青浦之佘山人喜食蜈蚣。其物味美而色白，長可三四寸，闊如指。欲食者，須於四五日前烹一雞，納蒲包中置山之陰，越宿取歸，蜈蚣必滿，連包煮熟，出而去其首足與皮，復殺雞，燂湯煮之，非咄嗟可辦也。

王輔臣食死蠅

王輔臣嘗奉吳三桂命，率師征烏撒。一日，與諸將會食於馬一棍營中，吳應期亦在座。應期者，三桂猶子也，爲固山額真。飲酒，薄醉，將飯矣，輔臣飯盂有死蠅，總兵王某見之，呼曰：「飯有蠅。」一棍御下酷，輒以微過責人，一棍立斃，故有斯號。輔臣恐其以死蠅故殺庖人，曰：「我等身親矢石人也，得食足矣，安暇擇哉！戎馬倥偬時，死蠅亦食之矣。」某愚魯，不悟輔臣意，乃曰：「公能食此蠅，我以坐下馬與公賭。」輔臣念言既出口，不當悔，遂強吞之。應期乃言曰：「王兄，馬之好騎若是耶？人與兄賭食死蠅，便食之。若賭食糞，亦將食之耶？」輔臣怒，罵曰：「吳應期，汝恃爲王之猶子，當衆辱我！人懼汝爲王子王孫，吾不懼也。吾將食王子王孫之腦髓，嚼王子王孫之心肝。」遂揮拳擊食案，案之四足皆折，案上十二瓷簋及杯盤，一一應手碎。左右侍從以百數，皆辟易。應期乘間逸去，諸人亦勸輔臣歸。詰旦，酒醒，亦自悔之。左右勸輔臣往謝應期，曰：「固山之言，本出無心，公怒罵過甚，往謝而解可耳。」輔臣甫出門，而應期已飛騎來矣，執手入，拜伏不起，曰：「昨以酒故無狀，出語傷兄。兄罪我，誠是，願兄恕之。」輔臣亦拜，掖之起，曰：「我醉，出語傷兄。兄不我罪，何反自責爲！」遂招諸鎮將至，復痛飲極歡而別，和好如初。

粵人之食鳥獸蟲

粵東食品，頗有異於各省者。如犬、田鼠、蛇、蜈蚣、蛤、蚧、蟬、蝗、龍蝨、甲蟲，體扁平爲卵形，似蜣蜋，長六七分，重數錢，前翅小，黑褐色，雌者膨大而圓，後翅甚扁，宜於游泳，常居水中，以小魚爲食。禾蟲廣東近海稻田所產之蟲，長可一丈，節節有口，生時青，熟時紅黃。夏秋間早晚稻熟，則其蟲亦熟，潮長浸田，因乘潮斷節而出，日浮夜沈。浮則水面皆紫，人爭網取之，以爲食品。閩中亦間有之。是也。

粵人嗜食蛇，謂不論何蛇，皆可佐餐。以之鏤絲而作羹，不知者以爲江瑤柱也，蓋其味頗似之。售蛇者以三蛇爲一副，易銀幣十五圓。調羹一簋，須六蛇，需三十圓之代價矣。其乾之爲脯者，以爲下酒物，則切爲圓片。其以蛇與貓同食也，謂之曰龍虎菜。以蛇與雞同食也，謂之曰龍鳳菜。

粵人又食蜈蚣。食時，自其尾一吸而遺其蛻。

粵人又食桂花蟬。桂花蟬者，似蟬而身長，色如蟬而大倍之。粵人取之，熬以鹽，咀嚼之，作茶前酒後之食品。雌雄均可食，雄味尤美，作薄荷香，味微辣。

閩人食龍蝨

閩人之食龍蝨也，取其雌者食之。雄者不堪食，食之無肉。嗅之，鹹臭不可當。投之酒中，亦無味。閩人謂其嚼後口中作金墨香。若設盛席，輒供小碟一二十，必以此品居上。碟中鋪以白糖，僅綴數虱於其上而已。粵人亦嗜之。

朱竹垞食龍蝨

朱竹垞嘗啖龍蝨，曾紀以《聒龍謡》詞，詞云：「雨黑南溟，烟黄北户，慣候潮痕昏曉。倦羽飛來，被溼沙黏了。何曾見蝡蝂塵生，宛一似蛣蜣香抱。待紅絲綴上釵頭，又輸與緬蟲小。鮫人市，蜑人船，過十里五里，酒人騰笑。刀砧喚住，擘珠娘纖爪。算加恩薄子須添，辨異味食經重草。訝劉郎學豢龍時，不曾捫到。」

潮州人食蔗蟲

蔗蟲性涼，杭人極貴之，出痘險者，賴以助漿，然不可多得也。潮州蔗田接壤，蔗蟲往往有之，形似蠶蛹而小，味極甘美，居人每炙以佐酒。姚秋芷茂才承憲嘗賦二律詠之，其次首云：「蘊隆連日賦蟲蟲，濁念寒漿解熱中。佳境不須疑有蠱，庶生原可慶斯螽。凡草植之則正生，此嫡出也。甘蔗以斜生，所謂庶出也。呂惠卿對宋仁宗語。似誰折節吟腰細，笑彼銜花蜜口空。畢竟冰心難共語，一樽愁絕對鑾風。」

豆腐店夥生吞壁虎

壁虎，即蜥蜴，亦曰守宫，亦曰旋龍，恆在陰溼牆壁間，大者長二三寸，尾則倍之。平湖縣北有豆腐店夥，常食之。一日，有人捕得最長大者，與賭銀幣四圓，並有酒肉。向用豆腐皮捲而嚼者，此次不許包裹。夥因賭數之較豐也，竟毅然任之。未及舉齒，壁虎本極活潑，倏已下咽。久之，竟無他患。及年餘，漸瘦無力，有江湖走方醫見而驚問之，謂腹中必有動物。其妻頗憶之，曰：「得毋所吞壁虎乎？」醫曰：「是矣。」索酬資十六圓，將病者各竅閉塞，僅留其口而倒懸之，咽喉周圍，敷以藥粉。少頃，物從咽喉探出，急欲捉取。物既滑，一時不及措手，忽已縮入。醫曰：「難矣。人倒懸久，則發暈，若坐起，必不再出。」家人懇之，醫即多敷藥粉於咽喉，物再探出，即以鐵鉗夾住。衆人圍視，壁虎通體紅色血豔。醫曰：「此蓋食而未死，彼即涵養血中。人正血旺之時，不能翻動。偶或血枯，彼即搖動。猶幸爲雄，苟食其雌，則必於血中散子，不可爲矣。」

北人食蝎與蜈蚣

蝎及蜈蚣，北人亦有生啖之者。聞有巨蠍、長蚣，則展轉乞求，得則去其首尾，嚼之若有餘味。其食之之法，先浸以酒，後灼以油。

豫直人食蝗

豫、直間，鄉民喜食蝗蟲，火之使熟，藉以果腹。蓋以春夏時，蝗蟲孳生甚速，滿坑滿谷，隨處而有。其初慮傷麥苗，藉作食品，俾此嘤嘤趯趯者可少減其數，亦去害蟲之遺意也。而是蟲味本不劣，以此食之者，大不乏人。其食也，恒以油灼之，謂有香氣。

山左人食蝗及蚱蜢

山左食品，有蝗，有蚱蜢，食之者甘之如飴，每以下酒。

倮倮食蚱蜢

油炙蚱蜢如蝦，或曬乾下酒。倮倮男婦小兒，見草中有之，即歡笑撲取，火燎其鬚與翅，嚼而吞之。

陸朗夫食菽乳菜蔬

陸朗夫中丞燿撫湘時，某年，旱，會總督以閲兵抵長沙，直入陸廳事，見其午食，皆菽乳菜蔬，訝之。答以今久不雨，齊必變食，故如此。總督瞿然，詈其奴曰：「此來傳舍，酒肉如山，何不以祈雨告耶？」返行轅，豐腆悉徹。時總督爲滿洲特昇額也。

塔忠武嚼菜根

塔忠武公齊布治兵於湘，得軍心，以能與士卒同甘苦也。忠武珍羞不常御，每拔營，輒共將士飯嚼菜根，不視爲惡食也。時督師江左者爲和春，士恆饑，而主帥之庖則恆有餘肉，愧忠武遠矣。

李壬叔嗜菜

同治時，上海北郭外多菜圃，有形如油菜而葉差巨者，青翠可人，脆嫩異常。冬時，以沸水瀹之，入以醯醬，卽可食，味甘美。海寧李壬叔酷嗜之，曰：「此異方清品，非肉食者所能領會也。」

北人食葱蒜

北人好食葱蒜，而葱蒜亦以北産爲勝。直隸、甘肅、河南、山西、陝西等省，無論富貴貧賤之家，每飯必具。趙甌北觀察翼有《旅店題壁》詩云：「汗漿迸出葱蒜汁，其氣臭如牛馬糞。」

炒瓜虀

瓜虀者，以醬瓜、生薑，葱白、淡筍乾、茭白、蝦乾、雞胸肉切作長條，加香油炒之。

炒青菜

青菜以嫩者炒筍，或火腿片或蝦乾均可。

煨白菜

白菜以火腿片、雞湯煨之，最佳。

芋煨白菜

芋煨至極爛，入白菜心煮之，加醬水調和。惟須新摘肥嫩者，色青則老，歷時久則枯。

炒薹菜心

蕓薹至三月初抽花柄，俗稱曰薹菜心，炒之最糯。去外皮，加蘑菇、筍及蝦均佳。

李文忠食蕓薹菜

武昌之洪山，産蕓薹菜甚佳。李文忠公嗜之，督直時，曾令人取洪山之土，運以至津，種之。蓋以易地種植，即失本味，如橘之踰淮而爲枳也。

醋摟黄芽菜

黄芽菜以醋摟之，加蝦乾，一熟便食，遲則色味俱變。

炒瓢兒菜

炒瓢兒菜，宜用菜心，以乾鮮無湯爲貴，雪壓後更軟，不加他物，惟宜用豬油。

炒芹

芹，取白根炒之，加筍。

炒莧

摘莧之嫩尖，乾炒，加蝦乾或蝦仁更佳，不可見湯。

煨蕨

蕨去枝葉，取直根洗盡煨爛，入雞湯煨之。

煮菠菜

菠菜加醬水、豆腐煮之，不加筍尖、香蕈。

拌菜

凡拌白菜、豆芽菜、水芹等物，先用滚水泡熟，入清水漂之。臨用時，搾乾，拌油，則色青不黑，鬆脆可口。

拌枸杞頭

採取枸杞嫩葉及苗，煮熟，以麻油拌食之。

拌馬蘭

摘取馬蘭之嫩者，以鹽、醋及筍拌之。

尚可信嗜食茶兒菜

塌棵菜之烹法，須加醇酒浸之，多油而火候久，屏去百味，細細咀嚥，乃得真味。國初平南王尚之信最嗜之，凡飲饌，須先一篚，烹治極精，出自愛妾謝茶兒之手。粵東乏霜雪，菜遜江南。茶兒諳播種法，畦中菜葉森茂，寒暑不匱，善承意旨，藩下人因名曰茶兒菜。陳恭尹作歌曰：「王爲異姓鎮炎海，海珍已饜粱肉改。大開庖廚愛園蔬，小試鸞刀非屠宰。松下清齋露葵折，美人越俎王心悦。擅寵由來味足甘，圃中風物徒摇舌。盈盈細步進羹湯，宴罷傳騎到戰場。戰鼓聲聲催蓐食，一軍菜色壯戎行。羽書下縣軍儲辦，雨甲煙苗根葉綻。緩帶輕裘味菜羹，嗜殺還同切菜慣。問兒家在遼東塞，食色事人偏鍾愛。全家骨肉應登砧，公膳日呼茶兒菜。」《粵東瑣記》云：「藩下人張伯全、張士選素不悦於之信。有侍妾茶兒以烹飪被寵，頗尚氣節，多權略，盡洩其謀。某年，之信回省，將勒部卒，恂恂爲變。茶兒調菜羹以進，中有迷藥，之信委頓不能發謀，遂伏法。」

劉繼莊食蔊菜

大興劉繼莊嘗受衡山水月林主僧靜音蔊菜之餽，食而甘之。蔊，土音坎，字書音罕，曰：「其味辛。」與黄豆同煮，以器罨之，而沃之以臘醋，久之，辣甚。與京師之辣菜味同，而鮮美過之。蔊以芥辣菜爲之。蔊亦芥類也。

煨蓬蒿

取蓬蒿尖，灼以油，入雞湯煨之，起時加松蕈。

炒醃韭

醃韭以霜前之肥韭無黄梢者爲之，洗浄使乾，與鹽相間，鋪瓷盆中，一二宿翻數次，裝入瓷器，用原汁加香油少許，食時用油炒之。

生食醃菜

醃菜可生食，以白菜醃熟，每枝絞緊入罎，納實，以原鹽水浸之，可至次年夏季。又法，每百斤用鹽八斤，一晝夜翻覆，再貯缸内，用大石壓三四日，裝入罎。又法，好肥菜去根及黄葉，洗浄候乾，每菜十斤用鹽十兩、甘草數莖，以浄甕盛之。將鹽撒入菜内，排於甕中，入蒔蘿、茴香，以手按實至半甕，再入甘草數莖。候滿甕，用大石壓定。醃三日後，將菜倒過，換去滷水，忌生水，即將滷水澆於菜。候七日，依前法再倒，浸以新汲水，仍以大石壓之。若至春未盡，或於沸湯焯過，曬乾收貯，或煮蒸曬乾。俟夏季，將菜温水浸過壓乾，入香油拌勻，以碗蒸於飯上食之。又法，冬日選黄芽菜，風乾，待春日晴時，洗浄，取嫩心，曬一二日，横切成絲。若欲風乾，加花椒炒鹽揉之，宜淡，數日取出，曬乾，略加酒及醬油揉之，仍盛罎内，隔十餘日一曬。曬乾，又加酒及醬油揉之。又法，不問芥菜、白菜，曬之至乾，洗浄，再曬乾切碎，每菜十三斤用白鹽一斤，如菜不甚乾燥，每十二斤用鹽一斤，加花椒炒鹽少許，將菜擦透，入瓦罐盛滿，以木棍周圍築實，俟菜滷滿出爲度。越二三日，視罐中菜滷收入，用稻草爲捲，緊塞罐口，倒置於泥地過一月後，即可取食。

又有所謂造穀菜者，用春不老菜心，去葉，洗淨切碎，稍曬乾，以薑絲炒之，如黄豆大，每菜一斤用鹽一兩，入罐。

又有所謂酸菜者，以冬菜心風乾微醃，加糖、醋、芥末，帶滷入罐。微加醬油亦可。

又有所謂香乾菜者，以春芥心風乾，取梗，淡醃曬乾，加酒、糖、醬油同拌，蒸之，風乾入瓶。

又有所謂乾閉甕菜者，以菜十斤、炒鹽四十兩，菜鹽相間醃缸中，瀝三日取起，即入盆揉之，將另過一缸，鹽滷收起聽用。閲三日，又將菜取起，又揉一次，將菜另置一缸，留鹽汁聽用。如此九次，完，入甕。每菜一層，上灑花椒、小茴香一層，始裝菜。

又有所謂風瘪菜者，以冬菜心風乾，醃後笮出滷，小瓶裝之，泥封其口，倒置於灰上。

又有所謂春芥者，以芥心風乾斬碎，醃熟入瓶。

又有所謂芥頭者，以芥根切片入菜同醃，或整醃而曬之。

又有所謂風芥者，芥菜肥者不犯水，曬至六七分乾，去葉，每斤鹽四兩，醃一夜取出，紮小把，置瓶中，倒瀝，盡其水，并前醃之水同煎，取清汁，待冷，入瓶封固，夏季食之。又法，芥菜取心不犯水，至六七分乾，每十斤約鹽半斤、醋三斤，先將鹽醋燒滚，候冷，將生芥心拌匀，用小瓶分藏，泥封固，一年可食。臨食時加麻油。

又有所謂涪翁菜者，越人善製之。相傳爲黄山谷之遺法，因得此名。菜以大葉芥爲之，絶嫩而香，以醃時加花椒、橘皮故也。

生食醬菜

製醬菜，非必以蔬也。將瓜或萵、筍剖開曬乾，夜用鹽略醃之，次晨拭淨鹽水，另用盆貯甜醬，將瓜浸入，曬日中。數日取出，另換甜醬浸之。若以生瓜遽投醬缸，醬卽壞。

生食糟菜

取隔年好糟，每斤加鹽四兩，拌勻，選長梗白菜洗淨去葉，晾乾，每菜二斤，糟一斤，菜糟相間，隔日一翻，待熟入罎，卽可食。

包瓜醬菜

醬菜首推潼關之所製者。製時，剖瓜去瓤，實以茄菜、王瓜、壺盧之稺者，用甜醬釀之。至沈浸醲郁時，瓜亦可食，名曰包瓜醬菜。味甘鮮，惟以過鹹爲戒。保定製法相仿，惟不包瓜耳。

喇虎醬

喇虎醬，以秦椒搗爛，和甜醬蒸之，可用蝦乾攙入。

朱竹垞食蓴

朱竹垞食蓴羹而甘之，嘗爲《摸魚子》以詠其事，詞云：「記湘湖舊曾游處，鴨頭新漲初潑。越娃短艇烏蓬小，鏡裏千絲縈髮。柔櫓撥，絆荇帶荷錢，一樣青難割。波餘影末，愛乍摺春纖，盛盆宛似，戢戢小魚活。西泠水，濯取凝脂齊脫，白銀釵股同滑。蜀薑楚豉調應好，不數韭芽如蕨。煙渚闊，任吹老西風，若個扁舟發，鄉心未遏。想别後三潭，龜髯㡌緺，冷浸幾秋月。」

彭羨門不知蓴味

王文簡公少與彭羨門少宰孫遹友善，後同官卿貳。一日，同集朝房，文簡問羨門以鄉中蓴菜風味何似，羨門答云：「不知。」文簡笑曰：「應緣無蓴鱸之思，是以不知其味。」羨門與同人皆大笑。

炙茄

茄削皮，以滚水泡去苦汁，豬油炙之。炙時，須待水乾。

灼茄

切茄作小塊，不去皮，入油灼，微黄，加醬油泡炒。

淡茄乾

大茄洗淨，煮之，不見水，劈開，用石壓乾，先將瓦曬熱，攤茄於瓦上，俟乾，即可食之。

糖醋茄

糖醋茄者，以新嫩茄切三角塊，沸湯漉過，布包搾乾，鹽醃一夜，曬乾，用薑絲、紫蘇拌勻，煎滾糖醋潑浸，收入瓷器。

糟茄

糟茄者，茄五斤，糟六斤，鹽十七兩、河水兩三碗拌糟，其味自甜，可久藏。鹽中略加白礬末少許，經年不黑。

拌豆

拌豆者，以水浸肥，以滾水焯熟，加醬油、醋、椒末拌食。

炒豆

炒豆者，以大豆照炒米法爲之。或凍數夜，照炒糖豆法爲之，亦妙。

煮酒豆

煮酒豆者，加白酒、醬，入花椒末、胡椒末同煮。

淮安人食燙豌豆苗

豌豆苗之食法，有芼之爲羹者，有炒之以油者。淮安人且燙而食之。以苗之生者投沸湯中，本味完足，食者皆甘之，然湯必爲雞汁或豚汁也。

閩人食豌豆苗

豌豆苗，在他處爲蔬中常品，閩中則視作稀有之物。每於筵宴，見有清雞湯中浮緑葉數莖長六七寸者，即是。惟購時以兩計，每兩三十餘錢。他處食此，僅掐其至嫩者三四葉，長不及寸。閩人以其珍貴也，并其老者亦不去，故恆長至六七寸也。

豆芽菜塞雞絲火腿

鏤豆芽菜使空，以雞絲、火腿滿塞之。嘉慶時最盛行。

煎豆腐

乾隆戊寅，袁子才與金冬心在揚州程立萬家食煎豆腐，詫爲精絶。其腐兩面黄乾，無絲毫滷汁，微有螬螯鮮味，然盤中實無螬螯及他物也。次日告查宣門，查曰：「我能之，我當特請。」已而與杭堇浦同食於查家，則上箸大笑，乃純是雞、雀胸爲之，非真豆腐，肥膩難耐矣。其費十倍於程，而味遠不及也。

京冬菜炒豆腐

京冬菜炒豆腐者，先用豬油起鍋，入豆腐略熬，乃傾入京冬菜，即用白菜切絲製成，南貨店有之，出京都。不停手而炒之，再加鹽水、醬油合宜。待沸透，即停火。若久煮，則香氣易散，味便不佳。

芙蓉豆腐

採芙蓉花，去心、蒂，湯泡一二次，加胡椒，入豆腐煮之。

蝦仁豆腐

蝦仁豆腐者，以豆腐腦泡水中三次，去豆氣，入雞湯煨之。起鍋時，加蝦仁、紫菜。亦號芙蓉豆腐。

蝦油豆腐

蝦油豆腐者，以陳蝦油代醬油炒之，須兩面煎黄，油鍋宜熱，加豬油、葱、椒。

蝦米煨豆腐

蝦米煨豆腐者，去皮，切片，曬乾，煉豬油使熱，待清烟起時，始下之，略撒鹽一撮，翻轉，加甜酒一茶杯、大蝦乾百二十個。如無大者，即用小蝦乾三百個。先將蝦乾滚泡二小時，醬油一小杯，再滚一次。加糖一撮，再滚，用細葱半寸許長一百二十段緩緩起鍋。

雞湯鰒魚煨豆腐

雞湯鰒魚煨豆腐者，煮嫩腐，去豆氣，入雞湯，同鰒魚片滚數刻，加糟油、香蕈起鍋。雞汁須濃，魚片須薄。

八寶豆腐

以豆腐嫩片切碎，加香蕈屑、蘑菇屑、松子仁屑、瓜子仁屑、雞肉屑、火腿屑，同入濃雞汁中，燒滚起鍋。腐腦亦可。用瓢不用箸。此聖祖賜徐健庵尚書方也。尚書取方時，出御膳房費銀一千兩。

蔣戟門手製豆腐

蔣戟門觀察能治肴饌，甚精，製豆腐尤出名。嘗問袁子才曰：「曾食我手製豆腐乎？」曰：「未也。」蔣卽著犢鼻裙，入廚下。良久擎出，果一切盤餐盡廢。袁因求賜烹飪法。蔣命向上三揖，如其言，始授方。歸家試作，賓客咸誇。毛俟園作詩云：「珍味羣推郇令庖，黎祈尤似易牙調。誰知解組陶元亮，爲此曾經一折腰。」蓋其中火腿雜物甚多，以油炸鬼所炸者爲最奇。

朱文正勸客食豆腐

朱文正公珪嘗留其門下士便餐。平居用膳，本二肴，一日，有門下士進謁，留之餐，爲增二品，則一肉、一魚、一菜、一白瀹豆腐。文正語之曰：「豆腐清品，絶不可和以油、鹽、醯、醬。此至味也，可多食之。」乃以勺頻取，置其飯中。

梁茝林食豆腐

梁茝林提刑山左時，公暇與龔季思學政守正、近堂方伯訥爾經額、樸庵運使恩特亨額、雲亭太守鍾祥，同飲於大明湖之薜荔館。時侯理亭太守燮堂方爲歷城令，亦在座，供饌卽其所辦也。食半，忽各進一小碟，每碟二方塊，食而甘之。衆皆愕然，不辨爲何物。理亭曰：「此豆腐耳。」

茝林掌教南浦書院時，有劉印潭廣文瑞紫之門斗，烹豆腐極佳，不僅甲於浦城，即他處之善烹飪者皆不能過之。茝林嘗晨至其學署，坐索早餐，咄嗟立辦。然再三詢訪，不能得其下手之方，無從仿製也。

煨凍豆腐

凍豆腐者，冬始有之。以豆腐切方塊，置於户外，先澆熱水一次，復以冷水頻澆之，凍一夜，即結冰，一名冰豆腐。食時，滚去豆味，加雞湯汁、火腿汁、肉汁煨之。食時，去雞、火腿，專留香蕈、冬筍，煨久則鬆，而如蜂窩矣。

菜豆花

黔中製腐，曰菜豆花，而並不見菜豆，其味極妙。黔人喜以秦椒炒鹽拌食之，味辛而爽口，然淡食更有至味。蓋黔之豆腐，皆以山泉瀝成，故味甘而香冽。南中之腐，佳者質清而味淡，劣者則作儒生酸矣。

煨豆腐皮

以豆腐皮爲捲，微炙以油，入蘑菇煨之。

素燒鵝

素燒鵝有二法。一煮爛山藥，切寸爲段，包以豆腐皮，入油煎之，加醬油、酒、糖、瓜、薑，以色紅爲度。一純以豆腐皮爲之，將豆腐皮折疊成捲，略浸以醬油，置鐵絲上，以木屑薰之，加麻油及鹽，更香。

四川豆豉

豆豉之製，四川爲最，出隆昌者尤佳。

豆豉炒豆腐

豆豉炒豆腐者，以豆豉一茶杯，入水泡爛，與豆腐同炒之。

甕中筍

古人詩稱「長江繞郭知魚美，好竹連山覺筍香」，故世人多喜食筍，且引東坡「渭川千畝在胸中」之句，以爲美談。善食筍者，必擇未出土之筍，取甕，覆而箍之，壓以巨石。筍不能長，盤旋滿甕。蓋以未見風日，不得成竹，故白而嫩，肥而脆，味倍於常筍。

菉筍煮肉

歲暮，滬人多劚取菉筍作片，曝而乾之，嫩者曰繡鞋底。至此，漸漬於水，縷切之，與肉同煮，味清而腴。

蝦子炒玉蘭片

玉蘭片者，極嫩之菉筍。以三四兩在清水中浸半日，待發透，取出，切薄片，去其老者，乃用豬油入鍋熬熱，傾入玉蘭片，另加鹽、糖、蒸粉及水少許，炒熟起鍋。若加蝦子同炒，味更佳。

俞曲園戒食筍

俞曲園太史嘗謂南方之筍，不及北方之菜。菜甘而腴，筍則清有餘而甘腴不足，一也。菜煮易爛，筍則筤竿之質，本非蔬菜，雖烹之翠釜，終覺張八魏三，生熟參半，二也。菜得土膏之味，食之宜人，筍則醫家所謂刮腸篦也。吾輩素非腸肥腦滿者，不堪再供爬剔，三也。菜本人之所食，筍則干霄直上，會稽竹箭與金錫同珍，厥利甚宏，爲用尤廣。乃於其嶄然頭角之初，遽加翦伐，供我下箸之需，損彼凌雲之美，方長不折之戒，正爲此君，四也。昔鍾岏議去䱉䱜、糖蟹，竊援此例，赦彼籜龍。但世之喜參玉版禪者，當不謂然。殆亦曲園嗜性或偏，特善爲筍解脫耳。

拌萵苣

萵苣，去皮葉，切細絲，以滚湯泡之，加薑絲或豆芽、芹菜等，用麻油、糖、醋以拌食之。或醃爲脯，切片食，以淡爲貴。

江浙秦隴人食茭白

茭，即茭白。此物以秦産爲最，蓋質脆而味鮮，勝於南中之筍。或炒以油，或調以醬油、麻油。江、浙人亦食之。

煨蘿蔔

以熟豬油炒蘿蔔，加蝦乾煨之，以極熟爲度。臨起加葱，則色如琥珀。

生食蘿蔔

生食蘿蔔之法，切成絲，入醋，略醃片時，仍用鹽少許，加薑絲、橘皮絲與醋拌之。有所謂香蘿蔔者，每一斤用鹽半斤，醃一夜，日中曬乾，切薑絲、橘皮絲、大小茴香拌勻，瓷瓶收之。又有所謂糟蘿蔔者，不見水，用布揩浄，曬乾，劈開，先以糟一斤入鹽三兩拌之，次入蘿蔔，又拌之以入甕。

李文貞食生蘿蔔

李文貞公光地喜食生蘿蔔，冬夜秉燭攤書，斷生蘿蔔滿置大盂，每精詣深思時，輒停筆嘗之，盡盂乃寢。

吳冠雲食金銀條

金銀條者，以紅白蘆菔爲脯，俗稱八寶菜，又名金條銀條。吳冠雲食而甘之，賦詩云：「珊瑚作串玉成墩，讀如推。入饌猶宜獻歲元。豈以見稀爲可貴，得金銀氣便稱尊。」

煎梔子花

以半開之梔子花，調以礬水，加細葱絲、大小茴香、花椒、紅麪、黄米飯研爛，與鹽拌勻，醃壓半日，以蜜煎食之。

拌金雀花

春初采金雀花，以糖霜、油、醋拌之，可作肴。

丁采生飧菊

錢塘丁采生廣文寶芝有《飧菊》詩云：「豈惟楚客獨飧英，秋菊餱糧味最清。翠葉蒸餻初出釜，幽花釀酒乍開甖。香含雨氣懷中透，寒挾霜稜舌底生。書味醰醰同領取，世間空有五侯鯖。」

毛對山食夜來香

花中之夜來香，直北頗貴，至粵西，則人多取以入饌，風味頗清美，謂於餐菊之外，添一故事。一日，毛對山在酒樓小飲，適有此品。衆謂此三字，對殊難其偶。對山戲拈盞中「春不老」三字以對之。

貧婦食紫花草

紫花草，越之田中多種之。夏日至而夷之，用以肥田。有貧婦日掇其花療饑者，爲田丁所覺，至褫其裙。婦恥甚，乃解脚下行纏，縊於隴畔。海寧查梅史刺史揆聞而哀之，爲作詩曰：「紫花草，春風吹，東家花開田自肥，西鄰有婦炊庨廖。去年田中五斗穀，官租私逋償不足。兒啼饑，婦夜哭，東家飯雞呼粥粥。紫花草，春風吹，饑烏欲啄心徘徊。田丁來，布裙褫，兩字饑寒竟至此，紫花滿地貧婦死。」

紅香綠玉

紅香綠玉者，以藿香草葉，蘸稀薄漿麪，以水和麪。入油煎之，不可太枯。取出，置碗中，以玫瑰醬和白糖覆其上，清香無比。

拌鵝腸雞脚草

鵝腸雞脚草可焯熟，拌作料食之。

果子爲肴

乾、嘉間，有以果子爲肴者。其法始於僧尼，頗有風味，如炒蘋果、炒荸薺、炒藕絲、炒山藥、炒栗片，以及油煎白果、醬炒核桃、鹽水熬落花生之類，不可枚舉。且有以花葉入饌者，如胭脂葉、金雀花、韭菜花、菊花瓣、玉蘭花瓣、荷花瓣、玫瑰花瓣之類，亦頗新奇。

醬炒三果

醬炒三果者，核桃、杏仁去皮，榛子不去皮，先用油炮脆，再炒，勿太焦。

吳冠雲食果子菜

耄耋菜者，以小白菜爲之，雜以百果，杭俗謂之果子菜，又名春不老。錢塘吳冠雲郎中宗麟賦詩，云：「最宜位置壽筵中，百果青紅配合工。更有佳名春不老，勝他奇訣想還童。」

炒松蕈

松蕈炒食，味極佳美。惟鄉人出售之鮮蕈，恆混有野蕈、木蕈、溼地蕈、羊齒蕈等，均含毒質，食之有害。其辨別之法，凡蕈之呈鮮美色澤者，爲柔軟之黏質而多水分者，蕈中放出惡臭之氣味者，有苦味鹹味澀味辛味者，斷之有乳汁狀液體流出者，截斷一部曬於日光中而變青綠色或褐色者，蕈面於夜間放綠色之燐光者，皆有毒，不可食。反是，凡生於松林之蕈，無以上之特徵，則食之無害。法先取鮮蕈洗極淨，另用豬油入鍋熬透，傾入鮮蕈，加鹽炒之。若加蝦仁炒之，更妙。如無鮮蕈，可用香蕈或冬菰浸透，如上法炒之，亦佳。

炒蝦蕈

炒蝦蕈者，以製成蝦球置於大香蕈中，香蕈先在水中畧浸，翦去其柄。蝦球須置於其背，使之十分貼切。一蕈一球，大小務極平均，乃盛入瓷盆，蒸熟。用時，取熟豬油起鍋，傾入蝦蕈，另加筍片、鹽、糖、縴粉，畧炒卽成。

媼食菌而笑

菌有一種，食之得乾笑疾，人呼之爲笑矣乎，不言其可以致死也。然此菌實有毒，笑而不已，久之必死。光緒時，吳下馬醫科巷俞曲園太史之鄰潘家有一媪，潘某之妻母也，食菌後，覺腹中有異，乃就牀卧。俄而吃吃笑，俄而大笑，驚謂其女曰：「殆矣，吾食笑菌死矣。」其言雖如此，而笑仍不絕聲。未幾，起而立，旋仆，遂伏地狂笑。其女驚惶失措，以俞家時有藥餌饋送比鄰，乃踵門問焉。俞因檢經驗良方，知食笑菌者，以薜荔煎湯可治之。適牆頭有此種，乃採一束煎湯以與之。飲後，須臾笑止，得無恙。

炒麪筋

以麪筋入油鍋，炙枯，再用雞湯、蘑菇清煨。或不炙，用水泡切條，入濃雞汁炒之。加冬筍、天花。上盤時，宜毛撕，不宜光切。加蝦米泡汁、甜醬，更佳。

鳳仙花梗炒麪筋

採鳳仙花梗之頭芽，淖湯，少加鹽，曬乾，拌以芝麻，炒麪筋最佳。

陸其標世食砒

康熙時，張又瞻有僕曰陸其標，能服砒。大興劉繼莊親問之，果然。其標言自祖父以來，皆服砒。

砒屑爲末，可盡二錢，能卻寒，並治諸虚寒、瘠疥之疾，但夏日不可服。食之若發熱，亟以豆腐一塊拌皮硝食之，即愈。若未經久服之人，誤食而中其毒者，以烏桕葉四五斤咀食之，吐清水一二碗即解。

王林服硫磺

硫磺有毒，固不可爲食品，然服之而壽考康寧者有之，疽發於背於頸而致死者亦有之，蓋人之體質不同也。杭州畫師王林常服硫磺，久之，毛孔中突起小泡，青烟一道，直射而出，皆作硫磺氣，嘗告人云：「毒從毛孔中出，便無他患。」

楊雪漁食天生磺煮雞

黔人好以天生磺煮雞而食之，謂有益於衛生。錢塘楊雪漁太史文瑩視學貴州時，曾屢食之。

窩絲糖

某歲上元，毛西河赴梁尚書宴，出窩絲糖供客。其形如扁蛋，光面，有二摺，若指摺者，嚙之，粉碎散落，皆成細絲。座客無識者，尚書云：「此明崇禎末宫中所製，今久無此矣，惟西山浄室有老宫人爲比邱尼，尚能製此糖。每歲上元節，必以銀花椀合子相餉，真罕物也。」乃出所製《唐多令》詞，命詞客和之。西河和之云：「擣盡箇音曲，《説文》：「蠶簿也。」頭泥，春蠶已蜕衣，片錫裹作彈丸兒。不破彌羅三寸繭，誰解道，一窩絲。粔籹漢宮遺，餦餭久未施。開元宮女尚能爲，今日尚書花餤會。銀椀合，使人思。」

玫瑰糖

寧古塔東門外三里，有林，名覺羅，卽皇室發祥地也。自東而北而西，沿城皆平原，榛林、玫瑰，一望無際。五月間，玫瑰始花，香聞數里。吳漢槎戍寧古塔時，嘗采之以製玫瑰糖，土人珍之。

回人食塔兒糖

白糖和麪，摶作杵形，高尺許而鋭其頂，回人呼爲塔兒糖，常以之餉貴客。

蜜煎

俗稱蜜浸果品爲蜜煎，蓋原於吳自牧《夢粱録》所載「除夕，内司意思局進呈精巧消夜果子合，合内簇諸般細果、時果、蜜煎、糖煎等品」也。是宋時已有此稱矣。後改爲蜜餞。順、康間，滇西多蜜餞物，蜜甚多。土人撲得大蜂，以長線繫其腰，識以色紙，迎風放之，乃集衆荷畚鍤隨行，度越山嶺，蜂入土竅，從而掘之。其穴大如城郭，輒得蜜數百斤，故檳榔、香附、橙、柑、木瓜、香橼、梅、李、川芎、瓜、茄，多以蜜漬供客，復以酒醉羣蜂而餉親友。降及同、光，江、浙大盛，然以蘇州稻香村所製者爲尤佳。

松花蕊

松花蕊，去赤皮，取嫩白者蜜漬之，略燒，令蜜熱，勿太甚，極香脆。

茴香棗

休寧有香棗，蓋取二棗刓剥疊成，中屑茴香，以蜜漬之，好事者持以餉遠。其始則商人婦所爲寄其夫者，義取早回鄉也。

風雨梅

婁江市上有糖梅，味極甘脆，名風雨梅。錢枚之妻善作之。既悼亡，某年夏，有以此梅見寄者，枚因感賦一詞，調寄《望梅》，詞云：「江城夏五，正梅肥時候，風風雨雨。記窗前一樹青青，早分付園丁，傾筐摘取。親手搓挲，更方法從頭說與。青錢細簸，白蜜生醃，紅瓷封貯。追思十年前事，悵緑么絃斷，翠篋香炷。又江南節物登盤，問舊時滋味，何嘗如許？春夢銷沈，訪嫩緑池塘何處？臏微酸一點，常在心頭留住。」

京師人食冰果

京師夏日之宴客，飣盤既設，先進冰果。冰果者，爲鮮核桃、鮮藕、鮮菱、鮮蓮子之類，雜置小冰塊於中，其凉徹齒而沁心也。此後則繼以熱葷四盤。

生食蘋果

蘋果含有充分之燐質，故極與多用腦力之人相宜，可生食之。惟正食時，如午餐等。不宜同食。

蒸橙

以橙之大者，截頂去穰，留少液，置蟹膏於内，仍以頂覆之，用酒、醋、鹽、水蒸熟，香而且鮮。

李倩爲食青荔枝

粵中荔枝，必俟五六月紅熟，方以甘鮮擅名。非其候，則攢眉螫口，不可下咽。李倩爲獨嗜純青者，蘸以香山鹽蝦醬，一啖輒盡百枚。嘗曰：「人間至味無逾於是，惜不能與醃鴨尾日夕慰我饞耳。」

張文襄嗜荔枝

張文襄嗜鮮荔枝，督鄂時，曾令廣東增城宰收買荔枝萬顆，浸以高粱，裝入瓷罎，寄湖北。至蕪湖，爲税關截下，悉數充公。時榷吏爲袁忠節公昶，忽得文襄急電，譯之，約百餘字，則荔枝一案也。袁知被巡丁分啖，乃至申采辦以補之。

閩人食橄欖

橄欖以閩産爲多，而盛行於江南。有所謂檀香橄欖者，較他種尤小，嗜者貴之。且謂性涼，能清內熱，凡喉齒病者，食之輒愈。不謂閩中之説，適得其反。售橄欖者所在皆是，其所謂檀香橄欖者，長寸餘，固橄欖中之至大者，人咸喜食之，而又相戒不得多食，謂其助熱，能致喉齒病也。

朱竹垞食檇李

檇李爲嘉興名産，遠道不易致。朱竹垞，禾人也，故時得食之。一日，在曹某席上啖之而甘，乃作《邁陂塘》詞云：「錦淙鳴行廚竹裹，玉盤寒水初注。未須雪藕黄瓜伴，早釋人間煩暑。名最古，記轍迹東西。魯叟曾書汝，吴洲越渚。傍折戟沙邊，芳根蟠後，幾涇戰場雨。房陵種，「三十六園佳樹，也愁聲價輸與。西施過此曾潛掐，一縷纖痕留取。小摘許，慎莫被來禽，偷眼銜將去。薰風且住，漫染就輕黄，青青攜付，乞巧小兒女。」

朱竹垞食無核枇杷

朱竹垞與某道士善，觀中有枇杷二株，熟時每餉朱，俱無核。朱詰其故，道士以仙種對，朱終不信。

道士素善啖，尤嗜蒸豚。一日，朱邀之，命僕市一家肩而歸，故令道士見之。不踰晷，卽出以佐餐，融熟甘美，飽啖而罷。因問朱以蒸豚速化之法，朱曰：「果有小術，欲以易枇杷種耳。」道士曰：「此無他，於始花時鑷去其中心一鬚耳。」朱曰：「然則吾之饌，乃昨所烹者也。」遂相與撫掌而散。

炒榧子

以榧子浸於水，經一宿，取乾，則其皮皆貼殼，可食。一法，用豬脂炒之，榧皮自脱。又法，榧子用瓷瓦刮黑皮，每斤浄用薄荷霜、白糖熬汁拌炒。

閩人食番石榴

閩有番石榴者，狀如石榴，而皮軟可食，中雖略有類子者，而色白無核。價至賤，一二文卽可市斤許，小兒且以之充飢，幾乎人人喜食之，謂可辟瘴癘。然初至其地者，觸之，卽覺有一種惡臭，然久而亦聞其香矣。

元度啖栗

元度，歙縣僧，主江都之福緣庵。其人實爲王尊素，少年放浪詩酒，晚依山翁大師於靜慧院。侍坐之次，元度逡巡起曰：「弟子茫然，求師開示。」適有以茶果進者，師取一栗啖之。元度捧於手，拱而立，師顧之曰：「子不茫然。」遂有省。

湘人食瓜

湘人以水寒之故，於食瓜時必加酒於瓜汁中，而棄其渣。

閩廣滇贛人食苦瓜

衡州有苦瓜，卽北方之癩葡萄，江南之錦荔枝也。閩、廣、滇、贛人皆喜食之，或以烹雞，或以炒肉。味甚苦，食之者恆甘之，然體虛寒者不宜食。

迪化人食西瓜

迪化之人多食西瓜，冬、春之交且有之。蓋其地沍寒而成熟遲，且食之足以解煤毒也。

諸襄七爭西瓜

諸襄七太史錦學問淹貫，而性甚古拙。嘗典試福建，巡撫饋正副考官西瓜各五十枚，而贈諸之瓜以誤數，少送一枚，大怒，請巡撫面問之。巡撫曰：「此乃誤數，當再送。」諸益怒，曰：「我豈爭一瓜乎？膰肉不至而孔子行，醴酒不設而穆生去，瓜雖微，亦可見禮意之衰也。」

祝明甫啖西瓜

嘉興祝明甫孝廉嘉落拓高簡，不事生產。晚年以貧故，游滄洲，主渤海書院講席。數年歸，杜門不出。疾亟，啖西瓜數枚。醫家謂不宜食，曰：「我將死，食此以洗腸胃耳。」且命家人用竹葉煎湯浴身。浴竟，卒，時年五十有六。

醃瓜

醃瓜者，取青瓜堅老而大者，切片，去穰，略用鹽出其水，以生薑、陳皮、薄荷、紫蘇切作絲，與茴香、砂仁、砂糖拌勻，入瓜肉，用線縛之，浸於醬缸。五六日取出，切碎曬乾。

醬瓜

醬瓜者，將瓜醃後，風乾入醬，醬後曬乾復醬，則皮薄而皺且脆。

醯醬

醯、醬二物，爲烹調所必需。各省皆醯淡醬濃，獨京師以黑醋、白醬油爲貴，味特鮮美，真蘇東坡所謂「嗜好與俗殊酸鹹」者也。

辣椒醬

南中辣椒有皮無肉，京師所產者肉最厚，外去其皮，內去其子，專以肉擣成醬，而和以餳鹽，拌入他肴，其妙獨絕。然購之肆中者，製尚不浄。

茶油

茶樹，江蘇、浙江、安徽、江西多有之，湖南亦有植者。其樹栽種，宜於磽瘠少土多石之山，不下肥料，而自易暢茂。其根又能自入石縫，愈久愈固。樹長數尺，十年結實。其實類棉花，實外有苞，冬季收摘堆積，乾久，則其苞自裂，或俟乾後敲開亦可。中有小核甚多，可以搾油，即茶油也。其樹結實能耐久，樹愈老，結實愈多。亦有大年小年之分。惟葉麄，不能作茗飲。製爲油，性既和平，味亦較之他種油如豆油、菜子油、花生油之類。爲獨美，肴饌之煎炒者，可作調料。贛、湘二省皆有之。

芥辣

芥辣者，以二年陳芥子，研細末，水調，入碗，以紙封固，湯沸三五次，泡出黃水，覆冷地上，入淡醋解開，布濾去渣，加細辛二三分，更辣。又法，芥菜子一合，入擂盆研細，用醋一小杯，水和之，再以細絹擠汁，置水缸涼處，臨用時加醬油、醋調勻。

曾文正嗜辣子粉

曾文正督兩江時，屬吏某頗思揣其食性，藉以博歡，陰賂文正之宰夫。宰夫曰：「應有盡有，勿事穿鑿。每肴之登，由予經眼足矣。」俄頃，進官燕一盂，令審視。宰夫出湘竹管向盂亂灑，急詰之，則曰：「辣子粉也，每飯不忘，便可邀獎。」後果如其言。

瑤人嗜鹽

瑤習，向例於每年迎春日，男婦老幼齊至縣署，聽候派鹽，由縣署分別大小，給以數大碗或二三碗不等。蓋瑤人向不知醫，持鹽回家，奉如拱璧，遇有疾病，將鹽和水沖食即愈，故必於此日向官取鹽，官亦以此羈縻之，以免滋生事端。每年需鹽三十包，約七千斤。

清稗類鈔附録

清代歷朝干支年號表

丙辰	明神宗萬曆	四四	清太祖天命	元
丁巳		四五		二
戊午		四六		三
己未		四七		四
庚申	明光宗泰昌	元		五
辛酉	明熹宗天啓	元		六
壬戌		二		七
癸亥		三		八
甲子		四		九
乙丑		五		一〇
丙寅		六		一一
丁卯		七	清太宗天聰	元
戊辰	明思宗崇禎	元		二
己巳		二		三
庚午		三		四
辛未		四		五
壬申		五		六
癸酉		六		七

甲戌		七		八
乙亥		八		九
丙子		九	天聰十年五月以後改元崇德	元
丁丑		一〇		二
戊寅		一一		三
己卯		一二		四
庚辰		一三		五
辛巳		一四		六
壬午		一五		七
癸未		一六		八
甲申	清世祖順治			元
乙酉				二

丙戌		三
丁亥		四
戊子		五
己丑		六
庚寅		七
辛卯		八
壬辰		九
癸巳		一〇
甲午		一一
乙未		一二
丙申		一三
丁酉		一四

戊戌		一五
己亥		一六
庚子		一七
辛丑		一八
壬寅	清聖祖康熙	元
癸卯		二
甲辰		三
乙巳		四
丙午		五
丁未		六
戊申		七
己酉		八

庚戌		九
辛亥		一〇
壬子		一一
癸丑		一二
甲寅		一三
乙卯		一四
丙辰		一五
丁巳		一六
戊午		一七
己未		一八
庚申		一九
辛酉		二〇

壬戌		二一
癸亥		二二
甲子		二三
乙丑		二四
丙寅		二五
丁卯		二六
戊辰		二七
己巳		二八
庚午		二九
辛未		三〇
壬申		三一
癸酉		三二
甲戌		三三
乙亥		三四
丙子		三五
丁丑		三六
戊寅		三七
己卯		三八
庚辰		三九
辛巳		四〇
壬午		四一
癸未		四二
甲申		四三
乙酉		四四

丙戌		四五
丁亥		四六
戊子		四七
己丑		四八
庚寅		四九
辛卯		五〇
壬辰		五一
癸巳		五二
甲午		五三
乙未		五四
丙申		五五
丁酉		五六
戊戌		五七
己亥		五八
庚子		五九
辛丑		六〇
壬寅		六一
癸卯	清世宗雍正	元
甲辰		二
乙巳		三
丙午		四
丁未		五
戊申		六
己酉		七

庚戌		八
辛亥		九
壬子		一〇
癸丑		一一
甲寅		一二
乙卯		一三
丙辰	清高宗乾隆	元
丁巳		二
戊午		三
己未		四
庚申		五
辛酉		六
壬戌		七
癸亥		八
甲子		九
乙丑		一〇
丙寅		一一
丁卯		一二
戊辰		一三
己巳		一四
庚午		一五
辛未		一六
壬申		一七
癸酉		一八

甲戌	一九
乙亥	二〇
丙子	二一
丁丑	二二
戊寅	二三
己卯	二四
庚辰	二五
辛巳	二六
壬午	二七
癸未	二八
甲申	二九
乙酉	三〇
丙戌	三一
丁亥	三二
戊子	三三
己丑	三四
庚寅	三五
辛卯	三六
壬辰	三七
癸巳	三八
甲午	三九
乙未	四〇
丙申	四一
丁酉	四二

干支	年號	年
戊戌		四三
己亥		四四
庚子		四五
辛丑		四六
壬寅		四七
癸卯		四八
甲辰		四九
乙巳		五〇
丙午		五一
丁未		五二
戊申		五三
己酉		五四

干支	年號	年
庚戌		五五
辛亥		五六
壬子		五七
癸丑		五八
甲寅		五九
乙卯		六〇
丙辰	清仁宗嘉慶	元
丁巳		二
戊午		三
己未		四
庚申		五
辛酉		六

壬戌		七
癸亥		八
甲子		九
乙丑		一〇
丙寅		一一
丁卯		一二
戊辰		一三
己巳		一四
庚午		一五
辛未		一六
壬申		一七
癸酉		一八
甲戌		一九
乙亥		二〇
丙子		二一
丁丑		二二
戊寅		二三
己卯		二四
庚辰		二五
辛巳	清宣宗道光	元
壬午		二
癸未		三
甲申		四
乙酉		五

丙戌	六
丁亥	七
戊子	八
己丑	九
庚寅	一〇
辛卯	一一
壬辰	一二
癸巳	一三
甲午	一四
乙未	一五
丙申	一六
丁酉	一七
戊戌	一八
己亥	一九
庚子	二〇
辛丑	二一
壬寅	二二
癸卯	二三
甲辰	二四
乙巳	二五
丙午	二六
丁未	二七
戊申	二八
己酉	二九

庚戌		三〇
辛亥	清文宗咸豐	元
壬子		二
癸丑		三
甲寅		四
乙卯		五
丙辰		六
丁巳		七
戊午		八
己未		九
庚申		一〇
辛酉		一一
壬戌	清穆宗同治	元
癸亥		二
甲子		三
乙丑		四
丙寅		五
丁卯		六
戊辰		七
己巳		八
庚午		九
辛未		一〇
壬申		一一
癸酉		一二

甲戌		一三
乙亥	清德宗 光緒	元
丙子		二
丁丑		三
戊寅		四
己卯		五
庚辰		六
辛巳		七
壬午		八
癸未		九
甲申		一〇
乙酉		一一
丙戌		一二
丁亥		一三
戊子		一四
己丑		一五
庚寅		一六
辛卯		一七
壬辰		一八
癸巳		一九
甲午		二〇
乙未		二一
丙申		二二
丁酉		二三

戊戌		二四	庚戌	二
己亥		二五	辛亥	三
庚子		二六		
辛丑		二七		
壬寅		二八		
癸卯		二九		
甲辰		三〇		
乙巳		三一		
丙午		三二		
丁未		三三		
戊申		三四		
己酉	清宣統帝	元		